OEUVRES
COMPLÈTES
DE BERQUIN.
3

PARIS, IMPRIMERIE DE E. POCHARD,
RUE DU POT-DE-FER, N. 14.

Voici notre bienfaiteur, et mon second père!

OEUVRES
COMPLÈTES
DE BERQUIN

NOUVELLE ÉDITION
REVUE ET CORRIGÉE
PAR M. F. RAYMOND
AVEC UNE NOTICE SUR BERQUIN
PAR
M. BOUILLY
Auteur des *Conseils à ma Fille*, etc.

Ornée de quarante jolies Gravures:

AMI DES ENFANS.
TOME III.

PARIS
MASSON ET YONET, LIBRAIRES,
RUE HAUTEFEUILLE, N° 14.

1829

L'AMI DES ENFANS.

LA PHYSIONOMIE.

Monsieur d'Orville ayant un jour surpris sa fille Agathe fort occupée devant son miroir, ils eurent à ce sujet l'entretien suivant.

M. D'ORVILLE.

Te voilà bien parée, Agathe ; tu as sans doute des visites à recevoir ou à rendre ?

AGATHE.

Oui, mon papa ; je dois aller passer la soirée chez les demoiselles Saint-Aubin.

M. D'ORVILLE.

J'ai cru que tu allais figurer dans quelque cercle de duchesses. A quoi bon toute cette parure pour des amies que tu vois tous les jours.

AGATHE.

C'est que, mon papa, c'est que.... lorsqu'on va chez les autres, on ne doit pas être en désordre comme chez soi.

M. D'ORVILLE.

Tu es donc ordinairement en désordre, *chez toi?*

AGATHE.

Oh! non; mais vous sentez que cela doit faire une différence.

M. D'ORVILLE.

J'entends; tu veux dire qu'on doit être un peu mieux arrangée. Mais il m'a semblé, en entrant, que tu t'occupais aussi du soin de ta mine et de ton maintien. Ton miroir te dit-il que tes études t'aient réussi? (*Agathe baisse les yeux et rougit.*) Quel est donc ton dessein?

AGATHE.

Mon papa, c'est qu'on n'est pas fâchée de plaire, et.... surtout, qu'on ne veut pas se montrer d'une manière à faire peur.

M. D'ORVILLE.

Ah! ah, il dépend donc de nous de plaire, ou de faire peur.

AGATHE.

Non pas tout-à-fait. J'entendais par là........ ce qu'on entend ordinairement par faire peur.

M. D'ORVILLE.

Je serais bien aise de l'apprendre. Cela peut me servir aussi, à moi.

AGATHE.

Mais, par exemple, lorsqu'on est criblée de petite-vérole, qu'on a le nez épaté, la bouche trop fendue, et les yeux chassieux.

M. D'ORVILLE.

Grâce à Dieu, tu n'as aucune de ces difformités,

et tu as même une physionomie assez drôle. Que te faut-il de plus pour ne pas être à faire peur, et pour plaire généralement ?

AGATHE.

Ah ! mon cher papa, je ne sais comment cela se fait ; mais il y a, dans le nombre de mes amies, des mines fort jolies qui ne me plaisent guère ; il y en a d'autres, au contraire, qui me plaisent beaucoup, quoiqu'on ne les trouve pas jolies.

M. D'ORVILLE.

Peux-tu me faire confidence de tes sentimens ? Fais-moi d'abord connaître celles qui ont une jolie figure, et qui cependant n'ont pas le bonheur de te plaire.

AGATHE.

Cela est aisé. Je vous nommerai d'abord mademoiselle Blondel. Elle a une peau fine et blanche comme la peau d'un œuf, des yeux bleus, une bouche vermeille ; mais elle a des airs penchés qui la font paraître plus petite qu'elle ne l'est en effet. Elle tourne sa tête sur son épaule, de manière à se démonter le visage ; elle traîne ses syllabes si lentement, que ses paroles semblent ne pas tenir ensemble ; et elle vous regarde en parlant, comme si elle entendait votre admiration pour ses sentences. Je vous nommerai ensuite mademoiselle Armand l'aînée, qui passe pour la plus belle de la ville ; mais elle a une mine si fière et si railleuse, que, lorsque nous sommes rassemblées, nous ne pouvons nous ôter de l'esprit qu'elle nous méprise, ou qu'elle se moque de nous. Pour mademoiselle Durand, la jolie brune, elle a un maintien si décidé et un ton si tranchant, qu'un garçon rougirait...

M. D'ORVILLE.

Doucement. De ce train-là nous irions bientôt à la médisance. Nomme-moi plutôt celles qui, sans être jolies, ont su trouver grâce à tes yeux.

AGATHE.

Vous connaissez bien Émilie Jansin? La petite-vérole l'a cruellement maltraitée; il lui en est même resté une tache sur l'œil gauche. Malgré cela, elle a une figure si agréable, qu'on croit y voir la bonté, la douceur et la complaisance. La cadette Armand louche tant soit peu, parce que, dans son enfance, on lui a mis une espèce de paravent sur les yeux, qu'elle a eus rouges pendant plus d'un an. Elle regarde à droite pour voir ce qui est à gauche. Eh bien! on s'y accoutume, et nous l'aimons toutes à la folie. Elle a tant de vivacité, tant de gaîté!

M. D'ORVILLE.

Tu le vois; les avantages extérieurs, et, pour m'exprimer avec plus d'étendue, une peau blanche et douce, de belles dents, un nez bien tourné, une bouche vermeille, une taille fine et dégagée; en un mot, toutes les beautés de la figure ou de la personne ne suffisent donc pas uniquement pour plaire; il faut encore une physionomie heureuse, et des manières engageantes.

AGATHE.

Très-certainement, mon cher papa; car autrement je ne saurais expliquer comment des personnes me plaisent, qui ne sont ni jolies, ni d'une belle taille; et comment d'autres me déplaisent, avec tous ces avantages.

M. D'ORVILLE.

Mais pourrais-tu me dire pourquoi les premières ont quelque chose dans la physionomie qui nous flatte plus agréablement que les traits réguliers des secondes ?

AGATHE.

Parce que apparemment on y découvre quelques marques du caractère, et que l'on est porté à croire que ceux qui ont un air de bonté dans les traits de la figure doivent avoir un bon cœur.

M. D'ORVILLE.

Lorsque tu étais devant ton miroir, tu cherchais sans doute à donner à ton visage un air de bonté, pour qu'on imaginât que tu as aussi de la bonté dans le caractère ?

AGATHE.

Ne vous moquez pas de moi, mon papa, je vous prie.

M. D'ORVILLE.

Ce n'est pas mon dessein. Mais tu me disais toi-même tout à l'heure que tu voulais plaire, et tu convenais que ce moyen est le plus sûr pour y parvenir.

AGATHE.

Certainement, oui.

M. D'ORVILLE.

Mais crois-tu qu'une pareille mine ne puisse pas

être trompeuse, ou qu'on puisse se donner le talent de plaire, et le déposer ensuite à sa volonté?

AGATHE.

Je le crois, mon papa; car je vous ai entendu dire cent fois, à vous et à d'autres personnes : Je n'aurais jamais cru de cette petite fille qu'elle eût une physionomie si menteuse. Cet homme a l'air de la probité même, et il nous a trompés. Celui-ci ou celui-là sait si bien composer son visage, qu'on jurerait qu'il possède toutes les vertus.

M. D'ORVILLE.

Mais était-il alors question de personnes que nous eussions vues long-temps, souvent, ou de bien près?

AGATHE.

Ah! je ne sais pas.

M. D'ORVILLE.

Ce faux jugement ne pourrait-il pas aussi provenir d'un manque de sagacité, ou de ce qu'on n'a pas assez remarqué si ces personnes ont toujours eu la même physionomie, ou si elles ne l'ont prise seulement que dans telle ou telle occasion; ou enfin, si tout en elles parle et agit d'après le même système?

AGATHE.

Que voulez-vous dire par-là, mon papa?

M. D'ORVILLE.

Si tout s'accorde bien, la figure, les yeux, le son de la voix, tous les traits du visage; que rien ne se démente et ne se contredise.

AGATHE.

Oh! voilà bien des choses pour faire attention à

tout cela? Je croirais cependant que si je voyais quelqu'un long-temps et souvent, et que j'apportasse bien de l'attention à cet examen, je ne pourrais pas m'y tromper.

M. D'ORVILLE.

Pauvre enfant! ne t'y fie pas.

AGATHE.

Mais, au moins, je pense que je puis bien voir, dans mes amies, ce qui est affecté ou ce qui est naturel.

M. D'ORVILLE.

Ainsi, tu crois être assez instruite dans l'art de se contrefaire, et avoir assez de pénétration et de jugement pour distinguer, sur un visage, la vérité de l'hypocrisie? Je n'en aurais jamais tant attendu d'une tête si légère.

AGATHE.

Oh! j'ai bien remarqué, dans mademoiselle Blondel, que sa petite bouche, ses grands yeux, ses tours de tête et sa voix traînante, ne sont pas naturels; et, au contraire, que la mine fière et moqueuse de mademoiselle Armand l'aînée, et les manières libres et hardies de mademoiselle Durand, n'ont rien d'affecté, parce que l'une est réellement vaine et dédaigneuse, et l'autre impudente.

M. D'ORVILLE.

Peut-être ne sont-elles pas encore assez avancées dans l'art de prendre une physionomie étrangère? Quoiqu'il en soit, tu penses que nos aversions et nos penchans, nos vertus et nos défauts se peignent sur notre visage, et qu'on peut lire sur les traits d'une personne, comme dans un livre, ce qu'elle est au fond de son cœur.

AGATHE.

Pourquoi pas? Je n'ai encore vu aucune personne colère, avec une physionomie douce; aucune personne envieuse, avec une physionomie riante; aucune personne d'un caractère dur, avec une physionomie tendre. Voyez seulement notre voisine, madame de Gernon, de quel œil elle regarde les gens, comme si elle voulait les dévorer, et comme elle parle d'une voix grondeuse. Toutes les fois que la vieille demoiselle d'Argenne vient chez nous, et que maman a compagnie, regardez bien comme ses yeux tournent autour d'elle, pour voir si quelque femme a quelque chose de nouveau ou de brillant dans sa parure; et de quel air de jalousie elle la parcourt tout entière de la tête aux pieds, comme si elle souffrait de son bonheur.

M. D'ORVILLE.

Franchement, on ne risque pas beaucoup à juger sur leurs visages, que l'une est envieuse, et l'autre colère. Cependant ne pourrait-il pas arriver quelquefois que la nature eût donné, avec des inclinations perverses, une figure prévenante; ou, au contraire, des traits ignobles avec un cœur généreux?

AGATHE.

Je n'en sais rien. Mais j'aurais de la peine à le croire.

M. D'ORVILLE.

Et pourquoi donc?

AGATHE.

C'est que l'on voit, à la figure d'une personne, si elle est faible ou robuste, saine ou maladive, et qu'il en doit être de même du caractère.

M. D'ORVILLE.

Je vais cependant te citer deux traits historiques, qui semblent contrarier tes idées.

« Un homme, nommé Zopire, très-habile physionomiste, se piquait, d'après l'examen de la conformation et de la figure d'une personne, de distinguer ses mœurs et ses passions dominantes. Ayant un jour considéré Socrate, il jugea que ce ne pouvait être qu'un homme d'un mauvais esprit, et livré à des penchans vicieux, dont il nomma quelques-uns. Alcibiade, l'ami et le disciple de Socrate, qui connaissait tout le mérite de son maître, ne put s'empêcher de rire du jugement du physionomiste, et de le taxer d'une profonde ignorance. Mais Socrate avoua qu'il avait réellement reçu de la nature des dispositions à tous les vices qu'on venait de lui reprocher, et qu'il ne s'en était préservé que par les efforts continuels de sa raison.

« Ésope, cet esclave doué de tant d'esprit, était si hideux et si contrefait, que, lorsqu'on l'exposa en vente, aucun de ceux qui l'eurent envisagé ne céda à la prière qu'il leur faisait de l'acheter, jusqu'à ce que ses réponses spirituelles l'eussent fait connaître. »

Voilà deux exemples qui semblent établir le contraire de ce que tu soutenais.

AGATHE.

En vérité cela m'étonne par rapport à Socrate, dont je vous ai si souvent entendu parler avec admiration, et par rapport à Ésope, dont j'ai lu les fables avec tant de plaisir. Je les aurais crus l'un et l'autre de la plus belle figure du monde. Mais j'en reviens encore à ce que je vous ai dit : qu'on peut être laid et avoir cependant un je ne sais quoi de sagesse, d'esprit, ou de bonté dans la physionomie.

M. D'ORVILLE.

Tu as raison : les chagrins et les maladies peuvent déformer les traits. Mais ce n'était pas le cas de Socrate. Il convenait même qu'il avait eu des inclinations vicieuses; et les traits de sa figure s'y rapportaient à merveille.

AGATHE.

Il me semble que sa réponse peut expliquer la difficulté. Il était né avec de mauvais penchans; mais, comme il avait en même temps beaucoup de raison, et qu'il vit bien que la colère, l'orgueil et l'envie étaient des vices affreux, il les combattit, et vint à bout de les vaincre. Son cœur se purgea de ses défauts; mais sa physionomie en garda encore la trace.

M. D'ORVILLE.

Tu me parais bien prête à la replique. Il y a même quelque chose de vrai dans ton raisonnement. J'aurai cependant une petite question à te faire. Supposé que mademoiselle Armand, cette petite fille orgueilleuse, dont tous les traits expriment la hauteur, l'amour-propre et le dédain, instruite par les sages représentations de ses parens, se fût bien convaincue de la folie de sa vanité, ou que des revers ou des maladies lui fissent une loi de chercher à se rendre agréable aux autres, par l'affabilité, la douceur et la complaisance, en sorte qu'elle devînt tout l'opposé de ce qu'elle est aujonrd'hui ; supposé qu'il en fût de même de tes autres amies, par rapport aux défauts que tu leur reproches, ces traits d'orgueil, d'affectation et d'impudence se conserveraient-ils sur leurs figures ? et lorsque, par des efforts redou tables et soutenus, elles seraient parvenues à changer leurs vices dans les vertus contraires, le même changement ne s'opérerait-il pas dans leur physionomie ?

AGATHE.

Certainement oui, mon papa.

M. D'ORVILLE.

Ainsi, la vérité pourrait bien se trouver entre nos deux raisonnemens. Socrate s'était livré pendant sa jeunesse à la folie de ses passions. Il avait même gardé long-temps son humeur colère, puisqu'il priait ses amis de l'avertir toutes les fois qu'ils le verraient prêt à s'y livrer. Lorsque, dans un âge plus mûr, il se fut instruit à l'école de la sagesse, il commença sans doute à combattre ses vives, à s'en corriger de jour en jour, et à s'élever peu à peu au plus haut degré de perfection dans toutes les vertus morales ; mais il était trop tard pour corriger aussi sa physionomie. Ses fibres et ses nerfs s'étaient roidis, la beauté de son âme ne pouvait plus percer sur sa figure. Elle était comme le soleil dans un ciel chargé de nuages et de brouillards. Dans l'enfance, au contraire, où les traits ont plus de souplesse et de flexibilité, les diverses affections de l'âme viennent tour-à-tour s'y peindre dans toute leur énergie. Ainsi l'expression des vertus y remplacera celle des vices si les vertus ont remplacé les vices dans le fond du cœur. C'est comme un voile léger qui, placé tour-à-tour sur la tête d'une belle Circassienne, ou d'une négresse hideuse, laisse facilement entrevoir la beauté de l'une et la laideur de l'autre. Je ne sais si je m'explique assez clairement pour toi.

AGATHE.

Oh! je vous ai compris à merveille, grâces à vos compàraisons; et, pour vous prouver que j'en ai bien saisi l'esprit, je veux vous en faire une à mon tour. J'ai souvent gravé, sans peine, sur un jeune arbrisseau, les lettres de mon nom, ou les chiffres de l'année; mais je n'aurais pu en venir à bout sur un vieil arbre : l'écorce eût été trop dure et trop raboteuse.

M. D'ORVILLE.

Comment donc! tu m'étonnes. Mais, quand ta comparaison ne serait pas tout-à-fait exacte, il est toujours vrai que, si nous ne prenons que dans un âge avancé l'habitude des vertus, nous en paraîtrons moins aimables aux yeux des autres, parce que nos traits, long-temps accoutumés à peindre nos penchans vicieux, ne se prêteront qu'avec peine à l'expression de nos sentimens actuels. Et que devons-nous en conclure?

AGATHE.

Qu'il faut..... qu'il faut.....

M. D'ORVILLE.

Réfléchis bien à ton idée avant de l'exprimer.

AGATHE.

Qu'il faut travailler de bonne heure à se donner une physionomie de vertu.

M. D'ORVILLE.

Mais si nous n'étions pas dans notre cœur ce que notre physionomie annonce, ce contraste ne se ferait-il pas remarquer? Tu disais tout à l'heure de mademoiselle Blondel, qu'elle n'était pas ce qu'elle voulait qu'on la crût. Ainsi tu vois.....

AGATHE.

Je vois qu'il faut s'efforcer d'être réellement ce qu'on veut paraître. Ainsi, par exemple, veut-on avoir l'air doux, modeste, réservé, bienfaisant, il faut combattre toutes les inclinations qui nous empêcheraient de l'être en effet; autrement notre physionomie serait bientôt démasquée. Est-on, dans la vérité, doux, modeste, réservé, bienfaisant, les traits de notre visage le peindront aussi.

M. D'ORVILLE.

Très-bien, ma chère Agathe. Et n'est-ce pas là une excellente recette pour se procurer la véritable beauté, le vrai don de plaire! Combien seraient malheureux ceux à qui la nature a refusé ses charmes, si l'espérance de se donner une physionomie aimable et engageante ne pouvait leur faire acquérir la bonté du cœur, et les vertus les plus agréables aux yeux de Dieu et des hommes! Crois-moi, ma chère fille, ne va pas chercher dans ton miroir l'art de paraître meilleure que tu ne le serais en effet. Mais, lorsque tu te sentiras agitée de quelque passion, cours aussitôt le consulter. Tu y verras la laideur de la colère, ou de la jalousie, ou de la vanité; demande-toi alors à toi-même, si cette image peut être agréable aux regards des hommes ou de Dieu.

AGATHE.

Oui, mon papa, votre conseil est très-sage, et je le suivrai. Mais je tirerai encore un autre avantage de vos leçons.

M. D'ORVILLE.

Et lequel?

AGATHE.

Je regarderai attentivement ceux à qui j'aurai affaire, et je chercherai à découvrir sur leur physionomie ce que je dois penser sur leur compte.

M. D'ORVILLE.

Garde-t'en bien ma fille. Le premier moyen répugne à la civilité, et ne convient guère à la modestie de ton sexe; le second serait très-dangereux avec ta candeur et ton inexpérience. Pour démêler dans les traits d'une personne son caractère et sa pensée, il faut une longue étude, des observations répétées, et un regard très-perçant. Tu te verrais sans cesse trompée dans ta confiance, ou dans tes antipathies. L'usage du monde t'instruira par degrés. Ne tourne maintenant tes études que sur toi-même, et emploie toute les forces de ton âme à acquérir des vertus, pour en devenir plus aimable et plus belle.

LE SERVICE INTÉRESSÉ.

MATHIEU.

Bonjour, voisin Simon. J'aurais aujourd'hui trois ou quatre petites lieues à faire, ne pourriez-vous pas me prêter votre jument?

SIMON.

Je ne demanderais pas mieux, voisin Mathieu; mais c'est qu'il me faut porter trois sacs de blé au moulin tout à l'heure. Ma femme a besoin de farine ce soir.

MATHIEU.

Le moulin ne va pas d'aujourd'hui. Je viens d'entendre le meunier dire au gros Thomas que les eaux étaient trop basses.

SIMON.

Est-il vrai? voilà qui me dérange. En ce cas, il faut que je coure à bride abattue chercher de la farine à la ville. Ma femme serait d'une belle humeur, si j'y manquais.

MATHIEU.

Je puis vous sauver cette course. J'ai un sac tout prêt, de bonne mouture; je suis en état de vous prêter autant de farine que vous en auriez besoin.

SIMON.

Oh! votre farine ne conviendrait peut-être pas à ma femme. Elle est si fatasque!

MATHIEU.

Quand elle le serait cent fois plus! C'est du blé que vous m'avez vendu, le meilleur, disiez-vous, que vous eussiez touché de votre vie.

SIMON.

Eh! vraiment, l'était-il aussi dans mon magasin. C'est de l'excellent blé, tout celui que je vends. Voisin, vous le savez, il n'y a personne qui aime à rendre service comme moi; mais la jument a refusé ce matin de manger la paille. Je crains qu'elle ne puisse pas aller.

MATHIEU.

N'en soyez pas inquiet; je ne la laisserai pas manquer d'avoine sur la route.

SIMON.

L'avoine est bien chère, voisin!

MATHIEU.

Il est vrai; mais qu'importe! Quand on va pour de bonnes affaires, on n'y regarde pas de si près.

SIMON.

Nous allons avoir du brouillard; les chemins seront glissans. Si vous alliez vous tordre le cou.

MATHIEU.

Il n'y a pas de danger; votre jument est sûre. Ne parliez-vous pas tout à l'heure de la pousser vous-même à bride abattue?

SIMON.

C'est que ma selle est en lambeaux, et que j'ai donné ma bride à raccommoder.

MATHIEU.

Heureusement j'ai une selle et une bride à la maison.

SIMON.

Votre selle n'ira jamais à ma jument.

MATHIEU.

Eh bien! j'emprunterai celle de Réné.

SIMON.

Bon! elle n'ira pas mieux que la vôtre.

MATHIEU.

Je passerai chez M. le comte. Le valet d'écurie est un de mes amis, il saura bien en trouver une qui aille, parmi vingt qu'en a son maître.

SIMON.

Certainement, voisin, vous savez que personne n'est disposé comme moi à obliger ses amis. Vous auriez de tout mon cœur ma jugement; mais voilà quinze jours qu'elle n'a été pensée. Son crin n'est pas fait. Si on la voyait une fois dans cet état, je ne pourrais plus en trouver dix écus quand je voudrais la vendre.

MATHIEU.

Un cheval est bientôt pensé. J'ai mon valet de ferme qui l'aura fait dans un quart d'heure.

SIMON.

Cela peut être; mais à présent que j'y songe, elle a besoin d'être ferrée.

MATHIEU.

Eh bien! n'avons-nous pas le maréchal à deux portes d'ici?

SIMON.

Oui-dà! un maréchal de village pour ma jument. Je ne lui confierais pas seulement mon âne: Il n'y a que le maréchal du roi au monde pour la bien chausser.

MATHIEU.

Justement, mon chemin me conduit par la ville devant sa porte, et je n'aurai pas à me détourner d'un seul pas.

SIMON, *apercevant ou loin son valet, il l'appelle.*

François! François!

FRANÇOIS, *en s'avançant.*

Que voulez-vous, maître?

SIMON.

Tiens, voilà le voisin Mathieu qui voudrait emprunter ma jument. Tu sais qu'elle a une écorchure sur le dos, de la largeur de ma main. (*Il lui fait signe de l'œil.*) Va tout de suite voir si elle est guérie. (*François sort en lui faisant signe qui l'a compris.*) Je pense qu'elle doit l'être. Oh! oui. Touchez-là, voisin. J'aurai donc le plaisir de vous avoir obligé. Il faut s'entraider dans la vie. Si je vous avais refusé tout crûment; eh bien! vous m'auriez refusé à votre tour dans une autre occasion; c'est tout simple. Ce qu'il y a de bon avec moi, c'est que mes amis me trouvent toujours au besoin. (*François rentre.*) Eh bien! François, la plaie, comment va-t-elle?

FRANÇOIS.

Comment elle va, maître? vous disiez de la largeur de votre main! c'est de la largeur de mes épaules qu'il fallait dire. La pauvre bête n'est pas en état de faire un pas. Et puis je l'ai promise à votre compère Blaise, pour voiturer sa femme au marché.

SIMON.

Ah! mon voisin, je suis bien fâché que les choses tournent de cette manière. J'aurais donné tout au monde pour vous prêter ma jument. Mais je ne peux pas désobliger le compère Blaise, je lui dois des journées de cheval. Vous m'envoyez au désespoir pour ce qui vous regarde, mon cher Mathieu.

MATHIEU.

J'en suis aussi désespéré pour vous mon cher Simon. Vous saurez que je viens de recevoir un billet de l'intendant de mon seigneur, pour l'aller trouver sur le champ. Nous faisons quelques affaires à nous deux. Il m'avertit que, si j'arrive à midi, il peut me faire adjuger la coupe d'une partie de la forêt. C'est à peu près cent louis que je gagnerai dans cette affaire, et quinze à vingt qu'il y aurait eu à gagner pour vous; car je pensais à vous employer pour l'exploitation. Mais....

SIMON.

Comment! quinze à vingt louis, dites-vous?

MATHIEU.

Oui, peut-être davantage; cependant, comme votre jument n'est pas en état d'aller, je vais voir pour le cheval de l'autre charpentier du village.

SIMON.

Vous m'offensez; ma jument est tout à votre service. Eh, François, François, va dire au compère

Blaise que sa femme n'aura pas d'aujourd'hui ma jument; que le voisin Mathieu en a besoin, et que je ne veux pas refuser mon meilleur ami.

MATHIEU.

Mais comment ferez-vous pour la farine?

SIMON.

Oh! ma femme peut s'en passer encore pendant quinze jours.

MATHIEU.

Et votre selle qui est en lambeaux.

SIMON.

C'est de la vieille que je parlais. J'en ai une toute neuve comme la bride. Je serai ravi que vous en ayez l'étrenne.

MATHIEU.

Je ferai donc ferrer la jument à la ville?

SIMON.

Vraiment, j'avais oublié que le voisin l'avait ferrée l'autre jour pour essayer. Il faut lui rendre justice, il s'en est tiré fort bien.

MATHIEU.

Mais la pauvre bête a une plaie si large sur le dos, comme dit François.

SIMON.

Oh! je connais le drôle. Il se plaît toujours à grossir le mal. Je parie qu'il n'y en a pas de la largeur du petit doigt.

MATHIEU.

Il faudrait donc qu'il la pensât un peu; car, depuis quinze jours...

SIMON.

La panser ? je voudrais bien voir qu'il y manquât un seul jour de la semaine.

MATHIEU.

Qu'il aille au moins lui donner quelque chose. Ne m'avez-vous pas dit qu'elle avait refusé la paille ?

SIMON.

C'est qu'elle s'était rassasiée de foin. Ne craignez pas, elle vous portera comme un oiseau. Le chemin est sec; nous n'avons point de brouillard. Je vous souhaite un bon voyage, et de bonnes affaires. Venez, venez monter; ne perdons pas un moment. Je vous tiendrai l'étrier.

LE DÉSORDRE ET LA MALPROPRETÉ.

Urbain passait, à juste titre, pour un excellent petit garçon. Il était doux et officieux pour ses amis, obéissant envers ses maîtres et ses parens.

Il n'avait qu'un défaut ; c'était de ne prendre aucun soin de ses livres et de ses petits effets, d'être fort négligé dans sa parure, et très-sale dans ses habits.

On l'avait souvent repris de sa négligence. Ces reproches l'affligeaient pour lui-même, et parce qu'il voyait ses amis les lui faire avec regret. Il avait mille fois résolu de se corriger, mais l'habitude était devenue si forte, que c'était toujours le même désordre et la même malpropreté.

Il y avait long-temps que son papa lui avait promis, ainsi qu'à ses frères, de leur donner le plaisir d'une promenade sur l'eau.

Le temps se trouva un jour très-serein. Le vent était doux, la rivière tranquille. M. de Saint-André résolut d'en profiter. Il fit appeler ses enfans, leur annonça son projet; et comme sa maison donnait sur le port, il prit la peine d'y aller lui-même choisir une petite chaloupe, la plus jolie qu'il put trouver.

Comme toute la jeune famille se réjouit! Avec quel empressement chacun se hâta de faire ses préparatifs pour une partie de plaisir si long-temps attendue!

Ils étaient déjà prêts lorsque M. de Saint-André revint pour les prendre; ils sautaient de joie autour de lui. De son côté, il était ravi de leur joie. Mais quelle fut sa surprise, en jetant les yeux sur Urbain, de voir l'état pitoyable de son accoutrement!

L'un de ses bas était descendu sur le talon, l'autre se roulait à longs plis autour de sa jambe, qui ne représentait pas mal une colonne torse. Sa culotte avait deux grands yeux ouverts à l'endroit du genou. Sa veste était toute marquetée de taches de graisse et d'encre; et il manquait à son surtout la moitié du collet.

M. de Saint-André vit avec peine qu'il ne pouvait se charger d'Urbain dans un pareil état. Tout le monde aurait eu raison de croire que le père d'un enfant si désordonné devait être aussi désordonné lui-même, puisqu'il souffrait ce défaut dégoûtant dans son fils; et comme il avait des qualités plus heureuses pour se faire distinguer par ses concitoyens, il n'était pas excessivement jaloux de cette nouvelle renommée.

Urbain avait bien un autre habit; malheureusement il se trouvait alors chez le tailleur, et ce n'était pas pour peu de chose ; il ne s'agissait de rien moins que d'y coudre un pan qui s'était détaché. Le dégraisseur devait ensuite en avoir pour deux ou trois jours de besogne à le remettre à neuf.

Qu'arriva-t-il, mes amis? Vous le devinez sans peine.

Ses frères, qui avaient des habits propres, et dont tout l'équipage faisait honneur à leur papa, montèrent avec lui dans la chaloupe. Elle était peinte en bleu, relevée par des bordures d'un rouge éclatant. Les rames et les banderoles étaient bariolées de ces deux couleurs. Les matelots portaient des vestes d'une blancheur éblouissante, avec de larges ceintures vertes autour de leur corps, de gros bouquets de fleurs à leur côté, de grands panaches de plumes à leurs chapeaux. Il y avait dans le fond, près du gouvernail, trois hommes avec un hautbois, un fifre et un tambour, qui commencèrent à jouer sur les instrumens une marche guerrière, aussitôt que la chaloupe s'éloigna du bord. Le peuple, assemblé sur le rivage, y repondait par de joyeuses clameurs.

Urbain, qui s'était fait une si grande fête de cette promenade, fut obligé de rester à la maison. Il est vrai qu'il eut le plaisir de voir de sa fenêtre cet embarquement, de suivre de l'œil la chaloupe dont un vent léger enflait les voiles, et qui paraissait voler sur la surface des eaux; et que ses frères, à leur retour, voulurent bien lui raconter tous les amusemens de leur journée, dont le seul récit les faisait tressaillir de joie.

Un autre jour, comme il s'amusait dans une prairie à cueillir des fleurs avec un de ses amis, pour en faire un bouquet à sa maman, il perdit une de ses boucles.

Au lieu de s'occuper à la chercher, il pria son camarade, qui restait assis pour arranger le bouquet, de lui en prêter une des siennes, parce qu'en marchant sur les oreilles pendantes de son soulier, il avait déjà trébuché deux ou trois fois.

Son ami lui prêta volontiers sa boucle. Urbain, pressé de courir, l'attacha si négligemment, qu'au bout d'un quart d'heure elle était déjà hors de son pied.

Ils se trouvèrent fort embarrassés quand il fut question de rentrer au logis. La nuit était venue, et l'herbe était si haute, qu'un agneau se serait caché sous son épaisseur. Le moyen d'y retrouver dans l'obscurité quelque chose d'aussi petit! Ils s'en retournèrent clopin clopinant, s'appuyant l'un sur l'autre, et tous les deux fort tristes; Urbain surtout qui, doué d'un caractère très-sensible, avait à se reprocher d'exposer son ami à la colère de ses parens.

Le lendemain il se présenta devant toute sa famille assemblée, avec une seule boucle pour ses deux souliers. Triste coup-d'œil pour un père, qui voyait par là combien ses leçons avaient été vainement prodiguées!

M. de Saint-André payait tous les dimanches une petite pension à ses enfans, pour leur donner le moyen de satisfaire aux fantaisies de leur âge, et surtout à leur générosité. Les frères d'Urbain avaient le plaisir de l'employer à un usage si doux. Mais, pour lui, sa pension ne lui passait presque jamais dans les mains, parce que son père la retenait, tantôt pour lui acheter des boutons de manche, un col ou son chapeau qu'il avait égarés, tantôt pour lui faire détacher ses habits et réparer leur désordre.

Une boucle d'argent est d'un certain prix. Ce n'était pas tout encore : il avait perdu celle de son camarade, et il fallait l'en dédommager tout de suite. Mais comment? Ses pensions de la semaine n'auraient pu y suffire de plus de trois mois.

Heureusement son père lui avait fait apprendre à écrire, et, pour me servir de l'expression commune, il avait une assez jolie main.

C'était le seul travail où il pût gagner quelque chose. Je dois convenir, à sa louange, qu'il se prêta de fort bonne grâce à l'arrangement qui lui fut proposé.

Le père de son ami était un avocat célèbre, qui donnait tous les jours un grand nombre de consultations. M. de Saint-André lui offrit de les lui faire mettre au net par Urbain, jusqu'à ce qu'il eût gagné de quoi payer la boucle de son ami, qu'il avait perdue.

Urbain passait les heures de ses récréations à copier des écrits de procédures fort ennuyeux et tout griffonnés, tandis que ses frères allaient se promener à la campagne, ou qu'ils s'amusaient avec leurs camarades à jouer dans le jardin.

Oh! combien il soupira de son étourderie, et combien, dans un petit nombre de jours, elle lui fit perdre de plaisir!

Il eut le temps de faire bien des réflexions sur lui-même, et de former, pour l'avenir, de bonnes résolutions, que son expérience lui a fait suivre fidèlement. Si je vous le montrais, mes chers amis, en voyant l'air de propreté qui règne aujourd'hui dans sa parure, et l'arrangement qu'il observe dans tout ce qui lui appartient, vous ne croiriez jamais que c'est la même personne dont je viens d'écrire l'histoire, pour vous instruire autant que pour vous amuser.

LE BOUQUET

QUI NE SE FLÉTRIT JAMAIS.

AGATHE.

Eh! bonjour, ma chère Eugénie. C'est une excellente idée que tu as eue de venir me voir aujourd'hui.

EUGÉNIE.

Maman vient de me permettre de passer tout le reste de la soirée avec toi.

AGATHE.

J'en suis bien charmée; le temps est si beau! Il me semble que nos amis nous en deviennent plus chers quand la nature est riante.

EUGÉNIE.

Je le sens aussi. Tiens, donne-moi la main. Comme nous allons jaser et courir ensemble!

AGATHE.

Veux-tu commencer par faire quelques tours dans le bosquet?

EUGÉNIE.

Vraiment oui, c'est fort bien pensé. Nous pourrons y causer plus à notre aise.

AGATHE.

Je te demande seulement la permission de m'asseoir quelquefois pour travailler à mon ouvrage.

EUGÉNIE.

A la bonne heure. Je t'aiderai même, si tu veux.

AGATHE.

Oh! non, je te remercie. Je ne voudrais pas qu'il y eût un seul point d'une autre main que de la mienne.

EUGÉNIE.

Je vois que c'est pour en faire un cadeau.

AGATHE.

Tu l'as deviné.

EUGÉNIE.

Et l'ouvrage presse donc beaucoup ?

AGATHE.

Tu sais que c'est le quatre de ce mois le jour de Sainte-Rosalie. Je ne me consolerais de ma vie, si ce tablier de filet n'était fait pour ce jour-là.

EUGÉNIE.

Rosalie, dis-tu ? Je ne connais personne de ce nom-là parmi toutes les demoiselles de notre société.

AGATHE.

C'est pour une de mes amies particulières. Oh! une tendre et excellente amie, à qui je dois peut-être tout mon bonheur!

EUGÉNIE.

Et comment cela, s'il te plaît, ma chère Agathe? Je meurs d'envie de le savoir.

AGATHE.

Dis-moi, Eugénie, n'as-tu pas remarqué depuis ton retour un grand changement dans mon caractère ?

EUGÉNIE.

Puisque tu veux que je te le dise, j'en conviendrai franchement avec toi; je ne te connais plus. Comment as-tu fait pour changer à ce point? Lorsque je te quittai, il y a quinze mois, pour aller passer un an chez ma tante, tu étais vaine et acariâtre. Tu offensais sans pitié tout le monde; et la moindre familiarité te paraissait un outrage. Aujourd'hui, tes manières sont simples et prévenantes. Tu as un air de complaisance et d'affabilité qui te gagne tous les cœurs. Je t'avouerai que moi-même, je t'aime cent fois plus que je ne t'aimais alors. Tu prenais quelquefois des airs de hauteur qui me révoltaient. Il me venait à chaque instant l'idée de rompre avec toi; au lieu qu'à présent je goûte un plaisir inexprimable dans ton entretien. Et ce qui achève de me ravir, c'est que tu as l'air d'être beaucoup plus heureuse.

AGATHE.

Je le suis aussi, ma chère amie. Ah! j'étais bien à plaindre dans le temps dont tu parles. Je faisais également le désespoir de ma famille et de tous ceux qui s'intéressaient à mon bonheur. La pauvre demoiselle Brochon, surtout, que je la faisais souffrir! Elle pourtant, qui m'aimait avec tant de tendresse, qui remplissait si bien la parole qu'elle avait donnée à maman le jour de sa mort, de tenir sa place auprès de moi, et de me porter tout l'amour d'une mère.

EUGÉNIE.

Il faut convenir que tu ne pouvais pas tomber en

de meilleures mains pour recevoir une éducation distinguée. Il n'est point de parens qui ne souhaitassent de la voir auprès de leur fille.

AGATHE.

Tu ne sais pas encore tout ce que je lui dois. Je veux te le raconter. C'est l'histoire d'une matinée qui restera toujours gravée dans mon souvenir. Le quatre de ce mois, il y aura un an, c'était le jour de sa fête; je m'éveillai d'assez bonne heure. Elle dort encore, me dis-je en moi-même; je veux la surprendre avant qu'elle ne se lève. Je m'habillai toute seule; je pris la corbeille qu'une aimable petite demoiselle m'avait donnée au premier jour de l'an (*Elle serre la main d'Eugénie*), et je courus dans le jardin pour la remplir de fleurs, que je voulais répandre sur le lit de mademoiselle Brochon. Je me glissai en cachette le long de la charmille, et j'arrivai, sans que personne m'eût aperçue, au petit bosquet de rosiers, où je cueillis trois des plus belles roses qui venaient de s'épanouir. Il me fallait encore du chèvrefeuille, du jasmin et du myrte. J'allais pour en cueillir autour du berceau qui termine la grande allée. Tout-à-coup, en passant devant l'ouverture, j'aperçois en un coin du berceau mademoiselle Brochon à genoux, la tête cachée dans ses mains. Je tâchai de m'en retourner doucement sur la pointe des pieds; mais elle avait entendu le bruit de mes pas. Elle se leva précipitamment, tourna la tête, m'aperçut, et me cria de venir la trouver.

Elle n'avait pas eu le temps de bien assuyer ses larmes. Je vis que ses yeux en étaient encore mouillés; mais ce n'était pas de ces larmes douces, comme je lui en avais souvent vu répandre au récit de quelque action généreuse, de bienfaisance et de droiture. Malgré l'air d'amitié dont elle me recevait, il me sembla remarquer sur son visage des traces de douleur.

Elle me prit doucement cette main avec une des siennes, et me passa l'autre autour de moi. Nous fîmes de cette manière deux tours d'allées, sans qu'elle me dît un seul mot. De mon côté, je n'osais ouvrir la bouche, tant j'étais interdite par son silence.

Elle me pressa ensuite plus étroitement contre son sein; et, me regardant avec un air attendri, en jetant un coup-d'œil sur les fleurs dont ma corbeille était remplie : Je vois, ma chère Agathe, me dit-elle, que vous avez pensé de bonne heure à ma fête. Cette attention délicate me ferait oublier les tristes pensées dont j'étais occupée en ce moment à votre sujet, si le soin de votre bonheur n'y était attaché. Oui, ma chère amie, n'attribuez qu'à ma tendresse pour vous ce que je vais vous dire; il me tarde d'en avoir déchargé mon cœur, pour l'ouvrir ensuite tout entier aux nouveaux sentimens que je vous dois pour le bouquet que vous me préparez.

J'étais tremblante et muette pendant qu'elle m'adressait ce discours. C'était comme si ma conscience m'eût parlé tout haut par sa bouche.

Vous qui avez reçu de la nature, continua-t-elle, des dispositions si bien cultivées par les exemples et les instructions de votre maman, pourquoi voulez-vous les pervertir par un défaut capable d'empoisonner lui seul les plus excellentes qualités. Je ne vous le nommerai point, après ce que je viens de vous dire; son nom vous inspirerait peut-être trop d'horreur contre vous-même, et je ne veux pas vous mortifier. Il suffit que votre cœur vous le nomme en secret, et je crois vous connaître assez, pour être sûre que vous emploierez les plus nobles efforts à le détruire.

N'allons point chercher les temps trop reculés. Faisons seulement l'examen de la conduite que vous avez tenue dans la journée d'hier. C'est elle qui m'avait plongée dans la tristesse où vous venez de me surprendre.

Vous souvenez-vous du ton d'emphase que vous prîtes à déjeûner, pour étaler vos connaissances dans l'histoire? vous rappeliez des événemens assez instructifs pour qu'on vous eût écoutée avec intérêt, si l'on ne vous eût vue trop enflée du désir d'exciter l'admiration; vous aviez l'air si satisfait de vous-même, que l'on craignit de vous donner des éloges, de peur d'ajouter à votre vanité. Souvenez-vous en même temps de l'attention qu'on prêtait à l'aimable petite Adélaïde : comme tout le monde était enchanté des grâces simples et naturelles de son récit, de l'air modeste dont elle rougissait de paraître si bien instruite. Je vous voyais pâlir de dépit et d'envie, je voyais rouler dans vos yeux des larmes de rage que vous cherchiez vainement à dérober, tandis que toute la compagnie se réjouissait intérieurement de vous avoir humiliée.

L'après-midi, quand, d'un air de triomphe, vous vîntes montrer votre cahier d'écriture, et qu'on se le faisait passer froidement de main en main, sans vous donner les louanges que vous sembliez commander, comme vous le reprîtes d'un air d'humeur et de colère!

Enfin le soir, lorsqu'en accompagnant Adélaïde sur le clavecin, les fausses mesures que peut-être faisiez-vous exprès, la déroutaient dans son chant; elle vous pria doucement à l'oreille de toucher un peu plus juste: quelle mine hideuse vous fîtes alors à votre amie!

Ah! de grâce, n'achevez pas, m'écriai-je en fondant en larmes; car ces paroles m'avaient pénétrée jusqu'au fond du cœur.

C'était la vanité, repris-je, ce vice que vous n'osiez pas me nommer; jamais je n'avais senti si vivement combien il est affreux.

Je ne pus en dire davantage; mais elle vit bien ce qui se passait dans mon cœur. Ses bras agités me pressèrent contre son sein avec une tendresse que je ne saurais te peindre. Je sentais ses larmes couler sur mon visage, tandis que ses yeux étaient tournés vers le ciel.

L'éloquence de cette prière muette acheva de me troubler. Nous étions venues, sans nous en apercevoir, au pied de l'ormeau que voici. Nous étions debout auprès de ce banc de verdure. Je m'y laissai tomber à demi évanouie. Elle me prodigua les plus tendres secours, et ranima par ses caresses mes esprits abattus.

Comme nous étions prêtes à rentrer à la maison, je lui dis en l'embrassant : Séchez vos larmes, ma bonne amie, ce sont aujourd'hui les dernières que vous aurez à répandre sur mes défauts.

Ma chère Agathe, me répondit-elle, vous ne pouviez me causer une plus grande joie pour le jour de ma fête, que par cette noble résolution ; c'est le bouquet le plus propre à nous parer l'une et l'autre, et j'espère qu'il ne se flétrira jamais.

Peu à peu nous devînmes toutes les deux plus tranquilles. Elle me fit remarquer le repos délicieux de la matinée. Mon cœur soulagé se trouvait en état de goûter les charmes d'un beau jour.

Je sentis alors combien il est doux de trouver ce calme en soi-même. Je lui demandai ses conseils pour entretenir mon cœur dans cette riante sérénité. Deux heures s'écoulèrent ainsi rapidement dans un entretien d'amitié, de confiance, et d'instruction touchantes.

Mon papa, sans m'en avertir, avait fait préparer une petite fête. Nous la célébrâmes avec toute la joie dont nos cœurs venaient de se remplir. C'est depuis ce jour, ma chère amie, que j'ai commencé à me guérir d'un défaut si insupportable aux autres et à moi-même. Je te laisse maintenant à penser si je puis oublier, quand ce jour revient, de marquer ma tendre reconnaissance à la digne amie qui en a fait l'époque de mon bonheur.

EUGÉNIE.

O ma chère Agathe, heureusement j'ai du temps encore ! Je veux lui préparer aussi mon bouquet, pour avoir su doubler le plaisir que je sentais à t'aimer.

NARCISSE ET HYPOLITE.

Narcisse et Hypolite, à peu près du même âge, étaient amis dès la plus tendre enfance. Les maisons de leurs parens étant voisines, ils avaient occasion de se voir tous les jours.

M. de Choisi, père de Narcisse, occupait une place distinguée dans la magistrature, et jouissait d'un immense revenu. Le père d'Hypolite, au contraire, nommé M. de Merville, ne possédait qu'une fortune bornée ; mais il vivait content, et toutes ses vues tendaient à rendre son fils heureux par les avantages d'une sage éducation, puisqu'il ne pouvait lui laisser de grandes richesses. Il choisit pour cet objet les moyens les plus dignes de sa prudence.

Hypolite avait à peine atteint l'âge de neuf ans, qu'il était formé à tous les exercices du corps, et que son esprit était enrichi de plusieurs connaissances utiles. Comme il était toujours dans le travail et le mouvement, il avait acquis une santé robuste; et, content de lui-même, heureux de la tendresse de ses parens, il ne respirait qu'une douce gaîté, dont l'impression se répandait sur tous ceux qui avaient le bonheur de vivre auprès de lui.

Son petit voisin Narcisse le sentait bien; et, du moment qu'il n'était plus avec Hypolite, il ne savait à quoi s'amuser.

Pour se délivrer de l'ennui qui le tourmentait, il mangeait continuellement sans avoir faim, buvait sans soif, et s'assoupissait sans besoin de sommeil. Aussi ne se passait-il pas un seul jour qu'il n'éprouvât des langueurs d'estomac, des douleurs de tête violentes.

M. de Choisi avait, comme M. de Merville, le tendre projet de faire le bonheur de son fils. Mais il avait pris malheureusement, pour y parvenir, des moyens tout-à-fait opposés.

Narcisse, dès le berceau, avait été élevé dans la mollesse. Il avait toujours derrière lui un domestique pour lui avancer un fauteuil lorsqu'il voulait changer de place. On l'habillait et on le déshabillait, comme s'il avait été privé de l'usage de ses mains. Il semblait que tous ceux qui l'entouraient fussent chargés de respirer pour lui, et qu'il ne vécût point par lui-même.

Lorsque Hypolite, en veste légère de toile, aidait son père à cultiver, pour son amusement, un petit jardin, Narcisse, en bel habit brodé, se faisait traîner dans un carosse, pour rendre des visites avec sa maman.

S'il allait quelquefois se promener à la campagne, et qu'il voulût s'asseoir dans une prairie, on avait soin d'étendre sous lui les coussins de la voiture, de peur qu'il ne s'enrhumât sur le gazon.

Accoutumé à voir prévenir ses moindres fantaisies, tout ce qui s'offrait à ses yeux excitait un moment ses désirs. Et plus on s'empressait à les satisfaire, plutôt il en était dégoûté.

Pour lui épargner le plus léger sujet d'humeur, sa mère avait ordonné à tous ses domestiques de respecter jusqu'aux caprices de son fils. Cette lâche condescendance l'avait rendu si fantasque et si impérieux, qu'il était devenu un objet de haine et de mépris pour tous les gens de la maison.

Après ses parens, Hypolite était le seul qui l'aimât, et qui supportât patiemment ses boutades. Il avait l'art de ployer son humeur, et de le rendre même joyeux comme lui.

Comment fais-tu donc pour être toujours si gai? lui dit un jour M. de Choisi.

Comment je fais? lui répondit-il. Je n'en sais trop rien. Cela vient de soi-même. Mon papa me dit cependant qu'on n'est jamais parfaitement heureux, si l'on ne sait mêler le travail aux plaisirs. Je l'ai bien éprouvé lorsqu'il vient des étrangers à la maison, et que, pour leur faire fête, tous nos travaux sont suspendus; je ne m'ennuie jamais que ces jours-là. C'est ce mélange d'exercices et d'amusemens qui fait aussi que je me porte toujours bien. Je ne crains ni les vents, ni la pluie, ni les ardeurs du midi, ni les fraîcheurs du soir ; et j'ai déjà labouré une partie de mon jardin; lorsque le pauvre Narcisse est encore enseveli dans son lit.

M. de Choisi poussa un soupir; et ce jour même il alla consulter M. de Merville sur les moyens qu'il fallait prendre pour rendre son fils aussi sain et aussi gai qu'Hypolite.

M. de Merville se fit un plaisir de répondre à ses questions, et il lui exposa le plan qu'il avait suivi.

Les forces de l'esprit et celles du corps, lui dit-il, doivent être également exercées, si l'on ne veut qu'elles ne deviennent aussi inutiles que ces trésors enfouis dans la terre et ignorés de leurs professeurs. On ne peut rien imaginer de plus contraire au bonheur et à la santé des enfans, que de les porter à la pusillanimité, en les accoutumant à la mollesse, et de céder, par une cruelle complaisance, à leurs bizarres et tyranniques volontés. A quelle contrariété n'est pas exposé pour toute sa vie un homme qui est accoutumé dès l'enfance à voir flatter toutes ses folles imaginations, lorsque, dans le nombre des vœux les plus ardens de son cœur, à peine en verra-t-il un seul s'accomplir, et qu'il sera réduit à murmurer lâchement contre sa destinée, quand il devrait le plus souvent remercier le ciel de la résistance qu'il oppose à ses vœux insensés ? Il ajouta, avec un mouvement de joie inexprimable, qu'Hypolite ne serait certainement pas cet homme malheureux.

M. de Choisi fut frappé de ce discours, et il résolut de conduire son fils au bonheur par la même voie.

Hélas! il était trop tard. Narcisse avait déjà douze ans, et son âme, dès long-temps énervée, était hors d'état de soutenir les efforts qui fatiguaient tant soit peu sa faiblesse. Sa mère, aussi faible que lui, suppliait son époux, qui, lassé de ces supplications, abandonna le sage projet qu'il avait conçu, et le bien-aimé s'enfonça de plus en plus dans sa funeste mollesse.

Le dépérissement de son corps et la dégradation de son âme augmentèrent dans une égale proportion, jusqu'à ce qu'il eût atteint l'âge de quinze ans, Ses parens l'envoyèrent alors à Paris, pour prendre ses grades en philosophie, et de là passer à l'étude du droit. Hypolite devait entrer dans la même carrière; il suivit son jeune ami.

J'ai oublié de dire qu'Hypolite, dans les diverses connaissances qu'il avait acquises, n'avait eu d'autres maîtres que son père. Narcisse avait eu autant de maîtres qu'il y a de connaissances à acquérir; et il en avait passablement retenu quelques termes. C'était là le fruit de toutes ses études.

L'esprit d'Hypolite, au contraire, était comme un vaste jardin bien aéré, et de toutes parts, exposé aux rayons bienfaisans du soleil, où se fécondaient rapidement, par une heureuse culture, les semences qu'on y avait répandues. Riche déjà d'instructions, il en désirait avidement de nouvelles. Son application et sa conduite offraient des modèles d'émulation à ses camarades. La douceur de son âme, la vivacité de son esprit, et l'enjouement de son caractère, inspiraient l'attrait le plus vif pour sa société. Tous l'aimaient, tous aspiraient à devenir ses amis.

Narcisse, dans les premiers temps, s'était fait une joie de loger avec lui. Bientôt, son orgueil, humilié de la considération qu'Hypolite avait acquise, ne put lui permettre d'en être plus long-temps le témoin. Il s'en sépara sur un prétexte frivole.

Livré à lui-même et blasé dans ses goûts, il soupirait après les plaisirs, et il saisissait inconsidérément tout ce qui paraissait lui en offrir la trompeuse image.

Je n'entreprendrai point de vous dire combien de de fois il eut à rougir de lui-même, et comment, d'étourderie en étourderie, il tomba dans les derniers égaremens. Il vous suffira de savoir qu'il retourna dans la maison paternelle avec un principe de mort dans le sein, qu'il languit six mois sur un lit de douleur, et qu'il expira dans une cruelle agonie.

Hypolite, tendrement regretté de ses professeurs et de ses camarades, était rentré chez ses parens, chargé d'un trésor de lumière et de sagesse. Avec quels transports il fut reçu de sa famille! O enfans, que c'est une douce chose de se faire aimer, et de sentir au fond de son cœur qu'on est digne de cette bienveillance universelle!

Sa mère s'estimait la plus heureuse de toutes les femmes. Son père ne le regardait qu'avec des yeux baignés de larmes de joie.

Un emploi considérable, qui vient à vaquer dans sa patrie, lui fut conféré d'après le vœu unanime de ses concitoyens, et satisfit le désir ardent qu'il avait de se rendre utile à leur bonheur.

Il en jouit comme eux-mêmes, et il vit partager ses sentimens généreux à ses parens, qui coulèrent dans l'abondance une vieillesse honorable. Il se plaisait à leur rendre avec usure les soins qu'il en avait reçus. Une épouse, belle et vertueuse, des enfans semblables à lui, achevèrent de combler sa félicité. Lorsqu'on parlait d'un homme heureux, et digne de l'être, son nom se présentait toujours le premier.

PERSONNAGES.

LE GOUVERNEUR } de l'école.
LE DIRECTEUR

EUGÈNE, fils du Gouverneur,
ÉDOUARD DE BELLECOMBE, } jeunes élèves.
ROGER,
THÉODORE,

La scène se passe dans l'appartement du Gouverneur.

L'ÉCOLE MILITAIRE.

Drame en un acte.

SCÈNE PREMIÈRE.

LE GOUVERNEUR, LE DIRECTEUR.

(*Le Gouverneur travaille assis dans un bureau.*)
LE DIRECTEUR, *frappant à la porte, et l'entr'ouvrant.*
Monsieur le gouverneur, oserais-je vous interrompre pour un moment ?

LE GOUVERNEUR.
Entrez, monsieur : vous savez que toutes mes heures appartiennent aux devoirs de ma place.

LE DIRECTEUR.
Je viens vous instruire d'une chose assez étrange qui se passe depuis quelques jours dans l'école.

LE GOUVERNEUR.
Qu'est-ce donc, je vous prie ? Vous m'effrayez.

LE DIRECTEUR.
Rassurez-vous, monsieur. Mon rapport doit vous inspirer plus d'intérêt que d'alarme. Que pensez-

vous de notre dernier élève, le jeune Édouard de Bellecombe.

LE GOUVERNEUR.

Depuis dix jours qu'il est ici, je n'ai pas encore eu le temps de le connaître. Tout ce que je puis en dire, c'est que, lorsqu'on me l'a présenté, j'ai remarqué dans sa physionomie un caractère de noblesse et d'élévation qui m'a prévenu en sa faveur. Est-ce que ses maîtres seraient mécontens de lui?

LE DIRECTEUR.

Bien au contraire; ils donnent les plus grands éloges à son assiduité. La justesse et la force de son esprit les étonnent. Il est entré ici plus instruit que la plupart des élèves ne le sont après trois ans d'étude. Il n'y a que ses camarades et moi qui pourrions avoir quelque sujet de nous plaindre de sa conduite.

LE GOUVERNEUR.

Comment, vous, monsieur? J'en suis affligé.

LE DIRECTEUR.

Je le suis moins pour moi que pour lui-même. Je ne sais ce qui se passe dans son cœur; mais il faut qu'un sentiment profond l'occupe tout entier. J'ai employé mille efforts pour le découvrir. Ma pénétration se trouve en défaut.

LE GOUVERNEUR.

Pourrais-je vous demander sur quoi portent vos observations.

LE DIRECTEUR.

Le voici, monsieur. Il est très-ardent à l'étude, et rien ne peut le détourner de ses travaux. Mais, dans les heures de relâche, il est froid, sombre et silencieux au milieu de ses camarades. J'en ai mis auprès de lui deux des plus éveillés pour le réjouir. Il est sensible à leurs empressemens, il y répond même avec politesse ; mais tout leur feu ne saurait l'échauffer. Il s'élève entre eux un mur de glace. Oui, non, messieurs, et d'autres monosyllabes de ce genre, sont toutes ses réponses à leurs questions.

LE GOUVERNEUR.

Cette mélancolie est apparemment une suite de la douleur qu'il a éprouvée en se séparant de sa famille.

LE DIRECTEUR.

C'est l'explication qui me paraît la plus naturelle. Cependant voilà dix jours entiers qu'il est dans cet état. Un enfant de douze ans est-il susceptible d'une impression aussi durable ?

LE GOUVERNEUR.

Oui ; mais un enfant d'un si grand caractère que sa physionomie l'annonce...

LE DIRECTEUR.

N'importe. Si la sensibilité de cet âge est vive, elle est aussi passagère. Depuis que je suis dans cette école, j'ai vu tous ceux à qui leur éloignement de la maison paternelle causait les plus vifs regrets, se prêter avec le plus de facilité aux soins aimables que leurs camarades se donnent pour les distraire. Quoi qu'il en soit des sentimens d'Édouard pour ses parens, que diriez-vous de ce qu'il me reste encore à vous apprendre à son sujet.

LE GOUVERNEUR.

Vous enflammez ma curiosité. Je n'attends rien de lui que d'extraordinaire.

LE DIRECTEUR.

Croiriez-vous qu'il n'a voulu prendre encore à ses repas qu'un peu de potage, du pain sec et de l'eau? Un criminel ne peut-être condamné à des privations plus austères qu'Édouard ne s'en impose de lui-même.

LE GOUVERNEUR.

Que me dites-vous? cet enfant aurait dû naître à Sparte.

LE DIRECTEUR.

D'accord; mais ici, où il ne faut affecter aucune singularité, où l'apprentissage d'un militaire est de se soumettre aveuglément à la subordination générale, j'ai craint que son exemple ne pût avoir quelque danger pour les autres. Dix fois j'ai voulu l'engager ou le contraindre à manger de ce qui lui était présenté. Il ne répondait à mes instances ou à mes ordres, qu'en tournant vers moi, des yeux baignés de larmes touchantes... (*Il se détourne.*) Pardonnez, monsieur, je crois que je pleure moi-même.

LE GOUVERNEUR.

Je me sens aussi tout ému de votre récit. Cependant cette désobéissance est coupable, et ne doit pas demeurer impunie. S'il s'y obstine d'avantage, quel qu'en soit le motif, il ne peut pas rester dans cette maison. Le premier fondement d'une école militaire est la soumission la plus exacte aux ordres des maîtres et des supérieurs.

LE DIRECTEUR.

Voilà ce que je craignais, et ce qui m'a fait différer si long-temps de vous en instruire. J'espérais vaincre sa résolution ; mais je l'ai trouvé aussi ferme que son cœur est impénétrable.

LE GOUVERNEUR.

Est-il possible qu'à son âge on ait assez d'empire sur ses sentimens, pour les dérober à des regards aussi exercés que les vôtres.

LE DIRECTEUR.

C'est, comme vous le disiez tout à l'heure, un digne Spartiate. Ses manières, quoique dépouillées d'orgueil et mêlées de douceur, sont aussi imposantes que ses discours sont précis. Tel est, j'ose le dire, le respect qu'il inspire pour son secret, qu'on s'étonne de sa résistance, sans l'accuser d'obstination.

LE GOUVERNEUR.

Eh bien ! je veux le sonder moi-même. Le portrait que vous m'en faites ajoute à la haute opinion que j'en avais conçue. Si je puis le porter à une confidence, je suis persuadé qu'elle me dédommagera de la peine que j'aurai prise à l'obtenir.

LE DIRECTEUR.

Les prières, les menaces, l'adresse, j'ai tout employé vainement contre lui. Je doute que vos tentatives aient plus de succès, quoique je le désire avec ardeur. Je crois sentir que je vous en devrai de la reconnaissance.

LE GOUVERNEUR.

Je veux d'abord interroger les deux élèves que vous lui avez attachés plus particulièrement ; peut-être seront-ils en état de me fournir quelques lumières. Qui sont-ils ?

LE DIRECTEUR.

Roger et Théodore. Mais M. Eugène, votre fils, pourrait encore mieux vous instruire.

LE GOUVERNEUR.

Comment! est-ce qu'Édouard l'a intéressé ?

LE DIRECTEUR.

Il s'en occupe, je crois, plus que de lui-même. J'ai observé qu'il l'étudiait en silence. Il ne vous en a donc pas encore entretenu ?

LE GOUVERNEUR.

Non ; mais je lui sais bon gré de sa réserve, autant que de son attention. Elle m'annonce une sympathie secrète avec le caractère qui l'a frappé. Vous me feriez plaisir, monsieur, de me les amener tous les trois.

LE DIRECTEUR.

J'aime mieux vous les envoyer ; ma présence les gênerait peut-être. Vous en serez plus libre avec eux.

LE GOUVERNEUR.

Vous avez raison. Je vous serais également obligé de me faire venir Édouard aussitôt qu'il seront sortis. (*Le directeur sort. Le gouverneur le reconduit jusqu'à la porte.*)

SCÈNE II.

LE GOUVERNEUR.

Je ne sais comment expliquer ce mystère. Il est naturel qu'Édouard ait du chagrin d'avoir quitté ses parens. Un enfant d'une si grande espérance devait leur être bien cher, et recevoir bien des marques de leur tendresse! Mais que rien n'ait pu encore adoucir sa douleur depuis dix jours au milieu d'une jeunesse vive et ardente, occupée de tous les moyens de le distraire et de l'égayer; qu'il refuse de prendre tout autre aliment que du pain et de l'eau, voilà ce que je ne puis concevoir. Le service de la table se fait avec propreté, et ne peut lui causer aucun dégoût. D'ailleurs, il n'était pas accoutumé à une nourriture délicate. Son père, en me l'envoyant, m'a écrit qu'il n'était pas riche, et qu'il était chargé d'une nombreuse famille. Plus je fais de réflexion, et plus je m'y perds. (*Il se promène pendant quelques momens en silence.*)

SCÈNE III.

LE GOUVERNEUR, EUGÈNE, son fils, ROGER, THÉODORE.

EUGÈNE.

Me voici, mon papa; M. le directeur vient de me

dire que vous me demandiez avec Roger et Théodore.

LE GOUVERNEUR.

Oui, mon fils. Je serais bien aise d'avoir un petit moment d'entretien avec ces messieurs et avec toi.

ROGER, ET THÉODORE.

C'est beaucoup d'honneur pour nous.

EUGÈNE.

Pour moi aussi ; et du plaisir encore.

LE GOUVERNEUR, *à Roger et à Théodore.*

Il m'est revenu que vous n'étiez guère satisfaits du nouveau camarade qu'on vous a donné.

ROGER.

S'il faut l'avouer, il n'est pas trop goguenard, ce monsieur de... Eh bien donc ! comment se nomme-t-il à présent ?

THÉODORE.

Il nous a parlé si peu, si peu, que je ne sais plus comment il s'appelle.

EUGÈNE.

Édouard de Bellecombe, messieurs, et je le crois encore meilleur à connaître que son nom.

ROGER.

Édouard, à la bonne heure. Édouard le muet ?

EUGÈNE.

O mon papa ! pouvez-vous souffrir qu'on l'injurie ?

LE GOUVERNEUR.

M. Roger, qui vous a permis de distribuer des épithètes à vos camarades.

ROGER.

Puisqu'il ne lâche pas trois mots en deux heures.

Quand il nous viendrait de la lune, je n'en serais pas étonné. On ne doit pas y dire grand'chose. Il a l'air si taciturne et si pâle! Il ne démentirait pas son pays.

LE GOUVERNEUR.

Son silence ou son teint doivent-ils vous inspirer de la haine?

ROGER.

Je ne suis pas son ennemi, tant sans faut, mais je ne saurais être son ami, puisqu'il ne parle pas, et qu'il n'est pas amusant.

THÉODORE.

On a bien assez de la longueur de la nuit pour se taire. Le jour n'est fait que pour rire, causer et se divertir.

ROGER.

Faut-il que je m'ennuie, parce qu'il prend du plaisir à s'ennuyer?

EUGÈNE.

Ah! ce n'est pas de l'ennui, c'est de la peine.

ROGER.

Eh bien! n'avons-nous pas cherché à le consoler de notre mieux? Bon! plus nous lui faisions de singeries, plus il gagnait de tristesse; nous avons fini par le planter là dans nos récréations. Malheureusement nous le retrouvons à table; et il fait une mine à nous faire rentrer la faim dans l'estomac.

LE GOUVERNEUR.

Est-ce qu'il se sert d'une manière dégoûtante?

ROGER.

Il faudrait qu'il fût bien maladroit. Il ne mange que du pain, et ne boit que de l'eau.

THÉODORE.

Il fait le délicat, pour nous donner à croire qu'il avait une table de prince dans sa maison.

EUGÈNE.

Vous ne le connaissez guère, si vous croyez que c'est par orgueil. Je l'examinais l'autre jour, quand M. le directeur voulait lui servir d'un plat assez friand; et je voyais, quoiqu'il baissât la tête, de grosses larmes qui roulaient dans ses yeux.

LE GOUVERNEUR.

Que me dis-tu, mon fils?

ROGER.

Oui; il pleurniche quelquefois. Si Dom Quichotte revenait au monde, il faudrait qu'ils se battissent ensemble pour savoir à qui resterait le surnom de *chevalier de la triste figure*.

LE GOUVERNEUR.

Avez-vous le cœur de faire des plaisanteries sur son chagrin?

ROGER.

C'est qu'il finirait par nous le faire prendre. Il est fâcheux de voir faire une si mauvaise contenance dans un repas. Cela vous rassasie. Tenez, parlez-moi de Théodore. Nous nous donnerions de l'appétit à nous voir manger.

LE GOUVERNEUR.

Vous verriez donc sans regret Édouard s'éloigner de votre table?

ROGER.

Oh! monsieur, d'un grand cœur, s'il ne devient pas un peu plus gai.

EUGÈNE.

Eh bien! mon papa, faites-le mettre à la mienne. Je serais si content de l'avoir auprès de moi! J'aurais bien soin de lui.

LE GOUVERNEUR.

Tu ne crains donc pas sa tristesse comme ces messieurs?

EUGÈNE.

Sûrement je souffrirais de le voir chagrin; mais je lui ferais tant d'amitiés! Il ne serait peut-être pas si malheureux, s'il voyait qu'on est touché de sa peine.

LE GOUVERNEUR.

Aucun de vous ne sait-il d'où devient cette mélancolie!

THÉODORE.

Je n'ai pas songé à m'en informer.

ROGER.

A quoi bon vouloir apprendre des choses qui nous attristent?

LE GOUVERNEUR.

Et toi, mon fils, n'en es-tu pas mieux instruit?

EUGÈNE.

Hélas! non, mon papa. J'aurais bien désiré savoir son secret, pour le soulager s'il était en mon pouvoir. Trois fois je l'ai prié de me le dire; mais je n'ai pas osé le presser davantage, quand j'ai vu qu'il voulait le garder dans son cœur. Sans doute qu'il ne me croit pas encore assez son ami pour m'en faire part; c'est à moi de le mériter par mes services.

LE GOUVERNEUR.

Mais pourquoi ne m'en as-tu pas encore parlé ?

EUGÈNE.

C'est que vous auriez peut-être exigé qu'il suivît la manière de vivre des autres; et vous l'auriez réprimandé, s'il n'avait pu vous obéir. Vous m'avez accordé la permission de vivre avec les élèves de l'école. Je n'irai point trahir mes camarades par des rapports. Quand il se passera quelque chose qui ne mérite que des louanges, n'ayez pas peur, je ne vous le laisserai pas ignorer.

LE GOUVERNEUR, *en embrassant son fils.*

Je n'en attendais pas moins de toi, mon cher Eugène. Ta délicatesse me ravit. (*A Roger et à Théodore.*) Je suis fâché, messieurs, de ne pouvoir donner les mêmes éloges à votre conduite. J'aurais souhaité que vous eussiez témoigné plus d'égard et d'intérêt au jeune Édouard, en le voyant dans la tristesse. Allez, retournez à vos amusemens; il serait dommage de les interrompre. Si votre caractère vous préserve de quelques peines, je crains bien qu'il ne vous empêche de goûter les plaisirs les plus doux pour un cœur sensible et généreux.

SCÈNE IV.

LE GOUVERNEUR, EUGÈNE.

LE GOUVERNEUR.

C'est toi qui est digne de les goûter, ô mon fils, ces plaisirs si purs et si touchans ! Que j'aime à voir cette douce compassion pour les peines des infortunés !

EUGÈNE.

Eh ! mon papa, comment s'empêcher de plaindre ce pauvre Édouard ? Sa pâleur, sa tristesse tout annonce qu'il a dans le cœur un violent chagrin. Si jeune, et déjà souffrir ! Je le fuyais comme les autres dans le commencement. Je le croyais dédaigneux et sauvage. Mais quand j'ai vu sa constance et sa fermeté, sa douceur et sa politesse, je me suis senti entraîner vers lui. Peu à peu je lui ai donné toute mon amitié ; et je crois que je m'estimerais davantage si je pouvais mériter la sienne.

LE GOUVERNEUR.

Tu sais pourtant qu'il s'est rendu coupable d'une désobéissance marquée ?

EUGÈNE.

A table, vous voulez dire ? Il est vrai que je n'y comprends rien. Mais peut-être croit-il qu'un guerrier doit s'accoutumer à une vie dure. En tout cas, sa sobriété vaut mieux que la gourmandise des autres, et son exemple ne gâtera personne. Permettezlui de continuer ce genre de vie, puisqu'il est de son goût. Il est d'ailleurs si exact à tous ses devoirs, si appliqué dans ses exercices ? C'est lui qui est le plus avancé de toute notre classe dans la géographie, les mathématiques et le dessin.

LE GOUVERNEUR.

A la bonne heure. Mais une conduite qui blesse si ouvertement les règles ne peut être excusée dans aucune circonstance et pour aucun motif. Je vois que je serai forcé de le renvoyer à ses parens.

EUGÈNE.

O, mon papa ! que dites-vous ? Pour une faute légère, et qui mérite peut-être plus d'éloges que de blâme, le chasser comme un enfant vicieux ! Vous me renverrez donc avec lui ?

LE GOUVERNEUR.

Comment, Eugène ? D'où pourrait naître un attachement si singulier ?

EUGÈNE.

Je ne saurais vous le dire ; mais vous le sentirez vous-même, lorsque vous lui parlerez. Oui, je voudrais qu'il fût mon frère. Je n'aurais à craindre que de vous voir l'aimer bientôt plus que moi.

LE GOUVERNEUR.

Il va se rendre ici. Je verrai s'il est digne d'inspirer de vifs sentimens. Je souhaite de tout mon cœur que tu ne sois pas trompée dans tes idées ; et, s'il en est ainsi, je te promets..... Mais on frappe ; passe dans mon appartement jusqu'à ce que je t'appelle. (*Eugène sort. Le gouverneur se lève et va ouvrir* la porte. *Édouard, après s'être incliné, se présente avec une contenance noble et respectueuse. Le gouverneur s'assied. Édouard se tient debout devant lui.*)

SCÈNE V.

LE GOUVERNEUR, ÉDOUARD.

LE GOUVERNEUR.

S'avez-vous, M. de Bellecombe, pourquoi j'ai désiré de vous entretenir?

ÉDOUARD.

Oui, monsieur, je crains de l'avoir deviné.

LE GOUVERNEUR.

Il est donc vrai que vous semblez dédaigner la société de vos camarades, et que vous troublez leurs plaisirs par une humeur et une bizarrerie sans exemple à votre âge?

ÉDOUARD.

J'oserai vous dire avec respect, monsieur, que ce ne sont là ni mes sentimens, ni mon intention.

LE GOUVERNEUR.

On a pris soin de vous instruire des règles du repas, auxquelles tous les élèves doivent se conformer. Cependant vous ne vivez que de pain et d'eau.

ÉDOUARD.

Il est vrai, monsieur; je ne désire rien davantage.

LE GOUVERNEUR.

Monsieur le directeur vous a fait des représentations, et vous avez continué votre manières de vivre.

ÉDOUARD.

Oui, monsieur.

LE GOUVERNEUR.

Croyez-vous en cela vous être bien conduit!

ÉDOUARD.

Non pas à vos yeux, je l'avoue.

LE GOUVERNEUR.

Il vous est donc indifférent de vous comporter bien ou mal dans mon opinion?

ÉDOUARD.

Aussi peu que de recevoir vos louanges et vos reproches. Je sens tous ceux que vous êtes en droit de me faire. Je m'en suis fait de plus vifs peut-être. Il ne m'a pas été possible d'y céder. Le ciel m'est témoin cependant que je ne suis pas si coupable.

LE GOUVERNEUR.

Je veux croire que vous êtes persuadé de votre innocence au fond du cœur; cette fermeté m'annonce même que vous avez de très-bonnes raisons pour vous justifier. N'avez-vous rien à me dire?

ÉDOUARD.

Rien, monsieur.

LE GOUVERNEUR.

Mais vous devez savoir que la desobéissance est d'un mauvais exemple, même quand vos motifs l'excuseraient dans votre esprit.

ÉDOUARD.

J'ai eu l'honneur de vous le dire moi-même.

LE GOUVERNEUR.

Qu'on ne l'a tolérée que dans l'espoir de votre repentir.

ÉDOUARD.

Ah! je n'en aurai jamais.

LE GOUVERNEUR.

Enfin que vous avez encouru, par votre opiniâtreté, la plus grave punition.

ÉDOUARD.

Me voilà prêt à la subir.

LE GOUVERNEUR.

Et ne l'êtes-vous pas à changer?

ÉDOUARD.

Il m'est impossible, monsieur.

LE GOUVERNEUR.

Je vois avec regret qu'il m'est impossible à moi-même de vous garder un moment de plus dans cette école. Le roi n'y veut point d'exemple de rébellion.

ÉDOUARD.

Que deviendrai-je donc, malheureux que je suis? Voulez-vous que je sois un fardeau pour ma famille, un objet de honte pour moi, et de mépris pour les autres? O mon Dieu! tu sais si je l'ai mérité!

LE GOUVERNEUR, *attendri*.

Si vous l'avez mérité! quand vous ne me donnez aucune confiance! Édouard, pourriez-vous taire votre secret à votre père? Je remplis ici les fonctions d'un père envers vous, et vous ne voulez pas remplir les devoirs d'un fils envers moi.

ÉDOUARD.

Oh! si vous me prenez par ces sentimens, monsieur le gouverneur, vous êtes maître de tout ce que je suis. Je peux résister à vos menaces, mais non pas à votre amitié. Oui, je vous ouvrirai mon cœur; vous y verrai, comme Dieu même, ce que je souffre..

LE GOUVERNEUR.

Je viens donc enfin de me gagner un fils!

ÉDOUARD, *se précipitant dans ses bras.*

Vous voulez être mon second père?

LE GOUVERNEUR.

Oui, mon cher Édouard; ne m'appelez plus que de ce nom.

ÉDOUARD, *lui prenant la main.*

Eh bien! mon père, j'en ai un autre qui est pauvre, si pauvre, qu'il ne vit que de pain et d'eau. Ma mère, qui se meurt, n'a pas une meilleure nourriture. Nous n'en connaissons point d'autre, cinq enfans que nous sommes, depuis que nous avons pris le lait de maman. Et je pourrais me livrer à la gourmandise, lorsque mon père, ma mère, mes frères et mes sœurs n'ont pas toujours un morceau de pain à tremper de leurs larmes! Non, non; plutôt mourir de faim. Je suis de Bellecombe, et jamais de ce nom il n'y a eu un fils indigne de son père.

LE GOUVERNEUR.

Quoi! personne ne s'est intéressé à votre famille.

ÉDOUARD.

Personne. Mon père est pauvre, après avoir servi quinze ans avec honneur, après avoir consumé la plus grande partie de son bien au service, et le reste à solliciter inutilement une pension. Il est d'un sang noble, et il nous voit tous manquer des premiers besoins. La veille de mon départ, je lui entendais raconter l'histoire du comte Ugolino, renfermé dans une tour avec ses enfans, pour y mourir de faim. Depuis ce moment cette histoire est toujours dans mon esprit. Je crois entendre sans cesse les cloches de mort qui sonnent les funérailles de mon père, de ma mère, de mes frères et de mes sœurs. Et l'on veut que je me réjouisse, lorsque mon cœur est noyé dans les larmes! On veut que je mange un meilleur morceau que mon père n'en a mangé depuis treize ans! si j'étais assez lâche, je ne m'appellerais plus Édouard de Bellecombe. Tant que mon père sera malheureux, dans quelque coin de la terre que je sois jeté, rien ne m'empêchera de supporter la même douleur que lui. Sur cette terre est le ciel, et sur ce roi qui laisse mourir mon père de faim, il règne un Dieu qui nous vengera.

LE GOUVERNEUR.

Que dites-vous, mon ami? croyez que le prince ignore votre situation; qu'il l'aurait adoucie, s'il en était instruit. J'irai auprès de lui, je la lui ferai connaître, et comptez sur sa justice. Mon cher Édouard, pourquoi ne m'avoir pas confié d'abord votre secret? vous auriez épargné dix jours de souffrances à votre famille.

ÉDOUARD.

Vous croyez donc que je l'aurai sauvée si jeune que je suis?

LE GOUVERNEUR.

Vous êtes aujourd'hui son salut, et j'espère que vous serez sa gloire dans l'âge de l'honneur. Généreux enfant que ne suis-je véritablement votre père !

ÉDOUARD.

Oh ! c'est comme si vous l'étiez, par ma reconnaissance et par mon amour. Regardez-moi seulement comme votre fils.

LE GOUVERNEUR, *en lui serrant la main, et le regardant avec tendresse.*

Mon fils Édouard !

ÉDOUARD.

Oui, je le suis. Vous êtes le père de toute ma famille. Grâces à vous, elle pourra connaître la joie sur la terre. Mais nous avons été si long-temps malheureux ! Je n'ose espérer encore.....

LE GOUVERNEUR.

Espérer, mon fils !..... ce serait un affront pour moi d'en douter. J'y engage mon honneur et ma place. Quatre cents écus de pension pour M. de Bellecombe, et cent écus pour vous. (*En allant vers son bureau.*) Édouard, en voici d'avance, au nom du roi, le premier quartier.

ÉDOUARD, *l'arrêtant.*

A moi ! à moi ! qu'en ai-je besoin ? envoyez tout à mon père ; qu'il s'en serve pour mes frères et pour mes sœurs.

LE GOUVERNEUR.

Il saura qu'il les tient de vous. Mon cher Édouard, vous ne vivrez donc plus de pain et d'eau ?

ÉDOUARD.

Puisque mon père n'y sera plus réduit !

LE GOUVERNEUR.

Vous serez joyeux avec vos camarades ?

ÉDOUARD.

Puisque mon père sera joyeux avec sa femme et ses enfans!

LE GOUVERNEUR.

Eh bien! allez, courez leur écrire. Je vais m'habiller et partir pour la cour; je verrai le ministre ce matin même.

ÉDOUARD.

Oh! monsieur, comment rassembler toutes mes forces, pour vous remercier selon mon cœur?

LE GOUVERNEUR, *en souriant.*

Monsieur..... Édouard, vous oubliez déjà que vous êtes mon fils?

ÉDOUARD, *se jetant à ses genoux, et les embrassant.*

O mon père! mon père! pardonnez. Je suis si hors de moi.....

LE GOUVERNEUR *le relève, le serre dans ses bras, et le conduit doucement vers la porte.*

Allez, allez, laissez-moi seul. J'ai besoin, autant que vous, de me remettre un moment.

ÉDOUARD.

Je serai bientôt de retour avec ma lettre; il faut que vous la voyez. Mon père, ne partez pas, je vous prie, sans que je vous aie encore embrassé.

LE GOUVERNEUR.

Non, mon fils; je ne me refuserai pas ce plaisir à moi-même. Courez, je vous attends. (*Édouard sort avec précipitation.*)

SCÈNE VI.

LE GOUVERNEUR.

O jour le plus heureux de ma vie! quelle foule d'objets touchans vient se graver pour jamais dans mon souvenir! Un brave militaire oublié, dont je vais faire payer les services! un enfant dont je vais faire payer les services, une gloire de mon pays! mon fils que je trouve sensible à l'impression secrète de la vertu, et digne de l'ami qu'avait su choisir son cœur! mon prince, enfin, à qui je donne un trait d'héroïsme naissant à récompenser, et une famille infortunée à secourir! Oui, je le connais, il remplira la promesse que j'ai osé faire en son nom. Je lui rendrais plutôt ce que je tiens de ses bienfaits, si les besoins de l'État ne lui permettaient pas de suivre les mouvemens de son âme juste et bienfaisante. (*Il se promène à grands pas et voit entrer le directeur.*)

SCÈNE VII.

LE GOUVERNEUR, LE DIRECTEUR.

LE GOUVERNEUR.

Ah! monsieur le directeur, accourez; venez partager les sentimens, et les transports que j'éprouve.

LE DIRECTEUR.

Qu'est-ce donc, monsieur? Vous êtes dans une

aussi grande agitation qu'Édorard. Il vient de passer devant moi, courant d'un air égaré de plaisir. Il ne me voyait pas, il n'était plus sur la terre. Ses yeux rayonnaient d'une joie céleste au milieu de ses larmes. Je l'ai appelé ; il était déjà loin.

LE GOUVERNEUR.

J'aurais voulu que vous eussiez été témoin de la scène qui s'est passée entre nous deux. C'est un de ces momens qu'on ne trouve jamais une seconde fois dans sa vie.

LE DIRECTEUR.

Votre espérance n'est donc pas trompée? vous l'avez emporté? Vous savez son secret?

LE GOUVERNEUR.

Qu'il ma fallu combattre pour l'obtenir! Que j'avais de peine à le tourmenter, et qu'il me résistait noblement! Combien sa désobéissance doit l'honorer aux yeux de tous les hommes!

LE DIRECTEUR.

Je l'avais pressenti, sans pouvoir me l'expliquer à moi-même.

LE GOUVERNEUR.

Et qui l'aurait pu deviner ce généreux excès de tendresse et de constance? C'est pour ne pas vivre plus heureusement que son père qu'il s'imposait de cruelles privations. C'est loin de ses regards qu'il les supportait, et sans l'espoir qu'elles pussent le soulager. Que pensez-vous d'un tel enfant? Que pensez-vous d'un père qui, dans le sein du malheur, a su lui former une âme aussi grande? Quelle douce jouissance pour un prince d'avoir de pareilles vertus à récompenser dans ses Etats! Monsieur le directeur, je suis fier de l'emploi glorieux qu'il m'a confié, d'élever sa jeune noblesse; mais j'en sais un qui flatterait bien davantage mon ambition. Ce serait de lui rendre compte de toutes les belles actions de ses sujets, et de les lui raconter en présence de son fils. Je croirais élever son trône à une hauteur d'où il pourrait voir tous les gens de bien de son empire, et où tous les gens de bien pourraient le voir applaudir à leurs vertus, et les encourager. C'est ainsi que, sans les indignes apothéoses de la flatterie, un prince serait vraiment un dieu sur la terre.

LE DIRECTEUR.

Le nôtre est digne que vous l'enflammiez par ce noble enthousiasme en faveur d'une famille infortunée.

LE GOUVERNEUR.

Ce seraient les premiers malheureux dignes de ses bienfaits qu'il n'aurait pas secourus. J'ai cru devoir en donner l'assurance au jeune Édouard. Qu'il m'en a témoigné une vive reconnaissance! Nous nous sommes donné les noms de père et de fils, et je crois que nous en éprouvions les véritables sentimens. Mais il me semble l'entendre revenir. Entrez dans cet appartement, vous y trouverez Eugène; je ne tarderai pas à vous appeler l'un et l'autre. (*Édouard s'avance en courant.*)

L'AMI DES ENFANS. 71

LE DIRECTEUR.

Oui, c'est lui. Quelle expression touchante anime sa physionomie!.

SCÈNE VIII.

DE GOUVERNEUR, ÉDOUARD.

ÉDOUARD, *se jetant dans les bras du gouverneur.*
Mon père, voici ma lettre. Voyez.

LE GOUVERNEUR.

Elle n'est pas cachetée, mon fils; vous voulez donc que je la lise?

ÉDOUARD.

Si je le veux? Lisez, lisez; elle est pleine de vous.

LE GOUVERNEUR *lit.*

« Mon papa, maman, mes frères et sœurs, rassemblez-vous pour écouter cette lettre. Oh! si je pouvais vous la porter, vous la lire moi-même! Mais j'y suis; je vous vois. Qu'avez-vous à pleurer? Non, vous ne vivrez plus de pain, d'eau et de larmes. Il y a donc sur la terre des âmes généreuses comme dans le ciel! Vous ne vouliez pas le croire, et voilà pourtant celle du gouverneur de notre école qui en est une. Oui, mon papa, souffrez que je l'appelle mon père, comme vous. Il est aussi le vôtre; c'est notre sauveur à tous. Il dit que le roi va vous accorder une pension de quinze cents livres pour nous élever. Tombez à genoux pour lui devant Dieu, comme j'y suis, comme j'y serai... » (*Le gouver-*

neur s'interrompt, et il voit Édouard à genoux, les yeux et les bras élevés vers le ciel ; et le visage baigné d'un torrent de larmes. Il se baisse, et le relève.) Que faites-vous, mon ami ?

ÉDOUARD.

J'offre ma vie pour vous. Elle vous appartient.

LE GOUVERNEUR.

Non, mon cher Édouard ; gardez-la pour la remplir d'actions honnêtes et vertueuses. La mienne commence à tourner vers son déclin ; mais vous pouvez la prolonger, en faire la joie et la gloire...

ÉDOUARD, *avec feu.*

Moi, mon père ? Ah ! s'il était en mon pouvoir !... Hâtez-vous, parlez, dites par quel moyen ?

LE GOUVERNEUR.

Par mon amitié pour mon fils. *(Il court vers la porte de l'appartement.)* Eugène, venez embrasser votre frère.

SCÈNE IX.

LE GOUVERNEUR, LE DIRECTEUR, ÉDOUARD, EUGÈNE.

LE GOUVERNEUR.

Édouard, il est digne des sentimens que je vous demande pour lui. Il vous aimait avant moi.

ÉDOUARD.

J'ai bien vu qu'il était sensible à mes souffrances.

EUGÈNE.

Ah ! tu n'en auras plus que je ne les partage ! N'est-ce pas, Édouard ? me le promets-tu ?

ÉDOUARD, *lui prenant la main, et la présentant avec la sienne au gouverneur.*

Eh bien ! Eugène, lions-nous ensemble dans les mains de notre père. C'est, entre nous, à la vie et à la mort.

LE GOUVERNEUR.

Oui, mes enfans, je reçois vos vœux et je les consacre par ma bénédiction. Faites revivre ces jours brillans de notre histoire, où les guerriers s'unissaient par tous les nœuds de l'honneur et de l'amitié. Que Gaston et Bayard soient vos modèles ! Aimez-vous comme eux, servez comme eux votre roi, et mourez, s'il le faut, pour la patrie.

PERSONNAGES.

LE GOUVERNEUR de l'École militaire.
M. DE BELLECOMBE.
Mme DE BELLECOMBE.
ÉDOUARD,
PORPHIRE,
TIMOLÉON, } leurs enfans.
CÉCILE,
JOSÉPHINE,
LA PIPE, vieux sergent.

La scène se passe dans la chambre d'étude des enfans de M. de Bellecombe.

L'AMI DES ENFANS.

LA SUITE

DE

L'ÉCOLE MILITAIRE.

Drame.

SCÈNE PREMIÈRE.

PORPHIRE, TIMOLÉON, CÉCILE, JOSÉPHINE, LA PIPE.

(Cécile et Joséphine sont occupées, l'une à lire, l'autre à broder. Timoléon dessine sur une table; Porphire fait l'exercice avec la béquille de la Pipe.)

LA PIPE, *à Porphire.*

APPRÊTEZ vos armes.—En joue.—Feu.—Allons, voilà qui est bien. Rendez-moi ma béquille. *(A Cécile et à Joséphine, en allant vers elles.)* Vous ne voulez donc jamais apprendre, vous autres?

CÉCILE.

Y penses-tu, la Pipe?

JOSÉPHINE.

Des demoiselles?

LA PIPE.

Qu'importe? Dans la maison d'un militaire, tout le monde doit savoir faire l'exercice. On n'a jamais si bonne grâce que sous un fusil.

CÉCILE.

Oui, surtout quand c'est une béquille qui le représente.

LA PIPE.

Il est vrai, mais je m'y trompe souvent moi-même. Je suis plus tenté de la porter sur mon épaule que par-dessous. C'est toujours mon premier mouvement. Ah! le pauvre la Pipe! n'avoir plus qu'un bâton dans les mains, à la place d'un mousquet! Depuis tant d'années, je ne puis encore m'y accoutumer.

PORPHIRE.

Mais, à ton âge, tu serais déjà retiré du service.

LA PIPE.

Qu'appelez-vous retiré? Je serais mort soldat, sans ma jambe de bois. Maudite jambe! il me vient cent fois par jour la pensée de te mettre en pièces. Au lieu d'une guêtre bien propre, quand je ne trouve là qu'un bout de cotret, je ne me connais plus, je me sens près d'entrer en fureur.

TIMOLÉON.

Que veux-tu? c'est un fruit de la guerre.

JOSÉPHINE.

Ne t'afflige pas, je te prie, mon pauvre ami.

LA PIPE.

Oui, vous avez raison, je ferais mieux d'en rire.

Après tout c'est ma croix de Saint-Louis, à moi. Si ma jambe ne s'était pas trouvée sous le feu, elle ne serait pas aujourd'hui si sèche. J'en connais qui ne sont bien conservées que pour s'être mises hors de la portée du canon; et je ne voudrais pas d'un millier de celles-là pour la mienne. M. Timoléon, M. Porphire, vous êtes bien heureux, vous servirez un jour. Ah! perdez-moi bras et jambes, plutôt que de recevoir jamais la moindre contusion à votre honneur.

TIMOLÉON.

Va, je te le promets.

PORPHIRE.

Et moi aussi. Tu seras devant mes yeux dans toutes mes batailles.

LA PIPE.

Oui, votre père et moi, Bellecombe et la Pipe! voilà votre cris de guerre. Avec ces deux noms dans la tête, vous serez toujours les premiers à votre devoir.

SCÈNE II.

TIMOLÉON, PORPHIRE, CÉCILE, JOSÉPHINE, LA PIPE, M. DE BELLECOMBE, *qui est entré vers la fin de la scène précédente.*

(*Les enfans l'aperçoivent, courent vers lui, et crient à la fois.*)

Ah! mon papa! mon papa!

M. DE BELLECOMBE, *en les embrassant.*

Bonjour, mes bien-aimés. (*Il tend la main à la*

Pipe.) Bonjour, mon vieil ami ; je te remercie des bonnes instructions que tu donnes à mes enfans.

LA PIPE.

Oh! mon capitaine, je les donne de bon cœur, tant que vous n'y êtes pas ; mais, quand je vous ai sous mes yeux, j'y ai du regret.

M. DE BELLECOMBE.

Pourquoi donc, je te prie?

LA PIPE.

C'est que je vois alors tout ce que cela produit. Oui, n'est-ce pas? je ferai de braves guerriers de vos enfans, pour qu'on les renvoie un jour, comme vous, sans récompense, après avoir servi dans leurs plus belles années?

M. DE BELLECOMBE.

A quoi bon me le rappeller, puisque moi-même j'ai cessé de m'en plaindre?

LA PIPE.

Je m'en plaindrai pour vous et pour moi jusqu'à la mort. Mille bombes! n'est-ce pas une horreur! Me réformer, moi, la Pipe, pour une jambe de moins! Un soldat est toujours bon, quand il lui reste le cœur et la tête. Si on craint que des estropiés ne figurent pas bien dans une revue, qu'on les garde pour des batailles : faites-m'en un corps à part. N'en déplaise à Picardie, Champagne et Navarre, ce sera le premier de tous, j'en réponds.

M. DE BELLECOMBE, *en souriant.*

Mon vieil ami; que j'aime à te voir encore tout ce feu de bravoure et de jeunesse!

LA PIPE.

Vous me fâchez de rire, quand vous devriez tempêter plus que moi. Je suis un pauvre hère sans conséquence, que l'on croit ne devoir plus regarder lorsqu'il n'a pas tous ses membres. Mais vous, d'un sang noble, vous qui vous êtes distingué dans dix batailles, qui êtes tout couvert de blessures, être renvoyé sans pension, lorsque vous avez une famille nombreuse à soutenir; cela crie vengeance à la terre et au ciel.

M. DE BELLECOMBE.

Je n'ai pas de reproches à me faire. Il en est de plus malheureux. (*Il se tourne vers ses enfans, qui paraissent émus et troublés.*) Mes petits amis, vous avez travaillés ce matin. Pour prendre un peu de relâche, allez embrasser votre maman.

LES ENFANS.

Oui, oui, mon papa; et nous reviendrons de suite à l'ouvrage.

SCÈNE III.

M. DE BELLECOMBE, LA PIPE.

M. DE BELLECOMBE.

Mon ami, je n'aime pas que tu me parles ainsi devant mes enfans. Je ne veux point qu'ils se croient en droit de haïr leurs semblables. Ce sentiment flétrirait de trop bonne heure leurs âmes. Il les rendrait faux, misanthropes et personnels. D'ailleurs, ils sont destinés à vivre d'honneur et de gloire. Comment daigneraient-ils prendre la peine d'acquérir de la considération aux yeux de ceux qu'ils ne jugeraient dignes que de leurs mépris?

LA PIPE, *avec un ton d'ironie.*

Vous avez raison de défendre les hommes; il vous ont bien traité, les ingrats!

M. DE BELLECOMBE.

Il en est plus de bons que de méchans; et quand il n'y aurait que toi seul, tu me réconcilierais avec l'humanité.

LA PIPE, *en lui serrant tendrement la main.*

O mon capitaine!.

M. DE BELLECOMBE.

Tu n'as pas craint de t'attacher à moi dans ma mauvaise fortune. Et n'est-ce pas à ton amitié que je dois la vie?

LA PIPE.

Bon! si je vous l'ai sauvée, je vous le devais bien, pour m'avoir mis vingt fois aux arrêts. Sans vous la Pipe n'aurait été qu'un ivrogne, un querelleur, un vaurien, comme tant d'autres. C'est vous qui en avez fait un brave homme. Je serais resté toute ma chienne de ma vie, simple soldat, si l'on m'avait laissé croupir dans mes vices. De guichet en guichet, je me suis avancé. Dieu merci, me voilà sergent. Au moyen de ce titre, on est, je crois, quelque chose dans le monde. C'était toujours un beau commencement de colonel. Mais, ô maudit boulet! avec une jambe de cœur de chêne, comment faire un pas dans les gardes?

M. DE BELLECOMBE.

Va, mon ami, tu as aujourd'hui le repos; cela vaut bien les honneurs.

LA PIPE.

Je n'en aurai de ma vie, tant que je vous verrai souffrir. La récolte de votre petit champ vous a manqué cette année : je vous suis peut-être à charge, mon capitaine?

M. DE BELLECOMBE.

Que dis-tu, mon ami? Un enfant l'est-il jamais à son père, et n'es-tu pas un de mes enfans? Dieu merci, j'aurai du pain encore : si notre ration est plus petite, tu en auras toujours ta part comme eux, et autant que moi.

LA PIPE.

Eh bien! je la prendrai; mais j'espère que je vous la rendrai bientôt. Je viens de trouver un bon travail en ville.

M. DE BELLECOMBE.

Tant mieux. J'en suis charmé pour toi. Qu'est-ce donc?

LA PIPE.

Croiriez-vous qu'un marchand vint l'autre jour me proposer de lui tricoter des bas pour les vendre?

M. DE BELLECOMBE.

C'est bien; cela t'occupera, du moins.

LA PIPE.

Comment, c'est bien? Quel plaisir d'assommer ce drôle de ma béquille!

M. DE BELLECOMBE.

Je me flatte que ce n'est pas là ce bon travail dont tu me parlais, que d'assommer les gens?

LA PIPE.

Ce serait toujours cent fois mieux. Vraiment il ferait beau voir la Pipe tricoter comme une femme? Je me contenterai d'envoyer les aiguilles à tous les diables. Mais cela me fit naître une pensée : tu peux donc travailler? J'allai chez un fourbisseur; je m'offris à lui pour dérouiller ses vieilles lames et les remettre à neuf. J'aurai la douceur de manier encore des sabres et des épées; et puis cela me vaudra dix sous par jour. Mon capitaine, faites-moi l'honneur de les recevoir.

M. DE BELLECOMBE.

Non, mon ami, garde-les pour toi. Un coup de vin est de temps en temps nécessaire à ton âge.

LA PIPE.

Du vin? Oh! je ne m'y jouerai plus. Je vous connais trop bien l'un et l'autre. Si j'en buvais aujourd'hui seulement une goutte, demain j'en voudrais boire un tonneau.

M. DE BELLECOMBE.

Tu peux avoir d'autres besoins; moi, je n'en ai aucun.

LA PIPE.

Oui, lorsque vous manquez de tout! lorsque vous ne vivez que de pain et d'eau avec votre famille! C'est aussi trop fier, mon capitaine. Vous me refusez, parce que je ne suis pas votre camafade. O maudite jambe ! maudite jambe ! qui m'as empêché d'être un Chevret.

M. DE BELLECOMBE.

Tu me connais mal, mon enfant. Si je recevais rien de personne au monde, ce ne serait que du roi ou de toi.

LA PIPE.

Comment ! tous les deux sur la même ligne.

M. DE BELLECOMBE.

Mon roi n'est que mon maître. Je vois comme un dieu dans mon ami ; et tu es le seul que j'aie sur la terre.

LA PIPE, *se jettant dans ses bras.*

Eh bien ! mon ami capitaine, prenez donc mes dix sous.

M. DE BELLECOMBE.

Je t'ai dit que je n'en avais pas besoin, je ne t'ai pas trompé. Mais, écoute : il peut venir un temps où une plus forte somme me serait nécessaire ; fais quelques épargnes, pour être en état de me l'offrir.

LA PIPE.

Oh ! je vous comprends. C'est pour moi plus que pour vous-même que vous me parlez ainsi ; mais n'importe. Je prends vos paroles à la lettre, et mon argent me deviendra sacré. Je n'y toucherai que pour mon tabac, et je prendrai bien garde à ne pas me mettre en colère, de peur de casser ma pipe.

M. DE BELLECOMBE.

Fort bien, mon enfant. Va-s-en fumer une en l'honneur de notre amitié. Je vois venir madame de

Bellecombe. Je voudrais m'entretenir quelques momens avec elle.

LA PIPE.

Oui, mon capitaine. Aussi bien j'ai besoin de prendre un peu l'air. Vous m'avez ému comme la pensée d'une bataille.

SCÈNE IV.

M. DE BELLECOMBE, Mme DE BELLECOMBE.

Mme DE BELLECOMBE.

Que s'est-il passé, cher époux? Tu viens de m'envoyer mes enfans. Il m'a semblé voir sur leurs traits une altération qui ne leur est pas ordinaire. Je n'ai pas voulu leur en demander la cause; j'ai mieux aimé venir m'en éclaircir avec toi. Ne me cache rien, mon ami. Nous est-il arrivé quelque nouvelle infortune que je puisse adoucir dans ton âme par mes consolations?

M. DE BELLECOMBE.

Non, chère épouse; avec les secours que je trouve dans ta tendresse, je puis supporter tous les malheurs; et, s'il m'en survenait d'imprévus, je ne craindrais pas de te les annoncer, après la longue épreuve que j'ai faite de ton courage. Mais rassure-toi; notre condition, grâce à Dieu, n'est pas empirée.

Mme DE BELLECOMBE.

D'où peut donc venir cet air de tristesse que j'ai remarqué dans nos enfans?

M. DE BELLECOMBE.

C'est que notre vieux soldat, par un excès de zèle

et d'amitié, s'est emporté, en leur présence, jusqu'à des plaintes amères sur l'injustice que j'ai reçue. J'ai vu qu'ils en étaient frappés. J'ai craint que cette idée ne leur inspirât du découragement ; et je te les ai envoyés pour en effacer l'impression par tes caresses.

Mme DE BELLECOMBE.

Les pauvres petits malheureux ! Hélas ! ils ne savent pas à quelle triste condition ils sont condamnés sur la terre.

M. DE BELLECOMBE.

J'espère que leur sort ne sera pas aussi déplorable que ton cœur maternel se le représente. Jusqu'ici, du moins, je ne vois pas qu'ils aient à se plaindre de leur destinée.

Mme DE BELLECOMBE.

Quoi ! lorsqu'ils sont privés de toutes les douceurs que leur naissance devait leur procurer !

M. DE BELLECOMBE.

Ils ne les ont jamais connues ; elles ne peuvent leur causer de regrets. Peut-être n'auraient-elles servi qu'à les amollir, à énerver leurs forces comme leur esprit. La vie dure à laquelle ils sont accoutumés leur a donné une santé robuste, et de l'énergie dans le caractère. Au lieu d'amusemens puérils et frivoles, ils savent déjà trouver tous leurs plaisirs dans le travail. Si le ciel leur réserve les jouissances de la fortune, ils les goûteront avec plus de délices. S'ils doivent passer leurs jours dans les privations, ils auront appris à les supporter sans impatience et sans murmures. Ils seront heureux par eux-mêmes dans toutes les situations de la vie. Te l'avouerai-je, chère épouse? je ne regarde plus comme une si cruelle disgrâce l'état dans lequel le ciel nous retient. Au milieu des joies insensées du monde, aurions-nous connu ces doux sentimens de tendresse, d'estime et de respect que nous a donnés l'un pour l'autre l'épreuve commune du malheur ? Emportés chacun dans notre tourbillon, nous aurions cherché des amis qui nous auraient abandonnés dans nos peines, et qui peut-être les eussent aggravées par leurs perfidies, tandis que le sort nous apprend si bien que nous pouvons nous seuls nous suffire par notre confiance et par notre amour. Il est tant de malheureux qui n'ont pas toujours les premiers alimens de la vie ! Sans les acheter par des bassesses, nous n'en avons point encore manqué. Si nous nous sommes réduits à la plus simple nourriture, pour que rien ne manque à l'éducation de nos enfans, nous jouissons chaque jour de leurs progrès et de leur reconnaissance. Nous pouvons nous rendre dans nos cœurs ce doux témoignage, que nous n'avons négligé envers eux aucun de nos devoirs. Tous les sentimens nobles et généreux qu'ils expriment déjà sont notre ouvrage. Ce sont nos leçons et nos exemples qui les leur ont inspirés. Ils ne feront pas une action honnête ou glorieuse, qu'un juste orgueil ne nous la rende personnelle. Et, si l'un d'eux parvient par son mérite, je ne crains pas qu'il nous abandonne dans nos vieux jours.

Mme DE BELLECOMBE.

O cher et digne époux! comme je sens mon âme s'élever par ton courage!

M. DE BELLECOMBE.

C'est ta constance qui, jusqu'à présent, l'a soutenu. Livré à moi seul, j'aurais succombé sous le poids de mes peines. Mais en te voyant renoncer à tous les goûts, et vaincre toutes les faiblesses de ton sexe pour ne t'occuper que de tes devoirs, comment aurais-je pu, sans rougir à tes yeux du nom d'homme, me montrer moins ferme que toi?

Mme DE BELLECOMBE.

Ne me fais pas tant d'honneur de ces sacrifices. Ils ne sont rien pour une mère. Que j'en ferais de plus grands encore, si je pouvais, à ce prix, entrevoir seulement dans l'avenir un sort plus doux pour nos enfans! Quoi donc, mon ami, as-tu renoncé à toutes tes prétentions du côté de la cour? Penses-tu que de nouvelles démarches ne seraient pas enfin plus heureuses?

M. DE BELLECOMBE.

Tu sais quel a été le succès des premières. Si je n'ai rien pu obtenir, lorsque mes services récens parlaient en ma faveur; si le traître qui m'abusait par les dehors de l'amitié a refusé lâchement d'appuyer mes justes demandes, de peur d'user son crédit, qui voudrait aujourd'hui prendre la cause d'un homme oublié depuis tant d'années? La longueur même de mon silence servirait de prétextes à de cruels refus. Ils rouvriraient des plaies à peine refermées dans mon cœur. J'ai consumé la moitié des débris de ma fortune pour n'acheter que des regrets; je n'irai pas, du reste, n'acheter que des remords.

Mme DE BELLECOMBE.

Quoi, mon ami !...

M. DE BELLECOMBE.

Oui, quand il ne m'en coûterait que le temps précieux que je dérobais à l'instruction de mes fils. Si j'osais me permettre quelques espérances, et qu'elles fussent encore trompées, je sens que je ne pourrais y survivre, ou je traînerais des jours insupportables, dans l'amertume et dans le désespoir. Non, chère épouse, n'imitons pas les pères qui croient avoir tout fait, en abandonnant avec regret, à l'éducation de leurs enfans, une partie de leur superflu. C'est par nos privations qu'il faut nourrir les nôtres de notre sang. Vivons de pain, et qu'ils soient dignes de nous?

Mme DE BELLECOMBE.

Ils le seront, mon ami ; nous n'avons pas engendré des monstres.

M. DE BELLECOMBE.

J'ai déjà conçu cet espoir flatteur de mon Édouard. Tout enfant qu'il est, j'ai observé en lui une âme également forte et sensible, de la franchise, du courage et de l'élévation; toutes qualités que je désirerais dans mon ami. Il aura, pour s'avancer, deux motifs, les plus puissans sur de grands caractères; des obstacles à vaincre, et par-là plus de gloire à acquérir. Avec ardeur je l'ai vu, surtout depuis deux ans, se livrer à l'étude, et en dévorer les plus épineuses difficultés ! Comme il était saisi d'un noble enthousiasme au récit de quelque grande action ! Je voyais sa pensée le porter sans cesse dans les plus beaux siècles de Sparte et de Rome, pour y chercher avec avidité jusqu'aux moindres détails de l'enfance des héros. Comme les premières années de Cyrus, ainsi que de Bayard, l'enflammaient d'une émulation de tempérance, de grandeur d'âme et de fermeté ! Je crois qu'il ne lui manquerait qu'une circonstance heureuse pour montrer déjà ce qu'il peut un jour.

Mme DE BELLECOMBE.

Mais dans la position où il se trouve, quand est-ce que cette circonstance pourra s'offrir !

M. DE BELLECOMBE.

Elle ne vient jamais pour l'homme faible. Un grand cœur la fait naître lorsqu'elle lui manque. Oui, mon cher Édouard, il n'est rien que je n'ose attendre de toi.

SCÈNE V.

M. DE BELLECOMBE, Mme DE BELLECOMBE, PORPHIRE, TIMOLÉON, CÉCILE, JOSÉPHINE.

PORPHIRE.

Mon papa, vous parliez, je crois, de mon frère ?

M. DE BELLECOMBE.

Il est vrai, mon fils. Tu sais qu'il n'est pas un moment dans la journée où nous ne soyons occupés de quelqu'un de vous.

JOSÉPHINE.

Est-ce que vous auriez reçu de ses nouvelles ?

M. DE BELLECOMBE.

Non, pas d'aujourd'hui. Mais, je le connais assez pour savoir tout ce qu'il fait, sans qu'il ait besoin de m'en instruire. Je suis sûr qu'en ce moment il songe à me donner de marques de sa tendresse, par son exactitude à ses exercices et son application à ses travaux. Porphire, j'espère que sa bonne conduite te servira dans quelque temps de recommandation pour être admis dans l'école.

PORPHIRE.

Mon papa, je dois y entrer avant mon frère. Je veux à mon tour avoir une bonne porte pour lui.

M. DE BELLECOMBE.

Je comptais en moi sur ta promesse. Dans l'état où vous êtes, mes chers amis, sans biens et sans protection, votre avancement ne doit être que votre ouvrage. Il dépend des efforts que vous allez faire pour vous surpasser à l'envi par une noble rivalité. L'élévation de tous peut être l'effet de la bonne conduite d'un seul, comme la mauvaise conduite d'un seul peut tous vous arrêter dans votre fortune. Ainsi, vous voyez d'un côté quelle honte, et de l'autre qu'elle satisfaction glorieuse à recueillir.

PORPHIRE.

Mais, mon papa, la Pipe disait tout à l'heure que vous n'aviez pas été récompensé de vos services ?

TIMOLÉON.

Je suis sûr pourtant que vous n'avez manqué jamais à votre devoir.

JOSÉPHINE.

Oui ; je voudrais bien savoir pourquoi le roi vous a laissé dans l'oubli ?

M. DE BELLECOMBE.

C'est que peut-être il en est d'autres plus dignes encore de ses récompenses, ou que les charges de sa couronne gênent ses généreuses dispositions. D'ailleurs, j'ai négligé de solliciter sa justice, pour vous donner tous mes soins. Mais, lorsque vous entrerez dans le monde, vous pouvez, en vous y distinguant, rappeler ses yeux sur moi ; et c'est alors que je jouirai doublement de ses bienfaits.

PORPHIRE.

Oh! s'il ne tient qu'à mon courage.

TIMOLÉON.

Quoi! nous pourrions vous payer de tout ce que vous avez fait pour nous?

M. DE BELLECOMBE.

Oui, mes enfans. Je ne veux point vous faire valoir les sacrifices que votre instruction nous a coûtés à votre mère et à moi. Nous les avons toujours faits sans regret, et même avec une joie bien vive. Le ciel commence à nous en récompenser, en vous faisant répondre à notre espoir. Mais, si vous alliez le tromper un jour! si le fruit de tant de peines devait être perdu! Comment vous présenter cette affreuse image! Vos sœurs abandonnées à l'indigence, votre mère à la désolation, et votre père descendant avec déshonneur dans le tombeau.

PORPHIRE.

Non, non. C'est nous offenser que de le craindre.

TIMOLÉON.

Oui ! si vous nous aimez, soyez bien sûrs que nous ferons tout au monde pour vous rendre heureux.

M. DE BELLECOMBE.

J'ai mis en vous mon existence entière. Ce n'est plus que par vous que je dois vivre ou mourir.

PORPHIRE.

Vous vivrez donc tant que nous aurons une goutte de votre sang dans nos veines !

TIMOLÉON.

Plutôt mourir mille fois que de vous faire rougir !

M. DE BELLECOMBE.

Eh bien ! j'en reçois devant le ciel cette assurance; et je n'ai plus rien à désirer. Je vous devrai le plus grand bonheur que l'on puisse goûter sur la terre.

CÉCILE.

O mon papa ! que nous sommes à plaindre de ne pouvoir pas y contribuer aussi comme eux.

M. DE BELLECOMBE.

Vous pouvez me le rendre plus sensible, en me faisant jouir, au sein de ma retraite, des joies douces et paisibles d'un père. Que manquerait-il un jour à ma félicité, si, tandis que mes fils honoreraient ma vieillesse par leurs talens et leurs grandes actions, mes filles la soulageaient par leurs soins, et la paraient de leurs vertus. Si je les voyaient se rendre dignes des nobles établissemens que leur nom et la gloire de leurs frères peuvent leur procurer? (*Il va prendre par la main madame de Bellecombe, que l'excès de sa sensibilité a rendue muette pendant toute cette scène.*) O chère épouse! conçois-tu nos transports! Voir l'honneur et la joie se répandre de toutes parts dans notre maison, par chacun de ceux que nous avons fait naître.

PORPHIRE.
Vous ne dites rien, maman!

CÉCILE.
Maman, vous pleurez?

Mme DE BELLECOMBE.
C'est de joie, mes enfans. Je me livrais d'avance à tout le bonheur que votre père vient de se peindre.

PORPHIRE.
Oh! nous vous promettons de vous le faire goûter. Mon frère, mes sœurs, jurons-le tous ensemble à ses genoux. J'en réponds au nom d'Édouard, comme de moi-même. (*Ils tombent aux genoux de leur mère, qui les relève et les embrasse. M. de Bellecombe les prend avec transport, et les serre contre son cœur.*)

SCÈNE VI.

M. DE BELLECOMBE, Mme DE BELLECOMBE, PORPHIRE, THIMOLÉON, CÉCILE, JOSÉPHINE, LA PIPE.

LA PIPE, *en se précipitant dans la chambre.*
O mon capitaine ! mon capitaine !

M. DE BELLECOMBE.
Qu'est-ce, mon ami ?

LA PIPE.
Je viens de le voir.

M. DE BELLECOMBE.
Qui donc ?

LA PIPE.
Lui, vous dis-je ; mon meilleur ami, après vous pourtant, mon capitaine.

M. DE BELLECOMBE.
Édouard ?

Mme DE BELLECOMBE.
Mon fils ?

PORPHIRE.
Mon frère ?

CÉCILE et JOSÉPHINE.
Où est-il donc ? où est-il donc ?

TIMOLÉON.
O mon cher la Pipe ! est-ce bien vrai ?

LA PIPE.
Quand je vous le dis. Il a failli me renverser par

terre, en se jetant sur moi. Il ne pouvait se détacher de mon cou. L'excellent enfant! toujours le même! Il me suit. Il va monter.

Mme DE BELLECOMBE.

Pourquoi revient-il? O ciel! il n'y a que dix jours qu'il est dans son école. L'en aurait-on déjà...

M. DE BELLECOMBE, *l'interrompant.*

Que dites-vous, madame? Soupçonner mon Édouard? Voilà le premier chagrin que vous m'avez causé.

Mme DE BELLECOMBE.

Pardonne à mon inquiétude. Cependant que devons-nous penser, mon ami?

M. DE BELLECOMBE.

Tout, plutôt que de le croire coupable. Non, il ne l'est point. (*Il court à sa rencontre.*)

SCÈNE VII.

M. DE BELLECOMBE, Mme DE BELLECOMBE, ÉDOUARD, PORPHIRE, TIMOLÉON, CÉCILE, JOSÉPHINE, LA PIPE.

ÉDOUARD, *se jetant dans les bras de son père.*

O mon papa! mon papa! quelle joie de vous revoir.

M. DE BELLECOMBE.

Embrasse-moi, mon fils! Encore une fois! Quel est donc le sujet qui te ramène auprès de nous?

ÉDOUARD.

Il est là dedans. Lisez, lisez! (*Il lui donne des*

papiers, il court ensuite à sa mère, et, se précipitant à son cou :) O ma chère maman ! vous serez bien contente. (*Il retourne vers ses frères et ses sœurs, et les embrasse.*) Bon jour, mes frères ; bonjour, mes petites sœurs ; vous ne m'attendiez pas encore, n'est-ce pas ? Vous ne serez pas fâchés de mon retour, quand vous saurez pourquoi je suis venu.

JOSÉPHINE.

Oh ! nous en sommes déjà bien aises, sans le savoir.

ÉDOUARD.

J'avais écrit à mon papa pour lui annoncer de bonnes nouvelles ; mais j'ai tant prié le gouverneur. qu'il m'a permis de les apporter moi-même. Cela ne vaut-il pas mieux ?

CÉCILE.

Oh ! sûrement, sûrement.

M. DE BELLECOMBE, *interrompant sa lecture.*

Que vois-je ! une pension de douze cents livres pour moi, et de trois cents pour mon fils, que le roi nous accorde !

Mme DE BELLECOMBE.

O ciel, est-il possible ?

LA PIPE.

Mille bombes ! si c'était vrai !

TOUS LES ENFANS.

Comment ! comment, mon papa !

M. DE BELLECOMBE, *d'un ton calme.*

Tiens, chère épouse, lis toi-même. (*Avec transport.*) Quel est cet homme généreux qui a daigné

porter mes services au pied du trône, quand tout
le monde semblait m'abandonner? Le roi sait donc
enfin que je ne l'ai pas servi sans gloire. O mon
prince! je pouvais vivre heureux, privé de tes dons,
mais non de ton estime. Édouard, à qui dois-je ce
noble bienfait.

SCÈNE VIII.

LE GOUVERNEUR de l'école militaire, EUGÈNE
son fils, M. DE BELLECOMBE, Mme DE BEL-
LECOMBE, ÉDOUARD, PORPHIRE, TIMO-
LÉON, CÉCILE, JOSÉPHINE, LA PIPE.

*(Édouard court vers la porte, sort avec précipitation,
et rentre aussitôt, en tenant le gouverneur par la
main.)*

ÉDOUARD.

Le voici, le voici, mon papa! voici notre bienfaiteur, et mon second père! Voyez aussi mon frère
Eugène que je vous présente. Un nouveau fils pour
vous et pour maman.

LE GOUVERNEUR.

Daignez me pardonner si j'ai pris la liberté de
paraître à vos yeux d'une manière si brusque. Je
n'aurais pas voulu perdre la scène attendrissante
dont je suis témoin.

M. DE BELLECOMBE.

Jouissez-en, monsieur, puisqu'elle est votre ouvrage.

Mme DE BELLECOMBE.

Je sens qu'elle doit être faite pour votre cœur.

LE GOUVERNEUR.

Je fais mon bonheur d'y jouer un rôle; mais je n'en suis pas le héros. C'est à cet aimable enfant que la gloire en appartient.

Mme DE BELLECOMBE.

A mon fils?

M. DE BELLECOMBE.

A mon Édouard?

LE GOUVERNEUR.

Vous vous êtes privés de toutes les douceurs de la vie pour former son cœur et son esprit. Il s'en privait à son tour pour acquitter, à votre insu, sa reconnaissance. Pardonnez, monsieur, si je parais instruit d'un secret de l'intérieur de votre maison. Votre fils ne l'a point trahi; c'est moi qui l'ai surpris dans le fond de son cœur. Depuis son entrée à l'école, il ne voulait prendre que les plus grossiers alimens. Toutes nos menaces n'ont pu lui faire déclarer le motif de cette conduite. Ce n'est qu'en m'insinuant dans son âme par des caresses, que je l'ai pénétrée. Il ne voulait pas être plus heureux que son père, qui avait tant souffert pour lui. Nous avons parlé de vous. J'ai appris votre état. Je n'ai eu que le faible mérite d'en faire instruire notre juste monarque. Le tendre sacrifice de votre fils parlait tout seul en votre faveur. De plus, votre nom se trouvait avec une distinction flatteuse dans sa mémoire. Il a dit (ce sont ses propres paroles) qu'il s'estimait heureux de pouvoir récompenser vos anciens services, et le soin que vous preniez de lui former, dans vos enfans, des sujets d'une si grande espérance. Le digne ministre m'a même rapporté que, tandis que ces mots sortaient de sa bouche, une de ses larmes avait coulé sur son brevet.

M. DE BELLECOMBE.

O monsieur, pardonnez à la faiblesse de la nature ! J'avais des forces pour supporter le malheur, je n'en ai point pour résister à tant de joie. Mon fils, mon cher Édouard, c'est donc ainsi que tu sais aimer ton père !

ÉDOUARD.

Ah ! je n'ai fait pour vous qu'un moment ce que vous avez fait pour moi depuis tant d'années. (*Il se retourne vers sa mère et la voit prête à s'évanouir.*) Maman, n'allez donc pas mourir, je vous en prie, à présent que vous êtes riche. La petite pension est pour vous. (*Madame de Bellecombe se ranime par les baisers d'Édouard, et l'accable de tendres caresses.*)

LE GOUVERNEUR.

Dieu ! quel tableau touchant ! Mon brave Édouard, vous souviendrez-vous que je veux être aussi votre père ?

ÉDOUARD.

Oh ! toujours, toujours, monsieur le gouverneur. Mon papa, embrassez donc Eugène. Nous nous sommes promis de nous aimer jusqu'à la mort.

EUGÈNE.

Oui, mon cher Édouard, je ne l'oublierai de ma

vie. (*Ils se jettent au cou l'un de l'autre. M. de Bel-lecombe les prend tous les deux dans ses bras.*)

LE GOUVERNEUR.

J'ai pris la liberté de l'amener auprès de vous pour lui faire respirer les sentimens et les vertus qui régnent dans votre maison. Il avait su démêler, avant moi, le cœur d'Édouard; et c'est lui qui, le premier, a recherché son amitié.

M. DE BELLECOMBE.

Si vous lui donnez un ami dans mon fils, je dois en trouver un dans son père.

LE GOUVERNEUR.

J'ambitionnais le titre que vous m'offrez. En voici, de ma part, le gage. (*Il lui tend la main.*)

LA PIPE.

Oh! je n'y puis tenir plus long-temps. (*Il laisse tomber sa béquille, et se jette sur leurs mains, qu'il presse dans les siennes.*) Excusez-moi, monsieur; mais où mon capitaine met son cœur, il faut que le mien y soit aussi. Vous êtes un brave homme. C'est moi qui vous le dis; et la Pipe ne l'a jamais dit pour rien.

M. DE BELLECOMBE.

Je vous demande pardon pour la franchise d'un vieux soldat. Il est plein d'honneur; et le mouvement de son affection ne peut vous être indifférent. Hélas! elle m'a consolé de bien des peines.

LE GOUVERNEUR.

S'il en est ainsi, je reçois ses sentimens avec plaisir. Oui, mon ami, touchez là. Tous les guerriers sont frères.

LA PIPE, *avec transport.*

O mon autre bonne jambe! où es-tu? que je puisse danser de joie pour tout le bonheur de cette journée !

LE BON FILS.

Un enfant d'une très-bonne naissance, placé à l'École Militaire, se contentait depuis plusieurs jours de la soupe et du pain sec avec de l'eau. Le gouverneur, averti de cette singularité, l'en reprit, attribuant cela à quelque excès de dévotion mal entendue. Le jeune enfant continuait toujours, sans découvrir son secret. M. P. D., instruit par le gouverneur de cette persévérance, fit venir le jeune élève; et après lui avoir doucement représenté combien il était nécessaire d'éviter toutes singularités, et de se conformer à l'usage de l'école, voyant qu'il ne s'expliquait point sur les motifs de sa conduite, fut contraint de le menacer, s'il ne se réformait, de le rendre à sa famille. Hélas! monsieur, dit alors l'enfant, vous voulez savoir la raison que j'ai d'agir comme je fais; la voici : Dans la maison de mon père je mangeais du pain noir en petite quantité;

nous n'avions souvent que de l'eau à y ajouter. Ici je mange de bonne soupe, le pain y est bon, blanc, et à discrétion. Je trouve que je fais grande chère; je ne puis me résoudre à manger davantage, me souvenant de l'état de mon père et de ma mère.

M. P. D. et le gouverneur ne pouvaient retenir leurs larmes, en voyant la sensibilité et la fermeté de cet enfant. Monsieur, reprit M. P. D., si monsieur votre père a servi, n'a-t-il pas de pension? Non, répondit l'enfant. Pendant un an il en a sollicité une : le défaut d'argent l'a contraint d'y renoncer, et il a mieux aimé languir que de faire des dettes à Versailles. Eh bien! dit M. P. D., si le fait est aussi privé qu'il paraît vrai dans votre bouche, je vous promets de lui obtenir cinq cents livres de pension. Puisque vos parens sont si peu à leur aise, vraisemblablement ils ne vous ont pas bien fourni le gousset, recevez pour vos menus plaisirs ces trois louis que je vous présente de la part du Roi; et, quant à monsieur votre père, je lui enverrai d'avance les six mois de la pension que je suis assuré de lui obtenir. Monsieur, reprit l'enfant, comment pourrez-vous lui envoyer cet argent? Ne vous en inquiétez point, répondit M. P. D., nous en trouverons le moyen. Ah! monsieur, repartit promptement l'enfant, puisque vous avez cette facilité, remettez-lui aussi les trois louis que vous venez de me donner. Ici j'ai de tout en abondance; cet argent me deviendrait inutile, et il fera grand bien à mon père pour ses autres enfans.

LE VIEUX CHAMPAGNE.

M. DORVAL, PAULIN, son fils.

PAULIN.

Mon papa, je sais où vous trouver un très-bon domestique, lorsque vous renverrez le vieux Champagne.

M. DORVAL.

Qui t'a chargé de ce soin? est-ce que je pense à le renvoyer?

PAULIN.

Vous voulez donc toujours garder ce vieux garçon? Un jeune domestique, ferait, je crois, bien mieux notre affaire.

M. DORVAL.

Comment, Paulin? voilà une bien mauvaise raison pour se dégoûter d'un ancien serviteur. Tu l'appelles vieux garçon? Tu devrais en rougir, mon fils. C'est à mon service qu'il a vieilli. Ce sont peut-être les soins qu'il a pris de ton enfance et les inquiétudes que lui ont causées tes maladies, qui ont avancé son âge. Tu vois donc combien il serait ingrat et déraisonnable de prendre de l'aversion pour lui à cause de sa vieillesse. Et crois-tu avoir plus de raison de me dire qu'un jeune domestique ferait bien mieux notre affaire? Ce discernement est au-dessus de ton âge. Il demande plus d'expérience que tu ne peux en avoir acquis. Je te ferai sentir, dans un autre moment, l'avantage qu'un vieux domestique a sur un jeune, pour l'exactitude et la sûreté du service.

PAULIN.

Je le crois, puisque vous le dites, mon papa. Mais il porte perruque, et cela fait une drôle de figure, de voir un homme en perruque, planté de bout derrière votre chaise pour vous servir. Je ne puis tourner les yeux sur lui sans me sentir l'envie d'éclater de rire.

M. DORVAL.

C'est d'un bien mauvais caractère, mon fils; je ne te l'aurais jamais soupçonné. Tu sais qu'il a perdu ses cheveux dans une maladie longue et dangereuse? Te moquer de lui, n'est-ce pas insulter à Dieu, qui lui a envoyé cette maladie?

PAULIN.

Mais il est grognon, il n'est pas si éveillé que les autres.

M. DORVAL.

Champagne peut être sérieux; il n'est pas grognon. Il est vrai qu'il n'est pas aussi ingambe qu'un jeune drôle de dix-huit à vingt ans. Mais a-t-il mérité pour cela ton aversion! O mon fils! cette pensée me fait frémir! Tu auras donc aussi de l'aversion pour moi, si Dieu me fait la grâce de m'accorder une longue vieillesse.

PAULIN.

Oh! non, mon papa; je ne suis pas si méchant.

M. DORVAL.

Et crois-tu ne pas l'être, de haïr Champagne, parce que ses années l'empêchent d'être aussi alerte qu'autrefois.

PAULIN.

J'ai tort, mon papa, j'en conviens; et je vous assure que j'ai bien du regret d'avoir....

M. DORVAL.

Pourquoi t'interrompre? Quel est ton regret, dis-tu?

PAULIN.

Si je vais vous révéler mes fautes, vous vous fâcherez contre moi, et je n'y gagnerai qu'une punition.

M. DORVAL.

Tu sais, mon fils, que je n'aime pas à punir, et que je n'emploie ce moyen que bien rarement. C'est par la raison et par la tendresse que je cherche à vous corriger, ta sœur et toi. Je ne connais point la faute que tu as commise; ainsi je ne puis te promettre une exemption absolue de châtiment. Est-ce une condition que tu aurais prétendu mettre à ton aveu? Tu sais quelle est ma tendresse pour toi; c'est la seule caution que je veux te donner. Tu peux t'y reposer avec autant de confiance que sur mes promesses.

PAULIN.

Eh bien! mon papa, je vous avouerai que... j'ai appelé Champagne... vieux coquin.

M. DORVAL.

Comment! cela est-il possible? As-tu pu oublier ainsi ce que tu dois à un brave homme? Et Champagne t'a-t-il entendu?

PAULIN.

Oui, mon papa; c'est ce qui me fâche.

M. DORVAL.

C'est très-bien d'en être fâché; mais il ne suffit pas de sentir du regret d'avoir outragé personnellement un de nos semblables, on doit sentir le même remords de l'avoir outragé hors de sa présence.

PAULIN.

Oui, je me repens d'avoir injurié Champagne; mais ce qui m'afflige le plus, c'est de l'avoir traité ainsi en face; car...

M. DORVAL.

Tu as commencé de m'ouvrir ton cœur, achève.

PAULIN.

Oui, mon papa.... car Champagne, lorsque je l'ai eu ainsi maltraité, s'est mis à pleurer, et il a dit: Ce n'est pas assez des incommodités de mon âge, il faut encore que je sois la risée de l'enfance!

M. DORVAL.

Le pauvre Champagne, je le connais; cette injure lui aura déchiré le cœur. Il est dur, à son âge, d'être le jouet d'un enfant; mais combien l'on doit souffrir, lorsque l'on reçoit cette injure d'un enfant qu'on a vu naître, et à qui l'on a rendu des services dont rien ne peut l'acquitter!

PAULIN.

Ah! mon papa, combien je suis coupable! Je veux lui en demander pardon, et soyez sûr que de ma vie il n'aura à se plaindre de moi.

M. DORVAL.

Très-bien, mon fils. C'est à cette condition seulement que Dieu et moi nous pouvons te pardonner. Nous sommes tous faibles, et nous pouvons nous laisser emporter un moment à nos passions. Mais, revenus à nous-mêmes, il faut nous bien pénétrer du repentir de nos fautes, forcer notre orgueil à les réparer, et travailler de toutes nos forces à nous garantir dans la suite. Mais je voudrais bien savoir ce qui a pu te porter à cette indignité contre Champagne. T'avait-il offensé?

PAULIN.

Oui, mon papa...; du moins je me le figurais. Je jouais de ma sarbacane, et je visais à lui tirer mes pois au visage. Finissez donc, monsieur Paulin, m'a-t-il dit, ou je vais me plaindre à votre papa. Je me suis fâché de sa menace; et c'est alors que je l'ai injurié.

M. DORVAL.

C'est donc de propos délibéré que tu as cherché à le mortifier?

PAULIN.

Je ne puis en disconvenir.

M. DORVAL.

C'est ce qui aggrave ta faute, et ce qui lui a arraché des larmes.

PAULIN.

Ah! mon papa, si vous me le permettez, je cours le chercher de ce pas, et lui faire mes excuses. Je ne serai pas tranquille qu'il ne m'ait pardonné.

M. DORVAL.

Oui, mon fils, il ne faut jamais différer d'un instant de remplir son devoir. Je t'attends ici. (*Paulin sort, et revient quelques momens après d'un air satisfait.*)

PAULIN.

Mon papa, je suis content de moi : Champagne m'a pardonné de bon cœur. Oh! je ne crois pas qu'il m'arrive jamais de commettre pareille faute.

M. DORVAL.

Dieu veuille t'en préserver. Sans lui, tu ne peux répondre de la plus ferme résolution.

PAULIN.

Et que dois-je faire pour que Dieu m'en préserve?

M. DORVAL.

Lui demander son secours. Il ne te le refusera pas.

PAULIN.

Je le lui demanderai du fond de mon cœur. Mais, mon papa, il y a encore une autre chose que je viens de faire sans votre permission, et qui vous fâchera peut-être.

M. DORVAL.

Qu'est-ce donc, mon fils?

PAULIN.

L'écu de six francs dont vous m'avez fait cadeau le jour de ma fête, je l'ai donné à Champagne.

M. DORVAL.

Pourquoi en serais-je fâché ? je trouve fort bien que tu fasses de bonnes actions de toi-même, et sans m'avoir prévenu. Tu peux disposer de tout l'argent que je te donne; c'est ton bien. Tu ne pouvais en faire un meilleur usage. Il faut s'accoutumer de bonne heure à une prudente générosité. Champagne en a-t-il paru bien content.

PAULIN.

Il pleurait de joie, et je me réjouissais de le voir pleurer.

M. DORVAL.

Je te sais gré de ce sentiment, mon cher fils. Un bon cœur se réjouit toujours d'avoir adouci la misère de ses semblables. Toutes les vertus font naître la joie dans notre âme ; mais aucune n'y laisse de souvenir plus long et plus satisfaisant que la bienfaisance.

PAULIN.

Ah ! si jamais je possède quelque bien, je veux soulager tous ceux qui souffriront autour de moi.

M. DORVAL.

La dernière prière que j'adresserai à Dieu sera de fortifier cette vertu dans ton cœur, et de te mettre en état de l'exercer.

PAULIN.

Serais-je toutes les fois aussi content qu'aujourd'hui ?

M. DORVAL.

C'est le seul plaisir qui ne s'affaiblisse jamais ; cherche surtout à le goûter dans l'intérieur de ta maison. Si tes domestiques sont gens de bien, tu dois encore plus gagner leur attachement par de bons procédés que par de l'argent. Il ne faut cependant pas négliger de leur faire de temps en temps de petits cadeaux. Si tu sais les faire à propos et avec grâce, tu feras de tes gens tes plus sûrs amis.

PAULIN.

Mais, mon papa, n'ont-ils pas leurs gages ?

M. DORVAL.

Ils les ont pour faire leur service, et rien de plus. Mais de petits présens feront naître leur affection, et ils iront au-delà de leur devoir.

PAULIN.

Je ne vous comprends pas trop bien, mon papa.

M. DORVAL.

Je vais t'éclaircir ma pensée, par l'exemple de Champagne. Je lui donne ses gages, son vêtement et sa nourriture pour me servir. Lorsqu'il m'a servi, ne sommes-nous pas quittes ? et me doit-il quelque chose de plus ? Cependant tu sais qu'il prend soin de tout dans la maison ; qu'il s'est rendu de lui-même le surveillant de tous les autres domestiques, et qu'il m'a souvent épargné bien des pertes. Il fait tout cela par attachement, et sans aucun ordre particulier, parce que j'ai su mériter sa reconnaissance par quelques dons légers que je lui ai faits dans certaines occasions. Lorsque ton âge te permettra de te répandre dans la société, tu n'entendras, dans toutes les maisons, que des plaintes sur la négligence et l'ingratitude des domestiques. Sois persuadé, mon fils, que c'est le plus souvent la faute des maîtres, pour avoir voulu leur inspirer plus de crainte que d'attachement.

PAULIN.

Maintenant, je vous comprends à merveille; et je me servirai un jour de vos leçons et de votre exemple.

M. DORVAL.

Tu n'auras jamais lieu de te repentir de les avoir suivis. J'en ai hérité de mon père, et je me souviendrai toujours de ce qu'il avait coutume de nous raconter à ce sujet.

PAULIN.

Ah! mon papa, si cela ne vous importune pas, je serai bien aise d'entendre cette histoire.

M. DORVAL.

Je me fais un plaisir de t'accorder cette récompense de ton repentir et de ta bienfaisance envers l'honnête Champagne.

« M. de Floré, brave militaire retiré du service, vivait sur ses terres avec une épouse respectable, et cinq enfans dignes d'être nés de si honnêtes parens. Les habitans des villages voisins étaient pénétrés pour eux de vénération; et cette famille réunie formait le spectacle le plus touchant qu'on puisse imaginer. La douceur du caractère de M. de Floré, et l'ordre qui régnait dans sa maison, lui conciliaient la bienveillance et l'admiration de tous ceux qui avaient le bonheur de le connaître. Tous les jeunes gens du canton s'empressaient d'entrer à son service; et lorsqu'il venait à y vaquer une place, soit par la mort, soit par la retraite d'un domestique, cette place était recherchée comme un emploi honorable. Le contentement se peignait sur le visage de tous ses gens. On aurait cru voir des enfans respectueux auprès de leur père. Ses ordres étaient si justes et si modérés, que jamais un seul n'avait eu la pensée de lui désobéir. La concorde régnait entre eux comme parmi des frères : ils ne disputaient que de zèle pour le service de leur maître, et d'attachement à ses intérêts. Un ancien camarade de M. de Floré, qu'on nommait M. de Furcy, retiré comme lui sur ses terres, mais dans une province assez éloignée, vint un jour lui rendre visite, en passant près de son château pour se rendre à la capitale. Après divers propos, la conversation tomba sur les désagrémens attachés aux soins d'un ménage. M. de Furcy soutenait que la vigilance sur ses domestiques était l'occupation la plus fatigante pour lui; qu'il n'en avait jamais trouvé que d'insolens, de paresseux, d'inattentifs aux besoins de leur maître. Oh! pour cela, dit M. de Floré, je n'ai pas à me plaindre des miens. Depuis dix ans je n'en ai reçu aucun sujet grave de plainte. Je suis très-content d'eux, et ils le sont de moi. C'est, dit M. de Furcy, un bonheur bien peu ordinaire. Il faut que vous ayez quelque secret particulier pour former de bons domestiques, et pour les maintenir dans leur perfection. Ce secret est très-simple, répondit M. de Floré; et le voici, continua-t-il, en allant chercher une grande cassette. Je ne vous comprends pas, reprit M. de Furcy. M. de Floré, sans lui répliquer, ouvrit la cassette. M. de Furcy y vit six tiroirs avec ces étiquettes : *Dépenses extraordinaires.—Pour moi. —Pour ma femme.— Pour mes enfans.—Gages de mes domestiques. —Gratifications.—*Comme j'ai toujours en avance un an de mon revenu, reprit alors M. de Floré, j'en fais six portions au commencement de chaque année. Dans le premier tiroir, je mets une certaine somme, inviolablement réservée aux besoins imprévus. Dans le second est celle que je destine à mon entretien. Le troisième renferme l'argent nécessaire pour les dépenses intérieures du ménage, et les épingles de ma femme. Le quatrième, tout ce qu'il doit m'en coûter pour l'éducation soignée que je donne à mes enfans. Les gages de mes gens sont dans le cinquième. Dans le sixième, enfin, sont les gratifications que je leur accorde. C'est à ce dernier tiroir que je dois le bonheur de n'avoir jamais eu de mauvais domestiques. L'argent de leurs gages est pour ce que leur devoir exige d'eux. Mais les gratifications que je leur distribue en certaines occasions, sont pour ce qui n'est pas rigoureusement compris dans leur devoir, et que leur seule affection pour moi les engage à faire au-delà de mes ordres et de mes vœux. »

DENISE ET ANTONIN.

C'était un beau jour d'été; M. de Valbonne devait aller se promener dans un joli jardin, aux portes de la ville, avec ses deux enfans, Denise et Antonin. Il passa dans sa garde-robe pour s'habiller, et les deux enfans restèrent dans le salon.

Antonin, transporté du plaisir qu'il se promettait de sa promenade, en courant étourdiment çà et là, heurta du pan de son habit une fleur rare et précieuse que son père cultivait avec des soins infinis, et qu'il avait malheureusement ôtée de dessus la fenêtre, pour la préserver de l'ardeur du soleil.

O mon frère, qu'as-tu fait, lui dit Denise, en ramassant la fleur, qui s'était séparée de sa tige?

Elle la tenait encore à la main, lorsque son père, ayant fini de s'habiller, rentra dans le salon.

Comment, Denise, lui dit M. de Valbonne avec un mouvement de colère, tu cueilles une fleur que tu m'as vu prendre tant de peine à cultiver pour en avoir de la graine!

Mon cher papa, lui répondit Denise toute tremblante, ne vous fâchez pas, je vous prie.

Je ne me fâche point, répliqua M. de Valbonne en se calmant. Mais comme tu pourras avoir aussi fantaisie de cueillir de fleurs dans le jardin où je vais, et qui ne m'appartient pas, tu ne trouveras pas mauvais que je te laisse à la maison.

Denise baissa les yeux et se tut. Antonin ne put garder plus long-temps le silence. Il s'approcha de son père, les yeux mouillés de larmes, et lui dit :

Ce n'est pas ma sœur, mon papa, c'est moi qui ai arraché cette fleur. Ainsi, c'est à moi à rester à la maison. Menez ma sœur avec vous.

M. de Valbonne, touché de l'ingénuité de ses enfans, et de la tendresse qu'ils montraient l'un pour l'autre, les embrassa et leur dit : Vous êtes tous deux mes bien-aimés, et vous viendrez tous deux avec moi.

Denise et Antonin firent un bond de joie. Ils allèrent se promener dans le jardin, où on leur montra les plantes les plus curieuses. M. de Valcourt vit avec plaisir Denise presser de ses mains les deux côtés de ses jupons, et Antonin relever les pans de son habit sous chacun de ses bras, de peur de causer quelque dommage en se promenant entre les plates-bandes.

La fleur qu'il avait perdue lui aurait causé sans doute beaucoup de plaisir; mais il en goûta bien davantage, en voyant fleurir dans ses enfans l'amitié fraternelle, la candeur et la prudence.

LA PETITE FILLE GROGNON.

O vous, enfans, qui avez eu le malheur de contracter une habitude vicieuse ! c'est pour votre consolation et pour votre encouragement que je vais raconter l'histoire suivante. Vous y verrez qu'il est possible de se corriger, lorsqu'on en prend au fond de son cœur la courageuse résolution.

Rosalie, jusqu'à sa septième année, avait été la joie de ses parens. A cet âge où la lumière naissante de la raison commence à nous découvrir la laideur de nos défauts; elle en avait pris un, au contraire, qu'on ne peut mieux vous peindre, qu'en vous rappelant ces petits chiens hargneux qui grognent sans cesse, et qui semblent toujours prêts à se jeter sur vos jambes pour les déchirer.

Si l'on touchait, par mégarde, à quelqu'un de ses bijoux, elle vous regardait de travers et murmurait un quart d'heure entre ses dents.

Lui faisait-on quelque léger reproche, elle se levait, trépignait des pieds, renversait les chaises et les fauteuils.

Son père, sa mère, personne dans la maison ne pouvait plus la souffrir.

Il est bien vrai qu'elle se repentait quelquefois

de ses fautes; elle répandait même souvent des larmes secrètes, en se voyant devenue un objet d'aversion pour tout le monde, jusqu'à ses parens; mais l'habitude l'emportait bientôt, et son humeur devenait de jour en jour plus acariâtre.

Un soir (c'était la veille du jour des étrennes), elle vit sa mère qui passait dans son appartement, en portant une corbeille sous sa pelisse.

Rosalie voulait la suivre; madame de Fougères lui ordonna de rentrer dans le salon. Elle prit, à ce sujet, la mine la plus grogneuse qu'elle eût jamais eue, et ferma la porte si rudement, qu'on entendit craquer tous les vitrages des croisées.

Une demi-heure après, sa mère lui fit dire de passer chez elle. Quelle fut sa surprise, de voir sa chambre éclairée de vingt bougies, et la table couverte de joujoux les plus brillans! Elle ne put proférer une parole, transportée, comme elle l'était, de joie et d'admiration.

Approche, Rosalie, lui dit sa mère, et lis sur ce papier pour qui toutes ces choses sont destinées.

Rosalie s'approcha, et vit au milieu de ces joujoux un billet ouvert. Elle le prit, et y lut, en grosses lettres, les mots suivans:

« Pour une aimable petite fille, en récompense de
» de sa douceur. »

Elle baissa les yeux, et ne dit mot.

Eh bien! Rosalie, à qui cela est-il destiné, lui dit sa mère? Ce n'est pas à moi, répondit Rosalie; et les larmes lui vinrent aux yeux.

Voici encore un autre billet, reprit madame de Fougères ; vois s'il ne serait pas question de toi dans celui-ci.

Rosalie prit le billet, et lut :

« Pour une petite fille grognon, qui reconnaît ses » défauts, et qui, en commençant une nouvelle an- » née, va travailler à s'en corriger. »

Oh! c'est moi, c'est moi, s'écria-t-elle en se jetant dans les bras de sa mère, et en pleurant amèrement.

Madame de Fougères versa aussi des larmes, moitié de chagrin sur les défauts de sa fille, et moitié de joie sur le repentir qu'elle en témoignait.

Allons, lui dit-elle, après un moment de silence, prends donc ce qui t'appartient ; et que Dieu, qui a entendu ta résolution, te donne la force de l'exécuter.

Non, ma chère maman, répondit Rosalie, tout cela n'appartient qu'à la personne du premier billet. Gardez-les-moi jusqu'à ce que je sois cette personne. C'est vous qui me direz quand je le serai devenue.

Cette réponse fit beaucoup de plaisir à madame de Fougères. Elle rassembla aussitôt les joujoux, les mit dans une commode, et en présenta la clé à Rosalie, en lui disant : Tiens, ma chère fille, tu ouvriras la commode quand tu jugeras toi-même qu'il en sera temps.

Il s'était déjà écoulé près de six semaines, sans que Rosalie eût le moindre accès d'humeur.

Elle se jeta un jour au cou de sa mère, et lui dit d'une voix étouffée : Ouvrirai-je la commode, maman ? Oui, ma fille, tu peux l'ouvrir, lui répondit madame de Fougères, en la serrant tendrement dans ses bras. Mais, dis-moi donc, comment as-tu fait pour vaincre ainsi ton caractère ? Je m'en suis occupée sans cesse, lui répliqua Rosalie. Il m'en a bien coûté ; mais tous les matins et tous les soirs, cent fois dans la journée, je priais Dieu de soutenir mon courage.

Madame de Fougères répandit les plus douces larmes. Rosalie se mit en possession des joujoux, et, bientôt après, des cœurs de tous ses amis.

Sa mère raconta cet heureux changement en présence d'une petite fille qui avait le même défaut. Celle-ci en fut si frappée, qu'elle prit sur-le-champ la résolution d'imiter Rosalie, pour devenir aimable comme elle.

Ce projet eut le même succès. Ainsi Rosalie ne fut pas seulement plus heureuse pour elle-même, elle rendit aussi heureux tous ceux qui voulurent profiter de son exemple.

Quel enfant bien né ne voudrait pas jouir de cette gloire et de ce bonheur ?

LE CONTRE-TEMPS UTILE.

Dans une belle matinée du mois de juin, Alexis se disposait à partir avec son père pour une partie de plaisir, qui, depuis quinze jours, était l'objet de toutes ses pensées. Il s'était levé de très-bonne heure, contre son ordinaire, pour hâter les préparatifs de l'expédition. Enfin, au moment où il croyait avoir atteint le terme de ses espérances, le ciel s'obscurcit tout à coup; les nuages s'entassèrent; un vent orageux courbait les arbres et soulevait la poussière en tourbillons. Alexis descendait à chaque instant dans le jardin pour observer l'état du ciel, puis il remontait les degrés trois à trois pour consulter le baromètre. Le ciel et le baromètre s'accordaient à parler contre lui. Cependant il ne craignit point de rassurer son père, et de lui protester que toutes ces apparences fâcheuses allaient se dissiper en un clin d'œil, qu'il ferait même bientôt le plus beau temps du monde, et il conclut qu'il fallait partir tout de suite pour en profiter.

M. de Ponval, qui n'avait pas une confiance aveugle dans les pronostics de son fils, crut qu'il était plus sage d'attendre encore. Au même instant les nues crevèrent, et une pluie impétueuse fondit sur la terre. Alexis, doublement confondu, se mit à pleurer et refusa obstinément toute consolation..

La pluie continua jusqu'à trois heures de l'après-midi. Enfin les nuages se dissipèrent, le soleil reprit son éclat, le ciel sa sérénité, et toute la nature respirait la fraîcheur du printemps. L'humeur d'Alexis s'était, par degrés, éclaircie comme l'horizon. Son père le mena dans les champs, et le calme des airs, le ramage des oiseaux, la verdure des prairies, les doux parfums qui s'exhalaient autour de lui, achevèrent de ramener la paix et la joie dans son cœur.

Ne remarques-tu pas, lui dit son père, la révolution délicieuse qui vient de s'opérer dans toute la création? Rappelle-toi les tristes images qui affligeaient hier nos regards : la terre crevassée par une longue sécheresse, les fleurs décolorées et penchant leurs têtes languissantes, toute la végétation qui semblait décroître. A quoi devons-nous attribuer le rajeunissement soudain de la nature? A la pluie qui vient de tomber aujourd'hui, répondit Alexis. L'injustice de ses plaintes et la folie de sa conduite le frappèrent vivement en prononçant ces mots. Il rougit, et son père jugea qu'il suffisait de ses propres réflexions pour lui apprendre une autre fois à sacrifier, sans regret, un plaisir personnel au bien général de l'humanité.

PERSONNAGES.

LE PRINCE DE ***
MADAME DE DETMOND.
DETMOND l'aîné, enseigne. } ses fils.
DETMOND le cadet, page.
DORNONVILLE, son frère, capitaine.
LE DIRECTEUR d'une école royale.
UN VALET DE CHAMBRE.

Le théâtre représent une antichambre du palais. Une porte, ouverte à deux battans, laisse voir un cabinet, dans lequel est un lit de camp. On voit au pied du lit, sur un guéridon, une lampe allumée et une montre.

LE PAGE.

Drame.

SCÈNE PREMIÈRE.

LE PRINCE, à demi habillé, couché sur un lit de camp, et couvert d'un grand manteau ; LE PAGE, dormant sur un fauteuil dans l'antichambre.

LE PRINCE, se réveillant.

VOILA ce qu'on appelle dormir !... Heureusement la paix est faite... On peut se livrer au sommeil, sans craindre d'être réveillé par le bruit des armes. (Il regarde à sa montre.) Deux heures ? Il doit être plus tard ! J'ai dormi plus que cela. (Il appelle.) Page ! page !

LE PAGE, se réveillant en sursaut, se lève et retombe dans le fauteuil.

Eh bien ! qui m'appelle ? Tout à l'heure, un moment.

LE PRINCE.

Y a-t-il quelqu'un ? personne ne répond.

LE PAGE, *se tournant de côté et d'autre, et se parlant à lui-même.*

Mon Dieu! je dormais si bien!

LE PRINCE.

J'entends parler. Qui est là? (*Il tourne le garde-vue de la lampe et regarde.*) Est-il possible! Quoi! c'est cet enfant? devait-il veiller près de moi, ou moi près de lui? A quoi a-t-on pensé?

LE PAGE, *se levant tout endormi et se frottant les yeux.*

Monseigneur!

LE PRINCE.

Viens, viens, mon petit ami, réveille-toi! Vois l'heure qu'il est à ta montre; la mienne est arrêtée.

LE PAGE, *s'appuyant sur les bras du fauteuil, et toujours endormi.*

Comment, comment, Monseigneur?

LE PRINCE, *souriant.*

Tu tombes de sommeil. La drôle de petite figure! qu'il serait bon à peindre dans cette état.
Je t'ai dit de voir à ta montre l'heure qu'il est.

LE PAGE, *s'approchant à pas lens.*

Ma montre, monseigneur? Ah! excusez-moi, je n'en ai point.

LE PRINCE.

Tu rêves encore! Mais en effet n'aurais-tu pas de montre?

LE PAGE.

Je n'en ai jamais eu.

LE PRINCE.

Jamais, Comment! ton père t'a envoyé ici sans

te donner une des choses les plus nécessaires, et même la seul dont tu aies besoin pour faire ton service ?

LE PAGE.

Mon père ! ah ! si je l'avais encore !

LE PRINCE.

Tu ne l'as plus ?

LE PAGE.

Il est mort même avant que je fusse né. Je ne l'ai jamais connu.

LE PRINCE.

Pauvre enfant ! Mais ton tuteur, ta mère, auraient bien dû songer....

LE PAGE.

Ma mère, monseigneur ? Hélas ! vous ne le savez donc pas ? elle est si malheureuse ! si pauvre ! Tout ce qu'elle avait d'argent, elle l'a employé pour moi; mais elle n'en avait pas assez pour m'acheter une montre. Mon tuteur a bien dit qu'il m'en fallait une (*il bâille*); cependant il ne me l'a pas encore donnée.

LE PRINCE.

Qui est ton tuteur ?

LE PAGE.

Monseigneur, c'est mon oncle.

LE PRINCE, *souriant*.

A merveille ; mais il y a bien des oncles dans le monde, comment s'appelle le tien ?

LE PAGE.

C'est un des capitaines de vos gardes. Il est de service aujourd'hui.

LE PRINCE.

Tu as raison; je m'en souviens, c'est lui qui t'a présenté. Mon petit ami, prend cette bougie. (*Il lui remet une bougie dans les mains.*) Tiens-la bien. Dans ce cabinet (*il le lui montre*), là, à côté, tu trouveras deux montres pendues à la glace. Apporte celle qui se trouveras à droite; et surtout prends garde de mettre le feu avec la bougie. Va.

LE PAGE, *en sortant.*

Oui, monseigneur.

SCÈNE II.

LE PRINCE, *seul.*

L'aimable enfant! Qu'elle naïveté! quelle franchise! Ah, s'il y avait un homme comme cet enfant, et que cet homme fût mon ami! C'est dommage qu'il soit si petit; je ne pourrai pas m'en servir; il faudra le renvoyer à sa mère.

SCÈNE III.

LE PRINCE, LE PAGE.

LE PAGE, *tenant la lumière d'une main et la montre de l'autre.*

Il est cinq heures, monseigneur.

LE PRINCE.

Je ne me trompais pas. Le jour va bientôt paraître. (*Il reprend sa montre.*) Mais est-ce là celle que j'ai demandée? celle qui était à droite?

LE PAGE.

N'est-ce pas elle, monseigneur? Je croyais pourtant....

LE PRINCE.

Eh bien! mon petit ami, quand ce serait elle! si tu avais bien entendu tes intérêts, tu aurais pris l'autre, car celle-ci tout enrichie de brillans, ne peut convenir à un enfant. N'aurais-tu consulté que ta cupidité? Aurais-tu le sort de ceux qui perdent tout pour vouloir trop gagner? Réponds-moi.

LE PAGE.

Comment cela? Monseigneur, je ne vous entends pas.

LE PRINCE.

Il faut que je m'explique plus clairement. Sais-tu distinguer la droite de la gauche?

LE PAGE, *regardant alternativement ses deux mains.*

La droite et la gauche, monseigneur!

LE PRINCE, *lui mettant la main sur l'épaule.*

Va, mon enfant, tu les distingues peut-être aussi peu que le bien et le mal. Que ne peux-tu conserver cette heureuse ignorance! Va, cours chercher ton oncle le capitaine, qu'il vienne me parler.

Le page sort.

SCÈNE IV.

LE PRINCE, seul.

Il est plein d'ingénuité, tout-à-fait aimable! raison de plus pour le rendre à sa famille. La cour est le séjour de la séduction. Je ne souffrirai pas qu'il en soit la victime. Je veux le renvoyer. Mais où ira-t-il ? Si sa mère est aussi indigente qu'il le dit? Si elle est hors d'état de l'élever ? Il faut que je m'en informe. Dornonville pourra me donner là-dessus tous les éclaircissemens que je désir.

SCÈNE V.

LE PRINCE, LE PAGE.

LE PAGE.

Monseigneur, mon oncle le capitaine va se rendre ici.

LE PRINCE.

Eh bien! qu'est-ce donc? tu as l'air bien accablé. Est-ce que tu aurais encore envie de dormir ?

LE PAGE.

Hélas! oui, monseigneur, un peu.

LE PRINCE.

Si ce n'est que cela, va, remets-toi dans ton fauteuil. J'ai été enfant comme toi. Je sais combien le sommeil est doux à ton âge. Remets-toi, te dis-je, je té le permets. (*Le page se remet dans le fauteuil, et s'arrange pour dormir.*) Je me doutais bien qu'il ne se le ferait pas dire deux fois.

SCÈNE VI.

LE PRINCE, DORNONVILLE, LE PAGE,
endormi.

DORNONVILLE.

Monseigneur.

LE PRINCE.

Approchez, monsieur. Que pensez-vous du petit messager que je vous ai envoyé? A quoi l'emploierais-je? à me servir dans la chambre?

DORNONVILLE, *haussant les épaules.*

Il est, je l'avoue, bien petit.

LE PRINCE.

Ou à courir à cheval pour des commissions?

DORNONVILLE.

Je craindrais qu'il ne revînt pas.

LE PRINCE.

Ou à veiller ici la nuit?

DORNONVILLE, *souriant.*

Oui, pourvu que votre altesse ne dorme pas elle-même.

LE PRINCE.

Quel parti puis-je donc tirer de cet enfant? Aucun, cela est clair. Aussi, en me le donnant, n'avez-vous vraisemblablement pas prétendu qu'il fût utile à mon service, mais que je le devinsse à sa fortune. Vous m'avez bien dit que sa mère n'était pas en état de l'élever. Mais est-il vrai qu'elle soit réduite à la dernière misère ?

DORNONVILLE, *mettant la main sur son cœur.*

Oui, monseigneur, c'est l'exacte vérité.

LE PRINCE.

Et par quel malheur ?

DORNONVILLE.

Par cette guerre même qui a enrichi tant d'autres. A la vérité sa terre n'était pas absolument libre. Mais la voilà passée tout-à-fait en des mains étrangères. Tout est pillé, brûlé, détruit de fond en comble. Par dessus cela des procès ; ils succèdent à la guerre, comme la peste à la famine. Heureusement pour elle, ses fils sont placés. Le plus jeune est votre page, l'aîné est enseigne dans vos gardes, quant à la mère, elle vivra comme elle pourra.

LE PRINCE.

Bien misérablement, sans doute.

DORNONVILLE.

Cela est vrai, monseigneur. (*Froidement.*) Elle s'est réfugiée dans une cabane, où elle vit seule et délaissée. Je ne vais jamais la voir. Je suis son frère, et je ne pourrais supporter le spectacle affreux de sa misère.

LE PRINCE.

Vous êtes son frère?

DORNONVILLE.

Oui, malheureusement, monseigneur.

LE PRINCE, *avec mépris.*

Malheureusement, et vous n'allez pas la voir? Je vous entends, monsieur. Sa misère vous fairait rougir; ou, si elle vous touchait, il vous en coûterait pour la soulager. (*Dornonville paraît embarrassé.*) Comment nommez-vous votre sœur?

DORNONVILLE.

Detmond.

LE PRINCE, *réfléchissant.*

Detmond? Mais n'avais-je pas dans mes troupes un major de ce nom?

DORNONVILLE.

Il est vrai, monseigneur.

LE PRINCE.

Qui fut tué à l'ouverture de la première campagne?

DORNONVILLE.

Oui, monseigneur. C'était le père de l'enseigne et de cet enfant; homme d'honneur et plein de courage, il montait à l'assaut, de l'air dont on va à une fête; il avait le cœur d'un lion.

LE PRINCE.

D'un homme, M. le capitaine; c'est en dire davantage. Je me souviens très-bien de lui, et je désirerais....

DORNONVILLE, *s'approchant.*

Que désirerait votre altessse?

LE PRINCE.

De parler à sa veuve.

DORNONVILLE.

Vous le pouvez à l'instant même. Elle est ici.

LE PRINCE.

Elle est ici ? Envoyez chez elle ; qu'elle vienne dès qu'elle sera levée. Je veux la voir, et lui rendre son enfant.

DORNONVILLE.

Monseigneur...

LE PRINCE.

Je vous défends de l'en prévenir ; allez.

(*Le capitaine sort.*)

SCÈNE VII.

LE PRINCE, LE PAGE, *endormi.*

LE PRINCE.

Quoi ! réduit à un état si misérable par la guerre ! Quelle horrible fléau ! que de familles il a plongées dans la misère ! Il vaut mieux encore qu'elles soient malheureuses par la guerre que par moi. C'est la nécessité, et non mon goût, qui m'a fait prendre les armes. (*Il se lève, et, après avoir fait quelques tours, il s'arrête devant le fauteuil du page.*) L'aimable enfant !... comme il dort sans inquiétude ! C'est l'innocence dans les bras du Sommeil. Il se croit dans la maison d'un ami, où il ne doit point se gêner. Voilà bien la nature ! (*Il se promène encore.*)

Sa mère ! mais en vérité, je ne ferais pas beaucoup pour elle, si elle ressemblait au capitaine. Je veux la mettre à l'épreuve, pour la bien connaître ; et, ensuite... ensuite il sera toujours temps de prendre un parti. (*Il s'appuie sur le dos du fauteuil ; et, en regardant le page d'un air d'amitié, il aperçoit une lettre qui sort de sa poche.*) Mais, qu'aperçois-je? Je crois que c'est une lettre. (*Il l'ouvre, et en lit la signature.*)

« Ta tendre mère, DE DETMOND »... Ah! c'est de sa mère! La lirai-je? Je veux connaître son caractère. Elle n'aura point dissimulé avec son enfant. Lisons. (*Il lit.*)

« La peine que tu as à écrire ne t'a point empêché de satisfaire à la demande que je t'avais faite ; et ta lettre est même plus longue que je ne l'espérais. Cette bonne volonté me confirme ta tendresse ; j'y suis bien sensible, et je t'embrasse de tout mon cœur. Tu me marques que tu as été présenté au prince, qu'il a eu la bonté de t'agréer ; que c'est le meilleur et le plus doux des maîtres, et que tu l'aimes déjà beaucoup. (*Il regarde le page.*) »

Quoi! mon ami, c'est là ce que tu as écrit à ta mère? Je ne fais donc que mon devoir en te payant de retour et en cherchant à te donner des preuves de mon amitié.

« Tu as raison de l'aimer, mon enfant, car sans sa généreuse assistance, quel serait ton sort dans le monde? Tu as perdu ton père ; et, quoique ta mère vive encore, tu n'en es pas moins à plaindre : la fortune l'a mise hors d'état de remplir ses devoirs envers toi ; c'est le plus grand de mes chagrins, le plus cruel de mes tourmens. Tant que je n'ai eu à penser qu'à moi, le malheur m'a trouvée inébranlable; mais quand ton image vient se présenter à mon esprit, mon cœur se brise, et mes larmes ne peuvent tarir. »

Beaucoup de tendresse, beaucoup de sensibilité à ce qu'il paraît! Et si elle est aussi excellente femme que tendre mère..... Et pourquoi ne le serait-elle pas? Elle l'est; je n'en puis douter.

« Je ne saurais, mon ami, te conduire moi-même sur le chemin de la fortune, comme je le voudrais; je suis forcée de rester ici dans la solitude et l'éloignement; mais, avec toute la force que la tendresse m'inspire, je ne cesserai de te donner des conseils; et ma voix, tant qu'elle pourra se faire entendre, te répétera toujours de suivre les sentiers de l'honneur et de la vertu. Mon ami, donne-moi une preuve nouvelle de cette obéissance que tu as eue pour moi jusqu'à présent, porte toujours cette lettre sur toi. (*Il regarde le page.*) »

Eh bien! il était obéissant.

« Quand tu seras en danger de manquer à ton devoir et de négliger les avis que je t'ai donnés en t'embrassant la dernière fois, et en t'arrosant de mes larmes, ô mon fils! ressouviens-toi de cette lettre; ouvre-la : pense à ta mère infortunée, que l'espérance seule qu'elle fonde sur toi soutient dans la solitude. »

Comment, n'a-t-il pas un frère?

« Pense que tu la ferais mourir de douleur, et que tu percerais toi-même le cœur qui t'aime le plus sur la terre. »

Elle sent son danger. Elle a raison, car il est exposé. Devait-elle se résoudre à l'envoyer ici?

« Ce n'est point le soupçon et la défiance qui parlent par ma bouche; ta conduite ne les a pas fait naître. Non, mon enfant, non. Ton frère a fait couler mes larmes; tu ménageras plus que lui l'âme sensible de ta mère. »

Ainsi l'aîné? l'enseigne?.... Il faut que je m'éclaircisse davantage.

« Tu as toujours été soumis, respectueux; je te rends ce témoignage avec des larmes de joie. Continue, mon fils, deviens un honnête homme; et ta mère, si pauvre, si malheureuse qu'elle soit, oubliera bientôt ses malheurs et sa misère. »

Fort bien, elle me plaît; le malheur ajoute à l'élévation de son âme au lieu de la flétrir.

« Tu me marques, à la fin de ta lettre, que tous tes camarade ont une montre. Je vois qu'il t'en faudrait une aussi; cependant tu brises là-dessus, et tu me caches le désir que tu en as. Cette retenue me charme; je suis désespérée de ne pouvoir la récompenser. Tu le sais, mon ami, je ne le peux pas, et tu me le pardonneras. Des affaires pressantes m'appellent dans la capitale; je vais m'y rendre, et ce voyage m'enlèvera la peu qui me reste. Cette dépense est nécessaire, et je ne puis l'éviter. Mais sois persuadé que dans la suite je ferai tout ce qui dépendra de moi pour contenter ton désir. Et dussé-je me refuser tout, je ne veux pas que l'ami de mon cœur manque jamais d'encouragement à la vertu. J'espère bientôt te revoir, et je suis.......... »

O femme bien digne d'un meilleur sort ! je veux montrer cette lettre à mon épouse, et la garder. Mais non, c'est le trésor de cet enfant : pourquoi le lui ravir ? (*Il remet la lettre dans la poche du page.*) Avec quelle tranquillité il dort encore ! le ciel, dit-on, prépare le bonheur de ses enfans pendant leur sommeil. Cela se vérifiera sur lui. Sa fortune est faite. (*Il le prend par la main.*) Mon ami ! mon ami ! (*Le page se réveille, et regarde le prince pendant quelques momens avec de grands yeux.*) Il est charmant, d'honneur ! Viens, mon petit ami, réveille-toi. Il fait grand jour, et tu ne peux pas dormir ici plus long-temps. Lève-toi.

LE PAGE, *se levant lentement.*

Oui, monseigneur.

LE PRINCE.

Tu es encore tout endormi. Tiens, va dans mon cabinet.... (*Il y va.*) Éteins la lumière et ferme les portes. (*Il éteint la lumière et ferme les portes.*) Maintenant, dans celui où tu as pris la montre. Va vite. Non, non, pas ici ; tiens, en face, vite. Reviens de ce côté-là. Eh bien ! es-tu réveillé à présent ?

LE PAGE.

Ah ! oui, monseigneur.

LE PAGE.

Dis-moi un peu, car je te regarde comme un enfant appliqué, habile même ; sais-tu déjà écrire des lettres.

LE PAGE.

Oh! quand je veux. J'en ai déjà écrit deux grandes.

LE PRINCE.

Et ces deux à ta mère, sans doute?

LE PAGE, *d'un air gai et familier*.

Oui, monseigneur, à ma mère.

LE PRINCE.

La joie brille dans tes yeux quand je te parle d'elle. (*A part.*) Comme ils s'aiment dans leur misère. (*Haut.*) Mais elle est donc bien bonne, ta mère?

LE PAGE, *prenant une main du prince avec les siennes*.

Ah! si vous la connaissiez!

LE PRINCE.

Je veux la connaître, mon ami.

LE PAGE.

Elle est si douce, elle m'aime tant.....

LE PRINCE.

Je souhaiterais qu'elle eût des fils qui lui ressemblassent. Ton frère l'enseigne, on dit qu'il ne se conduit pas bien. Mais toi?

LE PAGE, *remuant la tête*.

Ah! mon frère l'enseigne!....

LE PRINCE.

Oui, il lui cause, dit-on, beaucoup de chagrin. Cela est-il vrai?

LE PAGE.

Ah! monseigneur..... Mais on m'a défendu d'en ouvrir la bouche. Si son colonel le savait..... (*D'un air de confidence.*) Oh! c'est un homme dur et méchant, que ce colonel.

LE PRINCE.

Il n'en saura rien, je te le promets. Parle ; qu'est-il donc arrivé ? Qu'est-ce que ton frère a fait !

LE PAGE.

Bien des choses. Je ne sais pas moi-même au juste ce que c'est. Tout ce que j'ai vu, c'est que ma mère a été très en colère ; et, pour couvrir la faute de mon frère, elle a donné tout ce qu'elle possédait. *Il s'approche du prince, et lui dit à voix basse :*) Il aurait pu, sans cela, lui disait-elle, être renvoyé du service.

LE PRINCE.

Renvoyé du service ! Et pourquoi donc !

LE PAGE.

Ah ! monseigneur ! voilà ce que je ne peux dire.

LE PRINCE.

Quoi ! pas même à moi.

LE PAGE.

On ne me l'a pas dit à moi-même.

LE PRINCE, *en riant.*

On a très-bien fait, à ce qu'il me semble. Mais, pour en revenir à toi, comme tu n'as point de montre, n'en aurais-tu pas demandé une à ta mère dans tes dernières lettres ?

LE PAGE.

Une seule fois, pas davantage.

LE PRINCE.

Fort bien. Elle t'en a donc fait un reproche ?

LE PAGE.

Oh ! non, monseigneur. Au contraire, elle m'a écrit qu'elle économiserait sur le peu qu'elle a pour m'en donner une. Je suis fâché de lui en avoir parlé. Elle a déjà tant de peine à vivre! cela me donne bien du chagrin.

LE PRINCE.

Cela doit t'en donner aussi. Un bon fils ne doit pas être à charge à sa mère; il est au contraire de son devoir de chercher tous les moyens de la soulager. Quant à la montre, s'il ne s'agissait que de cela, on pourrait te contenter. (*Il tire sa bourse.*) Tiens, mon petit ami, voilà douze louis dont je peux disposer; je veux t'en faire cadeau; donne-moi ta main.

LE PAGE, *tendant la main pendant que le prince compte.*

Sont-ils pour moi, monseigneur?

LE PRINCE.

Oui, sans doute. Mais dis-moi, que comptes-tu faire de cet argent?

LE PAGE.

N'en pourrai-je pas acheter une montre?

LE PRINCE.

Oui, et même une très-belle. Mais à bien examiner les choses, tu n'as pas absolument besoin de montre; il y en a assez ici. (*Pendant que le page le regarde attentivement.*) Si j'étais à ta place, je sais bien ce que je ferais. J'emploierais mieux cet argent. Cependant, comme tu voudras. Je vais m'habiller. Reste ici jusqu'à mon retour.

LE PAGE, *l'appelant.*

Monseigneur.....

LE PRINCE.

Eh bien? que veux-tu?

LE PAGE.

Ma mère est ici. Elle part ce matin, et je voudrais bien lui dire adieu. (*D'un air caressant.*) Me le permettez-vous ?

LE PRINCE.

Non, mon ami; cela n'est pas nécessaire. Pour cette fois, ta mère viendra ici. Tu la verras; un peu de patience. (*Il sort.*)

SCÈNE VIII.

LE PAGE, *seul*.

Elle viendra ici ! Je la verrai ! Et pourquoi cela ? Que m'importe ? il suffit qu'elle vienne, et que je l'embrasse..... Un, deux, trois..... (*Il compte jusqu'à douze.*) Douze louis pour une montre ! Ah ! que je suis content. Il me semble déjà l'avoir dans mes mains, l'entendre aller, la monter moi-même. Mais quand le prince a dit qu'il saurait bien ce qu'il ferait s'il était à ma place ! qu'entendait-il par là ? Que ferait-il donc ? Oh, lui, qui a des montres dans toutes ses chambres, il ne sait pas ce que l'on souffre de n'en pas avoir. Mais il m'a dit qu'un bon fils doit soulager sa mère. Sans doute il pensait alors à la mienne. Douze louis ! (*Il les regarde.*) C'est à la vérité bien de l'argent ! bien de l'argent ! Si ma mère les avait, ils lui seraient d'un grand secours. (*Il presse l'argent avec ses deux mains contre son cœur.*) Ah ! une montre ! une montre ! (*Laissant tomber ses mains.*)

Mais aussi une mère! une mère si tendre! Hier encore, elle était si abattue! elle avait un air si pâle, si malade! Je crois qu'en lui donnnant cet argent elle serait tout d'un coup soulagée...... Ferai-je ce sacrifice pour elle?..... (*D'un air décidé.*) Oui, sans doute, oui! mais qu'elle vienne promptement, car je pourrais bien en avoir du regret. La montre me tient trop au cœur, (*Il met son doigt sur sa bouche.*) Paix! écoutons; on vient.

SCÈNE IX.

Mme DE DETMOND, DORNONVILLE, LE PAGE.

LE PAGE, *courant au-devant de sa mère.*

Ah! ma mère!

Mme DE DETMONT, *regardant de tous côtés, d'un air inquiet, sans faire attention à l'enfant.*

Je ne sais, mon frère, mais je suis inquiète. Que me veut dire le prince?

DORNONVILLE.

Tiens, regarde cet enfant. Eh bien! il veut te le rendre. (*Elle regarde avec effroi son fils, qui ne cesse de la caresser d'un air satisfait.*) Mais aussi il y avait de la folie de l'amener ici. A quoi le prince peut-il l'employer? Les autres pages deviennent grands, se forment, et entrent au service; mais lui..... (*Avec un geste de mépris.*); Il est trop chétif, il ne sera jamais bon à rien. Le lait dont tu l'as nourri était empoisonné par tes chagrins; c'est une plante dont le germe est altéré. Jamais il ne deviendra plus fort.

Mme DE DETMOND, *avec douleur.*

Mon frère!.....

DORNONVILLE.

En un mot, quand tu verras le prince, garde-toi bien de lui parler de cet enfant. Ce serait inutile. Sollicite plutôt sa faveur pour l'enseigne. Il se forme au moins, celui-là ; c'est un homme.

Mme DE DETMOND.

Que dis-tu? pour l'enseigne?

DORNONVILLE.

Oui. Il l'a envoyé chercher.

Mme DE DETMOND.

Tu m'effraies. Aurait-il appris?.....

DORNONVILLE, *d'un air froid.*

Cela pourrait bien être : c'est même probable. (*S'appuyant sur sa canne et branlant la tête.*) Que penses-tu qu'il en arrivât, s'il s'avait que le drôle a voulu décamper, qu'il a pris de l'argent, et que ce n'est que parce que j'ai arrangé les choses... (*Avec emportement.*) Eh bien! vous verrez que je serai la victime de mon bon cœur, et que l'on m'enverra moi-même aux arrêts. Je voudrais ne m'être jamais embarrassé du soin de tes enfans. Mais aussi je ne m'en mêlerai plus. (*Il part en grondant, et se retourne encore.*) Non, je ne m'en mêlerai jamais de la vie. (*Il sort.*)

SCÈNE X.

Mme DE DETMOND, LE PAGE.

LE PAGE, *voyant son inquiétude.*

Mon oncle est toujours de mauvaise humeur. Mais laissez le dire, maman, et ne craignez rien.

Mme DE DETMOND.

Tais-toi, mon enfant! tu ne sais pas.....

LE PAGE.

Oh! j'en sais plus que lui. Il s'en faut que le prince soit comme il le dit. Il ne fait de mal à personne. Au contraire, voyez, voyez! (*Il lui montre les douze louis qu'il a dans la main.*) Tout cela... Eh bien! c'est lui qui me l'a donné.

Mme DE DETMOND, *surprise.*

Est-il possible! le prince?

LE PAGE.

Il l'a tiré d'une grande, grande bourse remplie d'or, un instant avant que vous ne vinssiez. Ah! si le prince voulait, maman; s'il voulait!... Oh! il est riche, lui!

Mme DE DETMOND.

Mais pourquoi? je n'y comprends rien. Il faut pourtant qu'il ait un motif.

LE PAGE.

Certainement. Sa montre s'était arrêtée. Il a chassé hier toute la journée; il avait oublié de la monter, et ce matin... (*Il court au cabinet, et en ouvre la porte.*)

Tenez c'est là qu'il étât couché. Il m'appelle, me dit de regarder à ma montre; et comme je n'en avais pas...

Mme DE DETMOND.

Il t'a donné cet argent?

LE PAGE.

Oui, il me l'a donné pour en acheter une. (*Il lui montre l'argent de nouveau.*) Douze louis, ma chère maman!

Mme DE DETMOND.

Regarde-moi; dois-je te croire.

LE PAGE.

Assurément. Mais je ne suis pas pressé d'avoir une montre. Il s'en trouvera toujours une pour moi. (*Il prend la main de sa mère.*) Prenez cet argent, maman; mettez-le dans votre bourse.

Mme DE DETMOND, *émue*.

Comment, mon fils, comment!...

LE PAGE.

Je souffre tant de vous voir toujours dans les larmes! Ah! ma mère, je voudrais avoir bien de l'argent, et vous ne pleureriez plus. Tout, oui, tout ce que j'aurais, je vous le donnerais de bon cœur.

Mme DE DETMOND, *se baissant sur lui.*

Quoi, tu voudrais, mon fils?...

LE PAGE.

Que j'aurais de plaisir à vous voir heureuse et contente!

Mme DE DETMOND, *l'embrassant.*

Je le suis, mon ami. Je ne donnerais pas le bonheur que je goûte en ce moment pour tout l'or de ton prince. (*Elle l'embrasse une seconde fois.*) Ah! tu ne sens pas l'impression que fait la tendresse compatissante d'un fils, sur le cœur d'une mère infortunée!

LE PAGE, *reprenant les mains de sa mère.*

Vous prendrez cet argent au moins? Je vous en prie, ma chère maman, ne me refusez pas.

Mme DE DETMOND.

Oui, mon ami, je le prends. Comme on pourrait te tromper, c'est moi qui me charge...

LE PAGE.

De quoi? de m'avoir une montre?

Mme DE DETMOND.

Si tu restes avec le prince il t'en faut une.

LE PAGE.

Eh! non, non. Le prince a des montres partout, il m'a dit lui-même que je n'en avais pas besoin.

Mme DE DETMOND.

Cependant, ce qu'il t'a donné, c'est pour en avoir une?

LE PAGE.

— N'importe; il me l'a dit.

Mme DE DETMOND.

Tu me trompes, mon enfant, et tu ne devrais pas faire un mensonge, même par amour pour ta mère.

LE PAGE.

Un mensonge! vous ne me croyez donc pas? Eh bien! je voudrais que le prince fût présent; je voudrais qu'il vînt. (*Il se retourne.*) Ah! le voilà lui-même.

SCÈNE XI.

LE PRINCE, M°™ DE DETMOND, LE PAGE.

LE PAGE, *courant au devant de lui.*

N'est-il pas vrai, monseigneur, que vous m'avez d'abord donné douze louis pour avoir une montre ?

LE PRINCE, *souriant.*

Oui, mon ami.

LE PAGE.

Et ne m'avez-vous pas dit ensuite que je n'en avais pas besoin ?

LE PRINCE.

C'est encore vrai.

LE PAGE, *se tournant aussitôt vers sa mère.*

Eh bien ! maman, eh bien !

M™° DE DETMOND, *embarrassée.*

Votre altesse voudra bien excuser la simplicité d'un enfant, qui oublie le respect...

LE PRINCE.

Excuser, madame ? Cette simplicité me ravit ; et je voudrais pouvoir la trouver dans tout le monde. Elle est si naturelle ! Parle, mon ami ; ta mère ne voulait donc pas te croire ?

LE PAGE, *un peu fâché.*

Non, monseigneur : d'abord elle ne voulait pas me croire, et ensuite elle ne voulait pas accepter de l'argent.

LE PRINCE.

Que dis-tu? accepter? As-tu fait assez peu de cas de mon présent pour avoir voulu en disposer? Je ne le pense pas?

LE PAGE, *embarrassé.*

Monseigneur...

LE PRINCE.

Si je le savais, cela ne m'engagerait pas beaucoup à t'en faire davantage. Eh bien! avoue-le-moi; est-il vrai?

LE PAGE, *en montrant sa mère.*

Ah! monseigneur, elle est si pauvre!

LE PRINCE, *lui prenant le menton.*

Bon petit cœur! Tu as donc sacrifié l'unique objet de tes désirs, pour secourir ta mère? En vérité, il serait affreux que cela te fît perdre une montre. (*Il retire la sienne.*) Tiens, quand je ne posséderais que celle-là, pour récompenser ta tendresse, je te la donnerais.

LE PAGE, *la prenant avec joie.*

Ah! monseigneur! Va-t-elle?

LE PRINCE.

Sois tranquille, elle va bien.

(*Le page court à sa mère en lui montrant la montre.*)

LE PRINCE.

Viens, mon ami, mets la montre dans ta poche. Et puisque tu as bien employé le peu que je t'ai donné (*Il lui donne une bourse*), tiens, prends: voilà cent louis en place des douze premiers.

LE PAGE, *le regardant avec étonnement.*

Quoi, monseigneur!

LE PRINCE.

Tu hésites? Allons, prends.

LE PAGE.

La bourse et tout ce qu'il y a? (*Il veut la rendre.*) En vérité, c'est trop.

LE PRINCE.

Oui, si c'était pour toi. Mais je te les donne pour en disposer. Et qui penses-tu qui en ait besoin?

LE PAGE.

Qui en ait besoin? (*Il regarde le prince, puis sa mère, et le prince encore.*) Tenez, ma chère maman.

Mme DE DETMOND, *s'approchant du prince.*

Votre altesse...

LE PRINCE.

Point de remercîmens, madame. Vous trouverez que c'est très-peu, et je crains de vous faire beaucoup plus de mal que je ne vous ai fait de bien. Mais (*montrant le page*), vous le voyez sans que je vous le dise; cet enfant est trop faible, trop petit pour être avec moi. Il est dans un âge où l'on n'est pas en état de rendre service aux autres. En un mot, j'espère que vous le reprendrez sans difficultés....... Vous gardez le silence?

Mme DE DETMOND.

Pardonnez, monseigneur.....

LE PRINCE.

Et quoi?

Mme DE DETMOND.

Pardonnez; j'ai tort de rougir d'une pauvreté dont

Tome 3. L'AMI DES ENFANS. Page 179.

Quand je ne possederais que celle-là, pour récompenser la tendresse je te la donnerais.

je ne suis pas la cause; et je peux sans honte en faire l'aveu sincère à mon prince. (*S'approchant de lui en le fixant.*) Oui, monseigneur; je suis trop pauvre pour élever mon enfant. Déjà depuis long-temps je portais sur l'avenir un œil inquiet. Je vais donc être en proie à la douleur. Ah! s'il faut que je ramène dans le triste asile de la misère l'unique objet de toutes mes alarmes, cet enfant que vous voulez me rendre, cet enfant trop jeune encore... (*Elle veut retenir ses larmes*)... pour... sentir la perte qu'il a faite dans son père... Ah! pardonnez à la faiblesse d'une mère.

LE PAGE, *prenant la main du prince, et d'un ton pénétré.*

Elle pleure, monseigneur.

LE PRINCE.

Eh bien! quand tu vivrais auprès de ta mère.

LE PAGE, *d'un air suppliant.*

Vous n'allez pas me renvoyer.

LE PRINCE.

Non? tu ne le crois donc pas? Cette confiance, mon petit ami, me fait plaisir. Madame, il peut rester. (*Voulant l'éprouver.*) Ce serait cependant bien dommage, si ces mœurs, son innocence..... Mais non, il n'y a encore rien à craindre.

Mme DE DETMOND, *le regardant attentivement.*

Son innocence, monseigneur!

LE PRINCE, *continuant sur le même ton.*

Ce n'est rien, madame. Vous imagineriez peut-être que je cherche à retirer ma parole. Soyez tranquille.

Mme DE DETMOND, *avec timidité*.

Mais cependant, sans manquer au respect que je vous dois, oserais-je vous prier de vous expliquer, monseigneur?

LE PRINCE.

Madame, ce que je voulais dire, c'est que depuis long-temps je suis très-mécontent de mes pages. Leur société et leur exemple pourraient bien..... Mais, après tout, ce n'est qu'un peut-être, et on peut tenter...

Mme DE DETMOND, *prenant vivement la main de son fils*.

Non, monseigneur.

LE PRINCE, *feignant de se trouver offensé*.

Non?... Comme vous voudrez, madame.

Mme DE DETMOND.

L'innocence de mon fils m'est trop précieuse. Je frémis des dangers où j'allais l'exposer.

LE PRINCE.

Mais considérez...

Mme DE DETMOND.

Je ne considère rien. Je vois mon enfant dans le feu : pourvu que je le sauve, que m'importe qu'il soit nu?

LE PRINCE.

Mais, sans biens, sans éducation, que deviendra-t-il, madame?

Mme DE DETMOND.

Ce qu'il plaira au ciel. Je me soumets à sa volonté. S'il ne peut pas soutenir sa naissance, qu'il aille cultiver les champs ; qu'il meure, mais innocent, dans le sein de l'indigence.

LE PRINCE, *reprenant son ton naturel.*

C'est penser noblement. Oui, madame, je le vois ; vous méritez tout ce que je suis en état de faire pour vous. (*S'approchant d'elle, et avec intérêt.*) En quoi puis-je vous être utile? Quel secours puis-je vous donner? Parlez, demandez ; c'est un ami que vous voyez devant vous.

Mme DE DETMOND, *avec émotion.*

Ah! monseigneur!...

LE PRINCE.

Dites-moi avant tout qu'elle est votre situation. Où en êtes-vous pour votre terre?

Mme DE DETMOND.

Il m'est absolument impossible de la sauver.

LE PRINCE.

Vos dettes sont donc bien considérables? Vous avez, m'a-t-on dit, des procès. Ne vous donnent-ils aucune espérance?

Mme DE DETMOND.

Aucune, monseigneur. Un seul, où il s'agit d'une petite succession, aurait dû depuis long-temps être jugé en ma faveur. Mon droit est incontestable ; mais le crédit et les richesses le combattent. La nécessité m'avait amenée à la ville pour tenter un accommodement ; je n'ai pu y réussir.

LE PRINCE.

C'est un bonheur pour vous. Ma justice vous sera

rendue sans que vous fassiez de sacrifice; je vous en donne ma parole. Acceptez de plus une pension de cent louis. Je souhaite qu'elle puisse vous mettre au-dessus de tous les besoins.

Mme DE DETMOND, *se jetant à ses pieds.*

Tant de bontés, monseigneur! comment pourrai-je...

LE PRINCE, *la relevant.*

Que faites-vous? Levez-vous, madame, levez-vous. Je m'acquitte de ce que je dois à la mémoire d'un homme dont vous êtes la veuve. Je fais pour vous ce que je ferais pour tous ceux dont les vertus toucheraient mon cœur. Dites-moi, hésiteriez-vous encore à reprendre votre enfant?

Mme DE DETMOND.

Monseigneur, pourrais-je oublier?...

LE PRINCE.

Et toi, mon ami, retournerais-tu volontiers avec ta mère?

LE PAGE, *la montrant avec la main.*

Avec ma mère? Oui, monseigneur, surtout avec une aussi bonne mère.

LE PRINCE.

Mais, cependant, je sais que tu m'aimes. Tu voudrais bien aussi rester avec moi?

LE PAGE.

Très-volontiers, monseigneur.

LE PRINCE.

Eh bien! si cela est ainsi, en te rendant à ta mère je te renverrais, et tu m'as prié instamment de te garder près de moi. Ta mère d'ailleurs t'a jeté dans mes bras. Il faut donc que je prenne d'autres mesures pour concilier les choses. Restez ici, madame : je suis à vous dans le moment. (*Il sort.*)

SCÈNE XII.

Mme DE DETMOND, LE PAGE.

Mme DE DETMOND, *se jetant dans un fauteuil.*
O jour heureux ! ô bonheur inattendu !

LE PAGE.
Eh bien ! maman ? Eh bien ! Êtes-vous contente ?

Mme DE DETMOND, *le tirant à elle avec tendresse.*
O mon fils, mon cher fils !

LE PAGE.
Mais vous ne vous réjouissez pas ? Il faut être plus gaie, ma chère maman !

Mme DE DETMOND.
Mon bonheur même me fait rougir. Il me reproche le peu de confiance que j'ai eu dans la Providence, le chagrin mortel que je ressentis quand tu vins au monde. C'était un moment après que l'on m'eût annoncé la perte de ton père. Je jetai sur toi un regard de compassion. Je pleurai le jour que je t'avais donné. (*Elle le prend dans ses bras et l'embrasse.*) Et c'était toi qui devais soulager ta malheureuse mère ! tes jeunes mains devaient essuyer ses larmes ! Dieu ! que puis-je désirer à présent ?

—Rien, rien, que d'être rassuré sur le sort de ton frère, et mon bonheur sera parfait.

LE PAGE.

De mon frère? Comment cela, ma chère maman?

Mme DE DETMOND.

Si le prince savait ce qu'il a fait...

LE PAGE.

Quand il le saurait, il n'en serait rien. Vous avez vu comme il est bon et généreux.

Mme DE DETMOND.

Pour nous, mon fils, qui ne sommes coupables d'aucune faute.

LE PAGE.

D'ailleurs, il m'a promis qu'il garderait le secret; que le colonel n'en saurait rien.

Mme DE DETMOND, *effrayée.*

Quoi! il te l'a promis?

LE PAGE.

Assurément. Ainsi il ne faut pas vous alarmer.

Mme DE DETMOND.

Je suis consternée. Tu as donc dit?...

LE PAGE.

Ah! presque rien; ce que je savais. Et puis il m'a interrogé sur la conduite de mon frère, et je ne pouvais pas mentir. Vous me l'avez défendu vous-même.

Mme DE DETMOND.

Mais, mon ami, mon cher fils...

LE PAGE.

Comment! vous êtes inquiète?

Mme DE DETMOND.

Si je suis inquiète! Dieu! si je le suis! Ah! si le prince en demande davantage! s'il apprend!.. Tu peux perdre ta mère, ton frère. Tu peux nous plonger tous dans un abîme de malheurs.

LE PAGE, *prêt à pleurer.*

Dans un abîme de malheurs!...

Mme DE DETMOND.

On vient..... (*Elle l'embrasse et l'encourage.*) Ne dis rien, sèche tes larmes, elles ne serviraient qu'à rendre peut-être le mal plus grave. Sois tranquille.

SCÈNE XIII.

Mme DE DETMOND, LE PAGE, LE PRINCE; *derrière lui*, DORNONVILLE et L'ENSEIGNE.

LE PRINCE.

Entrez, messieurs; suivez-moi. (*A l'enseigne.*) C'est donc vous qui êtes Detmond, le fils de ce brave major?

L'ENSEIGNE, *s'inclinant profondément.*

Oui, monseigneur.

LE PRINCE.

C'est une bonne recommandation auprès de moi. Vous aviez pour père un homme plein d'honneur, un brave guerrier. Sans doute que son exemple excite votre émulation, et que vous cherchez à vous rendre digne de lui?

L'ENSEIGNE.

Monseigneur, je ne fais que mon devoir.

LE PRINCE.

C'est tout faire. Le plus brave homme n'en fait pas davantage. Tenez, monsieur, voilà votre mère : ses vertus, et les espérances que donne cet aimable enfant, m'ont fait concevoir de la famille l'idée la plus avantageuse. C'est pour cela que j'ai voulu vous voir tous rassemblés ici.

L'ENSEIGNE, *s'inclinant toujours.*

Monseigneur, vous me faites beaucoup de grâces.

LE PRINCE.

Je ne vous en fais pas plus, sans doute, que vous n'en méritez.

L'ENSEIGNE.

Votre altesse juge bien favorablement.

LE PRINCE.

En effet, monsieur, il ne me manque que la conviction dans le jugement que je suis tenté de porter de vous, pour faire votre fortune. Cependant cet air libre et assuré, qui vous sied si bien...

L'ENSEIGNE.

Ah! monseigneur...

LE PRINCE.

Annonce (souffrez que je le dise) une âme noble ou très-corrompue. On ne saurait soupçonner un fils né de tels parens : non, sans doute. Ainsi, monsieur, que pourrait-on faire pour vous. Un grade de plus ne vous avancerait pas beaucoup. Qu'en pensez-vous?

L'ENSEIGNE, *se frottant les mains.*

Non, assurément, monseigneur...

LE PRINCE.

Mais si nous sautions ce grade! Le rang de capitaine, une compagnie : c'est là le premier but de tous ces messieurs. Mais auparavant... (*Il se tourne rapidement vers le capitaine.*) Monsieur, que pensez-vous de votre neveu?

DORNONVILLE, *un peu embarrassé.*

Moi, monseigneur? ce que j'en pense?

LE PRINCE.

On dirait beaucoup de mal.

DORNONVILLE.

Non, monseigneur, plutôt du bien. Je crois qu'il a du cœur, qu'il sera brave...

LE PRINCE, *regardant l'enseigne avec un air de satisfaction.*

Oui! cela est-il vrai?

DORNONVILLE.

D'ailleurs, il est d'une taille avantageuse.

LE PRINCE.

C'est un bel homme, j'en conviens. Mais sa conduite, ses mœurs... Je rougis de vous questionner sur de pareilles bagatelles. Enfin, quel est son caractère?

DORNONVILLE, *souriant.*

Ah! un peu trop de gaîté, de pétulance quelquefois. Au reste, monseigneur, comme vous savez, cela ne messied pas à un soldat.

LE PRINCE.

Comme je sais? C'est en vérité quelque chose de

7.

nouveau pour moi. Il ne me manque plus que votre témoignage, madame. Que me direz-vous de votre fils! (*Après une pose.*) Rien.

Mme DE DETMOND.

Que pourrais-je en dire?

LE PRINCE.

Ce que vous en pensez. La vérité.

Mme DE DETMOND.

Eh! le puis-je, monseigneur? si j'avais à le louer, voudriez-vous que je le fisse en sa présence? ou si j'avais à le blâmer, serait-ce devant celui qui tient son sort entre ses mains?

LE PRINCE, *souriant.*

Fort bien, madame. Au bon cœur d'une mère vous joignez toute la finesse d'une femme. Je ne puis m'empêcher de vous admirer. (*Reprenant un ton sérieux.*) Monsieur, chacun a ses principes. J'ai les miens. Quand je veux avancer un officier, je commence par l'envoyer aux arrêts. Que vous en semble?

L'ENSEIGNE, *effrayé.*

Monseigneur...

LE PRINCE.

Oui, c'est ma manière. Remettez votre épée au capitaine. Un air plus modeste aurait tout excusé. Mais ce ton assuré, cette hardiesse!....., avec une conscience comme la vôtre, qu'attendre d'un homme aussi effronté, qui devait sentir qu'il a mérité ma disgrâce; qui sait avec quelle indignité il en agit envers la meilleure des mères; et qui cependant?...

Monsieur, qu'il soit aux arrêts pour un mois. Je ne veux point d'éclaircissement sur ce qui s'est passé. C'est à votre considération, madame, et à cause de la manière dont je m'en suis instruit, et surtout parce que les circonstances me font présumer que sa faute est très-grave... (*D'un ton ferme et sévère.*) Monsieur le capitaine, si dans la suite il se passait quelque chose, je veux en être informé sur-le-champ; vous m'entendez, sur-le-champ. J'ai dessein d'avancer ce jeune homme; et ni vous (*au capitaine*), ni (*d'un ton plus doux*) vous, madame, ne dérangerez mon plan... (*S'adressant particulièrement à elle.*) Ne lui donnez jamais rien, ne fut-ce qu'une bagatelle, à titre de présent. Ses appointemens peuvent lui suffire. Qu'il apprenne donc à borner sa dépense. (*Il lui fait signe avec la main.*) Allez, monsieur, rendez-vous aux arrêts. (*Les deux officiers sortent.*)

SCÈNE XIV.

LE PRINCE, Mme DE DETMOND, LE PAGE.

LE PRINCE, *la regardant.*
Eh bien, madame? Vous êtes bien triste.

Mme DE DETMOND, *respectueusement.*
Monseigneur, je suis mère.

LE PRINCE.
Mais vous n'êtes pas une de ces mères faibles qui, pour épargner à leurs enfans quelques mortifications, aiment mieux ne les pas corriger?

M#### Mme DE DETMOND.

Ce serait une tendresse mal entendue. Non : je crains seulement qu'il n'ait perdu à jamais les bonnes grâces de son prince.

LE PRINCE.

Rassurez-vous. Mon intention n'a été que de le rendre digne des grâces que je veux répandre sur lui. Indulgent pour la jeunesse, je lui pardonne volontiers son inconséquence et ses étourderies ; mais je ne le puis pas toujours. Ce qui dans l'un ramène, avec le repentir, l'amour de la vertu, fortifie dans l'autre son penchant pour le vice. Au demeurant, soyez sans inquiétude. Ce jeune homme deviendra raisonnable, et je mesurerai mes bontés sur son changement. (*Se tournant vers le page.*) Quant à cet enfant, savez-vous quelles sont mes vues ?

Mme DETMOND.

Non, monseigneur. Quelles qu'elles soient, elles ne tendront qu'à assurer son bonheur. O mon prince ! je n'ai jamais laissé passer un jour sans payer à vos vertus le tribut de mon hommage ; mais je sens bien aujourd'hui combien il était digne de vous.

LE PRINCE.

Que voulez-vous dire, madame ? Vous ne me connaissez point. Mon but est de donner un brave homme à l'État ; à moi-même un serviteur fidèle, et d'élever pour mon fils un ami qui soit disposé à sacrifier un jour sa vie pour lui, comme son père l'a fait pour moi.

SCÈNE XV.

LE PRINCE, Mme DE DETMOND, LE PAGE, UN VALET DE CHAMBRE.

LE VALET DE CHAMBRE.

Monseigneur ! le directeur.

LE PRINCE.

Qu'il entre ! J'espère, madame, qu'il suffira que vous soyez instruite de mes intentions, pour les approuver.

SCÈNE XVI.

LE PRINCE, Mme DE DETMOND, LE PAGE, LE DIRECTEUR.

LE DIRECTEUR, *s'inclinant.*

Je me rends à vos ordres, monseigneur.

LE PRINCE.

Bonjour, monsieur, je suis charmé de vous voir. De combien est la pension des enfans de la première qualité.

LE DIRECTEUR.

De la première qualité ? C'est selon, monseigneur.

LE PRINCE.

Mais encore ?

LE DIRECTEUR.

De douze cents livres.

LE PRINCE.

Bon. J'ai ici un enfant que je veux vous envoyer. Je prétends, en lui servant de père, faire autant pour lui que les meilleurs gentilshommes pour leurs fils. Mais, dites-moi, qui est chargé de veiller sur ces jeunes gens ? car c'est le point essentiel.

LE DIRECTEUR.

Monseigneur, ce sont des maîtres.

LE PRINCE.

Dignes, sans doute, de l'emploi qu'on leur donne ! Mais je ne les connais pas. C'est à vous seul, monsieur, que je veux m'en rapporter. Vous avez gagné ma confiance. Voudriez-vous bien vous charger vous-même du soin particulier d'élever cet enfant ?

LE DIRECTEUR.

C'est mon devoir, monseigneur.

LE PRINCE.

Je ne prétends pas vous en faire un devoir. Y consentirez-vous avec plaisir ?

LE DIRECTEUR.

Je trouve mon plaisir dans mon devoir.

LE PRINCE.

Fort bien ! vous pouvez compter sur ma reconnaissance. (*Au page, en le prenant par la main.*) Viens, mon ami, tu vois bien monsieur ? il est bon et doux. Voudrais-tu aller vivre avec lui ?

LE PAGE, *après avoir regardé un moment le directeur.*

Oui, monseigneur.

LE PRINCE.

Mais aussi apprends comment il faut regarder

monsieur : comme ton maître, comme ton bienfaiteur. Tu auras pour lui la plus grande obéissance, le respect le plus tendre. Et si jamais il avait à se plaindre de toi...

LE PAGE.

Ah! monseigneur, jamais.

LE PRINCE.

Tu as vu que je sais être aussi sévère que je suis bon. Ainsi, à la moindre plainte...

LE PAGE, *au directeur, en lui baisant respectueusement la main.*

Non, monsieur, non ; jamais vous n'aurez à vous plaindre de moi.

LE PRINCE.

Comment trouvez-vous cet enfant ?

LE DIRECTEUR.

Il suffit, monseigneur, que je le reçoive de vos mains, pour qu'il me soit déjà cher comme mon propre fils.

LE PRINCE.

Il peut donc aller avec vous ? Y consentez-vous, madame ?

Mme DE DETMOND.

Dieu! si j'y consens!

LE PRINCE.

Va donc ; ne t'écarte jamais du chemin de l'honneur et de la vertu. Pour ce qui est du reste, sois sans inquiétude, tu ne manqueras jamais de rien... (*Le regardant.*) Mais pourquoi cet air triste ?

LE PAGE, *prenant la main du prince.*

Vivez heureux, monseigneur.

LE PRINCE *ému.*

Et toi aussi, mon petit ami. Mon fils, sois heureux. Comme son cœur est déjà reconnaissant! Je vous laisse, monsieur. Et vous, madame, suivez-le, et voyez où va votre enfant.

Mme DE DETMOND, *se jetant à ses genoux.*

Monseigneur, puis-je me retirer sans que mon cœur...

LE PRINCE.

Que faites-vous? Je n'aime point cela.

Mme DE DETMOND.

LE PRINCE, *la relevant.*

Non, vous dis-je. Levez-vous, madame; je ne puis souffrir que l'on se mette à mes genoux.

Mme DE DETMOND.

Eh bien! je vous obéis, et je me retire... (*Levant les mains au ciel.*) C'est devant Dieu que je me prosternerai, pour le prier de conserver à jamais un prince aussi généreux.

LE PRINCE, *l'accompagnant quelques pas avec bonté.*

Adieu, madame, soyez heureuse.

SCÈNE XVII.

LE PRINCE, *seul, regardant de tous côtés.*

La belle matinée! A quelle partie de plaisir l'emploierai-je? Du plaisir! Ne viens-je pas de goûter le plus grand? Je vais travailler; oui, travailler. J'y suis disposé à merveille, car je suis content de moi.

LE LUTH DE LA MONTAGNE.

Du sommet le plus élevé de ces hautes montagnes qui dominent la ville de B...., je contemplais le paysage immense offert de tous côtés à mes regards. J'étais seul. J'avais laissé mon fidèle A*** dans la ville voisine, avec ordre de ne m'attendre qu'au bout de trois jours, que j'avais destinés à parcourir ces lieux romantiques. Vers le pied de la montagne, je découvrais un hameau qui m'assurait un asile pour la nuit. Ainsi, libre d'inquiétude, et tout entier à mes sensations, je laissais égarer mon esprit dans la foule de ses vagues pensées, et ma vue dans les variétés d'une perspective admirable. Bientôt les derniers chants des oiseaux m'avertirent qu'il fallait songer à la retraite. Déjà le soleil, caché derrière le dos de la montagne opposée, ne frappait de ses rayons d'or que les nuages flottant sur la cime chevelue des arbres qui la couronnent. Je descendais lentement, avec le regret de voir se rétrécir à chaque pas ce vaste horizon, dont mes regards ne pouvaient d'abord embrasser l'étendue. Le crépuscule commençait à les couvrir de ses ombres transparentes, qui se rembrunissaient par degrés, jusqu'à ce que la reine des nuits vînt de nouveau les éclairer des traits argentés de sa lumière. Je m'assis un moment, pour jouir encore de ce spectacle. Les nuages s'étaient dissipés. Rien n'interceptait mes regards dans toute l'étendue des cieux. Je parcourais d'une vaste pensée ces espaces infinis. Mes yeux, éblouis par les balancemens de la terre, et par les feux étincelans des étoiles, allaient se reposer sur le bleu calme et pur du firmament. L'air était frais sans que le moindre zéphir l'agitât de son souffle. Toute la nature était plongée dans un profond silence, animée seulement par le murmure léger d'une source lointaine. Étendu sur la mousse, j'aurais peut-être attendu dans une agréable rêverie le retour du soleil, lorsque les sons d'un luth, mêlés aux accens d'une voix ravissante, vinrent frapper mon oreille. Je pensai d'abord que mon imagination se jouait de mes sens enivrés, et j'éprouvai le plaisir de me voir transporté par un songe dans un séjour d'enchantement. Cette douce illusion fut bientôt combattue par des sons nouveaux. Un luth sur la montagne, m'écriai-je en me levant, incertain encore ! Je tournai les yeux d'où partait la voix. J'aperçus à travers la verdure noirâtre des arbres, les murs blanchis d'une cabane peu éloignée. Je m'en approchai, le cœur palpitant. Quelle fut ma surprise en voyant un jeune paysan tenant dans ses bras un luth, qu'il touchait avec la plus grande légèreté ! Une femme, assise à droite, le regardait d'un œil plein de tendresse. A leurs pieds, sur le gazon, étaient dispersés de jeunes garçons et de jeunes filles, des femmes et des vieillards, tous dans une attitude d'admiration et de recueillement.

Quelques enfans vinrent au devant de moi, me regardèrent, et se dirent l'un à l'autre : Qui est ce monsieur-là? Le joueur de luth se retournait lentement sans s'interrompre, mais je ne pus résister au premier mouvement de mon cœur. Je lui tendis la main. Il me donna la sienne, que je serrai avec transport. Tout le monde alors se leva, et vint se ranger en cercle autour de moi. Je leur dis en peu de mots ce qui m'avait attiré dans ces lieux, et comment je m'y trouvais si tard. Nous n'avons point ici d'hôtellerie, me répondit le jeune paysan : notre hameau n'est pas sur la grande route. Mais si vous ne craignez pas de coucher dans une pauvre cabane, nous tâcherons de vous y bien recevoir.

Si j'avais été frappé de son exécution facile pour le luth, et du goût de son chant, je le fus bien plus encore de la politesse de ses manières, de la pureté de son langage, et de l'aisance avec laquelle il s'exprimait. Vous n'êtes pas né dans un hameau? lui dis-je avec surprise. Je vous demande pardon, me répondit-il en souriant, je suis même de celui-ci. Mais vous devez être fatigué. George, apporte une chaise pour notre hôte. Excusez, je vous prie, monsieur; je dois encore aujourd'hui une romance à mes bons voisins.

Je refusai la chaise, et je me jetai comme les autres sur le gazon. Tout le monde se rassit et reprit le silence.

Le jeune paysan se mit aussitôt à chanter, en s'accompagnant, une romance populaire; et il la chantait avec une expression si tendre et si naïve, que dès les premiers couplets les larmes vinrent aux yeux de toute l'assemblée. J'enviai dans ce moment le génie du poète rustique, capable de produire de si vives impressions sur des âmes peu cultivées. J'aimais à voir comme les beautés franches et naturelles se font sentir à tous les hommes. Aucun des traits pathétiques ne fut perdu ; et au dernier, qui était le plus touchant, je n'entendis autour de moi que des soupirs et des sanglots étouffés.

Après quelques minutes de silence, chacun se leva en essuyant ses yeux. Le bonsoir fut souhaité cordialement de part et d'autre. Les voisins, avec leurs enfans, s'en allèrent. Il ne demeura qu'un vieillard, que je n'avais pas remarqué, sur un siége de pierre, à côté de la porte, le jeune paysan, la femme assise auprès de lui, George, dont j'avais retenu le nom, et moi.

Il m'en coûtait de m'arracher de la situation délicieuse où mon âme se trouvait alors. J'étais resté assis le dernier. Je me levai enfin, et j'allai vers le jeune paysan, que j'embrassai avec tendresse. Qu'il est doux, lui dis-je, de rencontrer des personnes qui excitent la surprise au premier coup d'œil, et qu'on finit par aimer au bout d'un quart d'heure ! Il ne me répondit qu'en me serrant la main. Mon cher monsieur, me dit le vieillard, vous êtes, à ce qu'il me paraît, content de nos plaisirs de la soirée ? Je suis bien aise que vous ayez pris si vite de l'amitié pour mon Valentin. Pour cela, vous coucherez cette nuit, dans mon lit. Non, non, mon père, interrompit George, qui revenait en courant de la grange. Je viens de m'arranger deux bottes de paille. C'est dans mon lit, s'il vous plaît, que monsieur voudra bien coucher. Il me fallut promettre de céder à ses invitations pressantes. Il prit sous le bras le vieillard qu'il conduisit dans la cabane. Je me trouvai seul avec Valentin et la jeune paysanne, qu'il me présenta comme son épouse. Je leur demandai si, par complaisance pour moi, ils ne voudraient pas encore passer un quart d'heure à nous entretenir au clair de la lune. Très-volontiers, monsieur, répondit Louise, un peu vaine de l'attention avec laquelle j'observais son mari. De tout mon cœur, ajouta Valentin, qui voyait le désir de sa femme.

Je m'assis entre eux au pied d'un tilleul dont la lune perçait le feuillage de ses rayons.

Depuis combien de temps, mes chers amis, leur dis-je, en prenant la main de Louise, jouissez-vous du bonheur que je vous vois goûter? — Depuis six mois, répondit-elle; et il y en aura bientôt neuf que Valentin est de retour de ses voyages. — Vous avez donc voyagé, lui dis-je, avec un mouvement de surprise? — Oui, monsieur, j'ai employé quelques années à parcourir une partie de l'Europe. — Tout ce que je vois, tout ce que j'entends de vous, excite en moi le plus vif étonnement. Si vous n'avez point quelque motif secret pour me cacher les événemens de votre vie, ne refusez point, je vous en conjure, de satisfaire ma curiosité. — Oh! oui, mon ami, lui dit naïvement Louise. Ce monsieur paraît le mériter si bien ! Et tu sais que, moi aussi, je l'écoute toujours avec tant de plaisir ! Valentin, en souriant, se rendit à nos instances ; et c'est de sa bouche que part le récit que je vais rapporter, autant que ma mémoire pourra me fournir ses propres expressions.

Je suis né dans cette cabane, vers la fin de l'année 1760. J'eus le malheur de perdre ma mère aussitôt après qu'elle m'eut nourri. Mon père était un des habitans les plus aisés du hameau ; mais un procès qu'il eut à soutenir contre un riche fermier du voisinage l'eut bientôt réduit à la misère ; et il mourut de douleur lorsqu'on vint l'arracher de sa cabane pour la vendre au profit des gens de la justice. Ce vieillard que vous avez vu, et qui est le père de ma Louise, l'acheta, et vint s'y établir. Il eut pitié de me voir orphelin si jeune : il me donna ses brebis à garder. Je ne recevais de lui qu'un traitement fort doux ; ses enfans me regardaient comme de leur famille. Cependant la perte de mon père, l'abandon où je me trouvais de mes autres parens, l'idée de me trouver étranger dans la cabane où j'avais pris naissance, la vie solitaire que je menais sur la montagne, tous ces sentimens à la fois affligeaient mon cœur, et ma gaîté naturelle se changeait insensiblement dans une profonde tristesse. Je passais des journées entières à pleurer auprès de mon troupeau.

(Ici Louise retira doucement sa main que je tenais dans les miennes, pour essuyer quelques larmes, et me la rendit avec ingénuité.)

Un soir, j'étais assis au plus haut degré de la montagne, et je chantais tristement la romance que vous venez d'entendre. Je vis entre les arbres un homme vêtu de brun, pâle, et d'une figure pleine de mélancolie, qui m'écoutait. Il avait entendu la fin de ma chanson; alors il s'approcha de moi, et me demanda s'il était bien éloigné du grand chemin. Oh! oui, mon cher monsieur, lui répondis-je, il ne passe qu'à une lieue et demie d'ici. — Ne pourrais-tu pas m'y conduire? — Je le voudrais; mais je ne peux quitter mon troupeau. — Tes parens n'auraient-ils pas un logement à me donner pour cette nuit? — Ah! mes pauvres parens, ils sont bien loin! — Et où donc?—Ils ont vécu honnêtement sur la terre, Ils sont heureux dans le ciel.

Le son de ma voix avait frappé cet homme; ma réponse acheva de l'intéresser. Il me fit plusieurs questions, auxquelles j'eus le bonheur de satisfaire d'une manière dont il parut content. La nuit étant venue, je le conduisis dans notre demeure, où il reçut l'hospitalité. Le lendemain, il s'entretint secrètement avec le père de Louise. Lorsque je me disposais à retourner au pâturage, je vis George qui prenait la conduite de mon troupeau, et l'on m'annonça que l'étranger m'emmenait avec lui.

Je ne vous dirai point quels furent mes regrets en m'éloignant de cet cabane chérie, quoiqu'elle ne fût plus mon héritage, et de Louise que je commençais à aimer, tout enfant qu'elle était. Ma situation n'était pas heureuse, et toutefois je ne partis qu'en

versant des larmes amères. Je ne pouvais prévoir
que c'était le moment où le bonheur de ma vie allait se décider. Oui, c'est à toi surtout que j'en suis
redevable, homme bienfaisant, le généreux protec-
teur de ma jeunesse! tu sais auprès de Dieu combien
je l'ai prié pour toi pendant ta vie, et avec quels
transports de reconnaissance je bénis aujourd'hui ta
cendre. Il se nommait Lafont, et touchait l'orgue
d'une paroisse de la ville prochaine. On jugerait mal
de ses talens par l'obscurité de son emploi. Les voyageurs se détournaient de leur route pour venir l'entendre; mais il recevait froidement leurs éloges, et
n'en était que plus modeste. Je doute que, dans le
cours de vos voyages, vous ayez jamais trouvé un
génie plus extraordinaire. Il avait reçu de son père,
le plus habile médecin du pays, une éducation qui
l'aurait mis à portée de se distinguer dans la même
profession. Il aima mieux se livrer à la passion vio-
lente qu'il avait conçue pour la musique. Il s'était
marié à la fille de l'organiste dont il occupait la place,
et n'avait point eu d'enfans. Sa femme, qu'il avait
perdue depuis plusieurs années, vivait toujours au
fond de son cœur. Cette image et ses livres étaient
sa seule société dans la profonde mélancolie qui s'é-
tait emparée de lui. Mais, en fuyant les hommes, il
ne les haïssait point, et il faisait beaucoup de bien
en secret. Il était âgé de quarante-cinq ans lorsqu'il
me reçut dans sa maison. Il m'apprit d'abord à lire
et à écrire; il prit ensuite plaisir à cultiver ma voix,
et à m'exercer sur le luth, son instrument favori. Il

ne bornait pas ses leçons à la musique ; il me donnait à apprendre par cœur des morceaux choisis de nos meilleurs poètes, dont il faisait ses délices. Il s'étudiait à former à la fois mon cœur, mon esprit et mon goût. C'est ainsi qu'il fut pendant cinq ans mon maître assidu, sans attendre de prix pour ses soins, que de celui qui sait le mieux récompenser le bien que l'on fait à ses semblables.

Au milieu de toutes ces occupations, je n'avais pu bannir de mon esprit, ni le souvenir de ma cabane, ni celui de Louise, la compagne des jeux de mon enfance. J'en parlais quelquefois avec attendrissement à mon bienfaiteur. Un jour, c'était le premier de mai 1778, je me rappellerai toute ma vie; il se leva de bonne heure, et me dit de le suivre dans sa promenade du matin. Il me conduisit, en parlant de choses indifférentes, sur le sommet de cette montagnes où je l'avais vu la première fois. Valentin, me dit-il, j'ai rempli les devoirs dont je m'étais chargé devant le ciel, lorsqu'il te remit sous ma conduite. Je sais combien, dans le fond de ton cœur, tu soupires après ta cabane. Je n'ai pas eu d'autre but, dans ton éducation, que de te mettre en état de la recouvrer. Je viens te la faire voir. Regarde-là; mais je te défends d'y rentrer avant que tu puisses en devenir le maître. Je te fais présent de mon luth : je t'ai appris à le toucher; tu as de la voix. Voyage. Partout où tu te feras entendre sans autres prétentions que celle d'un musicien ambulant, tu seras le premier de ton genre. La nouveauté de la chose ne te laissera manquer ni d'auditeurs ni d'argent; mais sois économe et sage. Lorsque tu seras assez riche, reviens dans ton pays, et rachète la cabane de ton père.

Le cœur me battait à ce discours; il s'enflait de joie et d'espérance. M. Lafont me prit dans ses bras, et me serra contre son sein en pleurant. C'étaient les premières larmes que je lui avais vu répandre; elles me firent une impression singulière. Il me fit aussitôt retourner sur nos pas, et me ramena dans un profond silence à sa maison.

Dès le lendemain, au point du jour, il fallut me séparer de mon bienfaiteur, après en avoir reçu les plus tendres instructions, et deux louis pour commencer ma route. Pendant près de quatre ans, j'ai parcouru à pied la France, l'Allemagne et l'Italie, vêtu en paysan de la montagne, et les cheveux flottant en longues boucles comme je les porte aujourd'hui. J'ai observé que la singularité de cet habillement ajoutait beaucoup à l'effet de ma musique, surtout dans les capitales. Il est peu de seigneurs qui aient voyagé avec autant de plaisir que moi. Partout j'étais bien reçu, même au milieu des sociétés les plus brillantes. Dans les villes, on donnait des concerts pour m'entendre; et dans les villages, on faisait, je crois, tout exprès des noces pour danser ou son de mon instrument. En plusieurs endroits on m'a fait les offres les plus avantageuses pour m'y retenir. J'en étais séduit un instant; mais lorsque je pensais à ma cabane, toutes ces idées de fortune s'évanouissaient aussitôt, et il n'en restait plus de traces dans mes projets. Je me rappelle encore de quels mouvemens délicieux j'étais saisi, toutes les fois que, dans mes courses, une montagne se présentait à mes regards. J'y cherchais des yeux ce hameau. Il me semblait y découvrir ma cabane. L'esprit toujours occupé de cette image, j'essayais d'exprimer mes sentimens; et voici des couplets qu'ils m'ont inspirés.

Humble cabane de mon père
Témoin de mes premiers plaisirs,
Du fond d'une terre étrangère,
C'est vers toi que vont mes soupirs.

Le jeune tilleul qui t'ombrage,
Et la montagne et le hameau;
De ton agreste paysage
Tout me retrace le tableau.

J'ai vu devant moi sans envie
S'ouvrir de superbes palais;
C'est toi ma cabane chérie,
Qui peux remplir tous mes souhaits.

D'où vient cette joie inquiète
Dont ton nom seul saisit mon cœur,
Si dans ta paisible retraite
Le ciel n'eût fixé mon bonheur?

J'y vivrais donc libre et tranquille
Après tant de pas incertains!
Et Louise, en ce doux asile,
Viendrait partager mes destins!

O mon luth, qu'avec complaisance
Je te sens frémir sous mes doigts!
Si j'obtiens ma double espérance,
C'est à tes soins que je le dois.

Valentin chanta ces couplets avec tant de charmes et de sentiment, que toutes les idées fabuleuse d'Apollon se réveillèrent dans mon esprit. Il me semblait entendre ce dieu exilé sur terre, soupirant après l'Olympe dans les vallons de la Thessalie. Je voudrais parler, m'écrier; ma langue demeurait immobile. Valentin comprit mon silence, et continua ainsi :

Je vais maintenant vous apprendre comment j'ai recouvré cette cabane si désirée.

A la fin de l'année dernière, me trouvant à Turin, après avoir traversé deux fois toute l'Italie, j'examinai l'état de ma fortune. Je me crus assez riche pour revenir au hameau. Je partis aussitôt, et, marchant à grandes journées, au bout de dix jours j'arrivai dans la ville prochaine. J'y entrai le cœur plein de joie, demandant à toutes les personnes que je rencontrais des nouvelles de mon bienfaiteur. Hélas! je ne devais pas goûter le plaisir de lui témoigner ma reconnaissance et de le voir jouir du prix de ses soins. Il n'était plus depuis deux mois. J'allai prier sur sa tombe, et j'y fis vœu que mon premier enfant porterait son nom, si j'avais le bonheur de devenir père! Le même soir j'arrivai dans le hameau. On m'y parla tendrement de moi sans me reconnaître. Bientôt mon luth et le souvenir de notre ancienne amitié me gagnèrent le cœur de Louise. Son père me donna sa main. J'achetai de lui la cabane et le champ de mon père pour deux cents écus; avec lesquels son fils aîné alla s'établir au fond de la vallée. Pour lui, je le fis consentir à rester dans notre ménage avec George, son plus jeune fils. C'est d'eux que j'apprends les travaux de l'agriculture. Aujourd'hui que je possède la cabane de mon père, toute mon ambition est d'être comme lui un bon mari, un bon père et un bon paysan. Je n'ai pas abandonné mon luth, ce précieux instrument de mon bonheur, je le tiens suspendu à côté de ma bêche, et je le reprends quelquefois pour me délasser, ou pour réjouir, comme vous l'avez vu ce soir, ma famille et mes bons voisins.

Valentin s'était arrêté à ces mots, et je croyais l'entendre encore. Mon attention, captivée par son récit, se tournait insensiblement sur lui aussitôt qu'il l'avait achevé. Sa physionomie ouverte et animée, le contraste de ses habits et de ses discours, son attachement pour la cabane de son père et la mémoire de son bienfaiteur, la singularité de sa destinée, ses voyages et son talent, tout en faisait à mes yeux une espèce d'être enchanté, supérieur aux hommes ordinaires. Louise me tira de ma rêverie par le mouvement qu'elle fit pour se jeter à son cou. Je me joignis à leurs embrassemens, et ils me prodiguèrent les plus aimables caresses. Nous entrâmes dans la cabane, où je fus ravi de voir régner un air d'ordre, d'aisance et de propreté. Après un repas simple, où je savourai avec délices les fruits exquis de la montagne, George me conduisit vers un réduit étroit, mais propre et riant, et me montra le lit dont il voulait bien disposer en ma faveur. Je ne tardai guère à y trouver un sommeil profond, dans lequel venaient se renouveler, en une confusion agréable, les grandes images dont j'avais été frappé la journée, et les sensations douces que je venais d'éprouver. Hier, je ne quittai pas un instant cette heureuse famille, soit dans son travail, soit dans son repos. Valentin me raconta une foule de particularités de ses voyages, qui m'expliquent aisément comment il a pu acquérir cette politesse dans les manières et dans les expressions, qui m'avait tant surpris à son abord, et qui, malgré sa jeunesse, lui concilie les déférences et le respect de tous les habitans du hameau. Les grâces nobles de son esprit l'ingénuité piquante de celui de Louise, le bon sens rustique du vieillard, la curiosité inquiète de George, répandent dans leurs entretiens un intérêt et une variété qui me charment, et qui les attachent plus étroitement les uns aux autres. Il me semble que je passerais une vie heureuse auprès d'eux. Mais pourquoi m'occuper de cette idée ? C'est ce soir que je dois m'en éloigner. J'avoue que ce n'est pas sans une impression de tristesse que je pense à notre séparation. Je crois apercevoir dans leurs yeux qu'elle leur coûtera aussi quelques regrets. Si le destin me laisse disposer un jour avec plus de liberté de l'emploi de ma vie, je viendrai tous les ans faire un pélerinage sur cette montagne, pour y revoir mes amis, et remplir mon cœur des sentimens de paix et de contentement qu'inspirent à l'envi leur séjour et leur société.

GEORGE ET CÉCILE.

George, petit orphelin, était élevé, dès ses premières années, dans la maison de M. et de Mme Everard. A leurs soins généreux et leur vive tendresse, on les aurait pris pour ses véritables parens. Ces dignes époux n'avaient qu'une fille, nommée Cécile, et les deux enfans, à peu près du même âge, s'aimaient de la plus douce amitié.

Dans une riante matinée de l'automne, George, Cécile et Lucette, leur jeune voisine, allaient se promenant à petits pas, sous les arbres du verger. Les deux petites filles, dont la moins âgée (c'était Cécile) comptait à peine ses huit ans accomplis, se tenant les bras entrelacés, avec cet aimable abandon et ces grâces ingénues de l'enfance, essayait de chanter une jolie romance qui courait tout nouvellement dans le pays.

George, en se balançant, répétait l'air avec son flageolet, et marchait à reculons devant elles.

Que de jeux innocens se succédèrent dans cette heureuse matinée! Cécile et Lucette, au milieu de leurs débats, jetèrent un regard d'appétit sur les pommiers. On venait d'en faire la récolte. Quelques pommes cependant, de loin en loin oubliées, pendaient aux branches, et le vermillon dont elles étaient colorées invitait la main à les cueillir. George s'élance, grimpe lestement au premier arbre ; et, perché sur sa cime, il jetait tous les fruits qu'il pouvait atteindre à ses deux petites amies, qui tendaient leurs tabliers pour les recevoir.

Le sort voulut que deux ou trois des plus belles pommes tombassent dans celui de Lucette; et, comme Georges était le garçon le plus poli du village. Lucette s'enorgueillit de ce partage, comme d'une préférence décidée.

Avec des yeux où brillait une joie insultante elle fit remarquer à Cécile la grosseur et la beauté de ses fruits, et laissa tomber sur les siens un regard dédaigneux. Cécile baissa la vue ; et, prenant un air grave, elle garda le plus morne silence pendant tout le reste de la promenade. Ce fut en vain que, par mille amitiés, George essaya de lui rendre son charmant petit babil.

Lucette les quitta sur le bord de la terrasse, et George, avant de rentrer à la maison, dit à Cécile : Qui te rend donc si fâchée contre moi, Cécile; tu n'es sûrement pas offensée de ce que j'ai jeté du fruit à Lucette ? Tu le sais bien, Cécile, je t'ai donné toujours la préférence. Tout à l'heure même je le voulais encore ; mais je ne sais par quelle méprise j'ai lâché les pommes que je te destinais, dans le tablier de Lucette. Pouvais-je ensuite les lui retirer ? là, voyons. Et puis je pensais que Cécile était trop généreuse pour regarder cette bagatelle. Ah! tu verras bientôt que je ne voulais pas te fâcher.

Eh! monsieur George, qui vous dit que je sois fâchée? Quand Lucette aurait eu des pommes six fois plus grosses que les miennes, que me fait cela? Je ne suis pas gourmande, monsieur, vous savez bien que je ne le suis pas. Je n'y aurais seulement pas fait attention, sans les regards impertinens de cette petite fille. Je ne puis les supporter, je ne le veux pas; si vous ne tombez sur l'heure à mes genoux, je ne vous pardonnerai jamais.

Oh! je ne puis faire cela, répondit George, en portant doucement la moitié du corps en arrière; car ce serait avouer une faute que je n'ai jamais commise. Je ne suis point un diseur de mensonges; et j'ose le dire, c'est bien mal à vous, mademoiselle Cécile, de ne pas m'en croire.

Bien mal à moi! bien mal à moi! Vous n'avez pas besoin de me dire des injures, monsieur George, parce que mademoiselle Lucette est dans vos bonnes grâces; et, le saluant d'une inclination de tête ironique, sans le regarder, Cécile entra dans le salon, où le couvert était déjà mis.

Ils continuèrent de se bouder l'un et l'autre pendant tout le repas. Cécile ne but pas une seule fois à dîner, car il aurait fallu dire « A ta santé, George! Et George, à son tour, était si pénétré de l'injustice de Cécile, qu'il voulut aussi conserver sa dignité.

Cependant Cécile étudiait du coin de l'œil tous ses mouvemens; et, ayant rencontré une fois ses regards qui se portaient sur elle à la dérobée, elle détourna aussitôt les siens. George, croyant que c'était

8.

par mépris, affecta un air serein, et se mit à manger comme s'il avait eu de l'appétit.

On venait de servir le fruit au dessert, lorsque, par malheur, Cécile, un peu hors d'elle-même, répondit assez légèrement à sa mère, qui l'interrogeait une seconde fois. M. Everard lui ordonna de sortir aussitôt du salon. Cécile obéit en fondant en larmes, et, se retirant d'un pas incertain et silencieux, elle alla cacher sa douleur au fond du berceau. C'est alors que, le cœur gonflé de soupirs, elle se repentit de s'être brouillée avec George; car, dans ces tristes circonstances, il avait coutume de la consoler, en pleurant avec elle. George, resté à table, ne put se représenter Cécile désolée, sans ressentir, comme elle, ses douleurs.

A peine lui eut-on donné deux pêches, qu'il chercha les moyens de les glisser secrètement dans sa poche, pour les lui apporter. Mais il craignait toujours qu'on ne s'en aperçût. Il avançait et reculait sa chaise; il avait à tout moment quelque chose à chercher à terre. Le joli petit Lindor ! s'écria-t-il, en faisant semblant de rire, et prenant une pêche, tout prêt à la cacher. Ah, papa! ah, maman ! voyez donc comme il joue avec Raton !

Oh, oh! ils ne se mangeront ni l'un ni l'autre, répondit M. Everard, en se retournant tout-à-coup ; et George, décontenancé, avait déjà remis sa pêche sur la table.

Cependant madame Everard, après avoir joui pendant quelques minutes de toutes les grâces de son embarras, fit signe des yeux à son mari de détourner un peu la tête; ce qu'il fit presque au même instant, pour cacher un léger sourire qui échappait à sa gravité.

Mais George, qui craignait encore une surprise en usant de ce moyen, imagina un autre stratagème. Il prit une pêche, qu'il serra dans le creux de ses deux mains, puis il la porta et reporta plusieurs fois à sa bouche, en affectant de faire faire à ses dents autant de bruit et d'exercice que s'il mangeait réellement. Ensuite, tandis que d'une main il posait adroitement celle-là dans un creux qu'il avait fait à sa serviette entre ses genoux, de l'autre main il prit la seconde, pour laquelle il recommença la même opération et et avec autant de succès.

Il y avait déjà long-temps que M. et madame Everard, ayant oublié George, avaient repris leur entretien, et George ne se doutait seulement pas qu'on parlât devant lui. Il se leva de table, transporté de joie. Il fredonna l'air de sa petite chanson. Il imitait même tous les miaulemens d'un matou, qu'un petit berger du village lui avait appris à contrefaire, lorsque madame Everard l'interrompit, un peu fâchée : Eh mais! George, lui dit-elle avec douceur, si ma conversation vous ennuie, ne pourriez-vous pas aller chanter dans le jardin? George rougit, baissa les yeux, et fut si troublé de cette apostrophe imprévue, qu'il recommença par trois fois à plier sa serviette. Mais tout-à-coup, feignant de vouloir punir Raton qui allait mordre Lindor, il le poursuivi du côté de la porte du jardin, que Cécile, en sortant, avait laissée entr'ouverte. Raton s'esquiva par cette ouverture, et George s'élança après lui.

George, George, où allez-vous courir encore? George s'arrêta tout court. Ma petite maman, dit-il en élevant la voix, et posant en dehors l'oreille contre la porte, c'est que je vais faire un tour de jardin. Vous le voulez bien, n'est-ce pas ma petite maman? Et, comme on tardait à lui répondre, il ajouta d'un ton suppliant : O ma petite maman! je serai bien sage, bien sage. En ce cas-là, répondit madame Everard, je vous le permets. Allez.

Qui pourrait se représenter l'excès de sa joie? Il en était si enivré, que le pied lui glissa dans sa course. Heureusement les pêches ne furent point endommagées de la chute. Il se leva en bondissant, et courut chercher Cécile dans tout le jardin.

Lorsqu'il arriva sous le berceau, l'humeur de Cécile était adoucie. Assise dans une attitude de tristesse et de repentir, elle se trouvait bien malheureuse : elle avait offensé les trois meilleurs amis qu'elle eût au monde, George et ses dignes parens.

Cécile, ma chère Cécile, s'écria George en se précipitant à ses genoux, je t'en conjure, soyons amis. Je te demanderais pardon de t'avoir offensée ce matin, si réellement j'en avais eu la pensée. Si tu le veux, Cécile, je le veux aussi. Le veux-tu, Cécile? Grâce! grâce! et soyons amis. Tiens, Cécile, voici mes pêches; je n'aurais jamais pu les manger, voyant que tu n'en avais pas.

Ah! mon cher George, répondit Cécile, en lui serrant la main et en pleurant sur son épaule, que tu es un aimable garçon! Certes, ajouta-t-elle en sanglotant, un ami dans le malheur est un véritable ami! Mais je ne veux pas accepter tes pêches. Je serais bien à plaindre, si tu pouvais soupçonner que je me suis fâchée ce matin à cause des pommes. Tu ne le penses pas, n'est-il pas vrai? Non, George, c'était le coup d'œil insolent de cette petite orgueilleuse. Mais je ne m'embarrasse guère d'elle à présent, je t'assure. Me pardonnes-tu, continua-t-elle, en essuyant avec son mouchoir une de ses larmes qui venait de tomber sur la main de George? Je sais bien que j'aime à te tourmenter quelquefois; mais garde tes pêches, garde-les, je n'en veux pas.

Eh bien! Cécile, tu me tourmenteras tant qu'il te plaira, interrompit George. C'est pourtant une chose que je ne permettrai jamais à une autre, entends-tu bien? Mais pour ces pêches, je ne les mangerai pas, Cécile; je l'ai dit, et je n'en aurai pas menti.

Ni moi non plus, je ne les mangerai pas, répliqua Cécile, en les faisant voler par-dessus la haie. Je ne puis supporter l'idée d'avoir accommodé une querelle par intérêt.... Mais, à présent que nous sommes amis, George, que je serais heureuse, si je pouvais obtenir de maman qu'elle me permît d'aller lui demander pardon!

Oh! j'y vole, Cécile! s'écria George déjà loin du berceau, je lui dirai que c'est moi qui t'avais brouillé l'esprit par une tracasserie.

Il réussit au-delà de ses vœux. Eh! quelles fautes n'aurait-on pas excusées en faveur d'une si tendre et si généreuse amitié.

Par M. de Bonneville.

LA PETITE FILLE

A MOUSTACHES.

« Veux-tu bien faire ce que je te dis, Placide ? Mais voyez donc ce petit obstiné ! Allons, monsieur, obéissez quand je vous l'ordonne. » C'est de ce ton qu'on entendait toute la journée l'altière Camille gourmander son jeune frère.

A l'en croire, il ne faisait jamais rien que de travers. Tout ce qu'elle pensait, au contraire, lui paraissait un chef-d'œuvre de raison. Les jeux qu'il lui proposait étaient toujours tristes et ennuyeux; puis elle les choisissait elle-même le lendemain comme les plus amusans. Il fallait que son malheureux frère, sous peine d'être vertement tancé, obéît à tous ses caprices. S'il osait se permettre la plus légère représentation, elle prenait aussitôt contre lui ses grands airs, brisait quelquefois ses joujous, et le pauvre Placide était obligé de rester seul, dans un coin, sans amusement.

Les parens de Camille avaient essayé plusieurs fois de la corriger de ce défaut. Sa mère surtout ne cesssait de lui représenter qu'on ne parvenait à se faire chérir que par la douceur et par la complaisance; qu'une petite fille qui prétendait imposer aux autres ses volontés était la plus insupportable créature de l'univers; ces sages leçons étaient inutiles. Déjà son frère, aigri par son arrogance, commençait à ne plus l'aimer; toutes ses compagnes fuyaient loin d'elle; et Camille, au lieu de se corriger, n'en devenait que plus volontaire et plus exigeante.

Un officier, d'un caractère franc et d'un esprit très-raisonnable, dînait un jour chez les parens de la petite fille. Il entendit de quel air tyrannique elle traitait son frère et tous les gens de sa maison. Il garda d'abord le silence, par politesse; mais enfin, excédé de tant d'impertinences : Si j'avais une petite demoiselle comme la vôtre, dit-il à madame de Florigni, je sais bien, madame, ce que j'en ferais.

Et quoi donc, monsieur, lui répondit-elle?

Je lui donnerais, reprit-il, un habit d'uniforme, je lui ferais appliquer des moustaches, j'en ferais un caporal, pour qu'elle pût satisfaire tout à son aise l'envie qu'elle a de commander.

Camille demeura confondue. Elle rougit, et des larmes se répandirent autour de ses paupières.

Dès ce moment elle sentit les torts de son humeur impérieuse, et résolut de s'épargner les humiliations qu'ils pouvaient lui attirer. Cette résolution, aidée par les tendres avis de sa maman, eut bientôt le succès le plus heureux.

Ce changement fut sans doute fort sage de sa part. Il serait cependant à souhaiter, pour toutes les petites filles entichées d'un semblable défaut, qu'elles se laissassent corriger par les douces représentations de leur mère, plutôt que d'attendre qu'il vînt dîner chez leurs parens un homme raisonnable, pour leur dire en face qu'elles seraient plus propres à faire un caporal rébarbatif, qu'une douce et gentille demoiselle.

LA CICATRICE.

Ferdinand avait reçu de la nature une âme pleine de noblesse et de générosité. Son esprit vif et pénétrant, son imagination forte et sensible, son humeur franche et joyeuse, et ses manières avaient une grâce animée qui lui conciliait tous les cœurs.

Avec tant de qualités aimables, il avait un défaut bien incommode pour ses amis, celui de s'affecter trop vivement des moindres impressions, et de s'abandonner, en aveugle, à tous les mouvemens qu'elles excitaient dans son âme.

Lorsqu'il jouait avec ses camarades, la plus légère contraediction irritait ses esprits fougueux; on voyait le feu de la colère enflammer tout-à-coup son visage; il trépignait des pieds, poussait des cris, et se livrait à toutes les violences de l'emportement.

Un jour qu'il se promenait à grands pas dans sa chambre, en rêvant aux préparatifs d'une fête que son papa lui avait permis de donner à sa sœur, Marcellin, son ami et son confident, vint pour lui communiquer les idées qui lui étaient venues à ce sujet. Ferdinand, plongé dans la rêverie, ne l'avait pas aperçu. Marcellin, après l'avoir inutilement appelé assez haut, se mit à le tirailler deux ou trois fois par le pan de son habit, pour s'en faire remarquer. Ferdinand, impatienté de ces secousses, se retourna brusquement, et repoussa le pauvre Marcellin avec tant de rudesse, qu'il l'envoya tomber à la renverse à l'autre bout de la chambre.

Marcellin restait là étendu, sans aucune apparence de vie et de sentiment; et comme sa tête avait porté contre la corniche saillante d'une armoire, le sang coulait à grands flots de ses tempes.

Dieu! quel spectacle pour le malheureux Ferdinand, qui n'avait certainement jamais eu dans son cœur l'intention de faire du mal à son tendre ami, pour lequel il aurait donné la moitié de sa vie!

Il se précipite à son côté, en disant, avec de grands cris: il est mort, il est mort! J'ai tué mon cher Marcellin, mon meilleur ami! Au lieu de songer aux moyens de lui donner des secours, il demeurait couché auprès de lui en poussant les plus tristes sanglots.

Heureusement son père avait entendu ses gémissemens. Il accourt, prit Marcellin dans ses bras, l'apporta dans son lit, lui fit respirer des sels, et lui jeta au visage quelques gouttes d'eau fraîche, qui le firent bientôt revenir à lui-même.

Le retour de Marcellin à la vie fit naître une vive joie dans le cœur de Ferdinand, mais elle ne fut pas assez puissante pour calmer entièrement sa douleur.

On visita la blessure; il s'en fallait de bien peu qu'elle ne fût dangereuse, et peut-être mortelle.

Marcellin, transporté dans la maison de son père, eut un accès de fièvre très-violent. Sa tête était prise, et il commença bientôt à délirer.

Ferdinand ne s'éloigna pas un moment de son chevet. Il gardait un morne silence; car personne ne lui adressait la parole. On ne cherchait à le consoler ni à l'affliger.

Marcellin l'appelait sans cesse dans ses rêveries. Mon cher Ferdinand, s'écriait-il, que t'ai-je donc fait pour que tu m'aies traité si méchamment! Ah! tu dois être encore plus malheureux que moi, de m'avoir blessé sans sujet. Ne t'afflige pas, je te pardonne. Pardonne-moi aussi de t'avoir fait mettre en colère; je ne voulais pas te fâcher.

Ces discours, que Marcellin lui adressait sans le voir, quoiqu'il fût devant ses yeux et qu'il lui tînt la main, redoublaient encore la tristesse de Ferdinand. Chaque trait de tendresse était un coup de poignard pour son cœur.

Enfin, Dieu voulut que la fièvre se calmât peu à peu, et que la plaie commençât à guérir. Au bout de six jours, Marcellin fut en état de se lever.

Qui pourrait se représenter la joie de Ferdinand! Ah! certainement personne, à moins qu'il n'ait senti une fois dans sa vie la douleur qu'il éprouva aussi long-temps qu'il fut témoin des souffrances de son ami.

Lorsqu'il fut entièrement rétabli, Ferdinand reprit un visage serein; et sans qu'on eût besoin de lui faire d'autres leçons, il travailla de toute la force de son caractère à vaincre cette humeur qui le dominait.

Marcellin ne garda de sa chute qu'une cicatrice légère à la tempe. Ferdinand ne la regardait jamais sans émotion, même dans un âge plus avancé. Toutes les fois qu'il rencontrait Marcellin, il le baisait sur cette cicatrice, qui devint le sceau de la tendre intimité dont ils furent unis l'un et l'autre pendant tout le cours de leur vie.

PERSONNAGES.

M. DE CRESSAC.
MADAME DE CRESSAC.
ADRIEN, } leurs enfans.
JULIE,
THOMAS, riche fermier.
JEANNE, sa femme.
SUZETTE, } leurs enfans.
LUBIN,
GODEFROY, palefrenier de M. de Cressac.

La Scène est à l'entrée d'un village. Le théâtre représente, dans l'enfoncement, une forêt, à travers laquelle on voit s'élever par intervalles, dans le lointain, des tourbillons de flammes. Sur l'un des côtés du théâtre est une ferme, et tout auprès une fontaine; de l'autre côté est une colline, au pied de laquelle tourne le chemin du village.

L'INCENDIE.

Drame.

SCÈNE PREMIÈRE.

ADRIEN *arrive en courant sur la scène, par le détour de la colline. Ses vêtemens et sa chevelure sont en désordre. Il jette les yeux sur le fond du théâtre, ce que la colline masquait à sa vue. L'incendie éclate en ce moment dans toute sa fureur.*

Bon Dieu! bon Dieu! tout brûle encore! Quels gros tourbillons de fumée et de flammes! O mon papa, maman, ma petite sœur Julie, qu'êtes-vous devenus! Ne suis-je plus qu'un malheureux orphelin? Seigneur mon Dieu, prends pitié de moi! Tu m'as déjà tout enlevé; laisse-moi au moins mes parens. Ils sont pour moi plus que tout au monde. Que deviendrais-je sans eux? *Accablé de fatigue et de douleur, il pose sa main contre un arbre, et appuie sa tête dessus. Au même instant la ferme s'ouvre, et il en sort un petit paysan, tenant à la main son déjeuner.*

SCÈNE II.

ADRIEN, LUBIN, petit paysan.

LUBIN, *sans voir Adrien.*

Il ne finit donc pas, ce feu d'enfer! A quoi pensait mon père, d'aller s'enfourner là dedans avec ses chevaux? Mais voici le jour. Il ne tardera pas à revenir; je vais m'asseoir ici pour l'attendre. (*Il marche vers l'arbre, et voit Adrien.*) Eh! mon joli petit monsieur, que venez-vous faire de si bonne heure dans le village?

ADRIEN.

Ah! mon ami, je ne sais ni où je suis, ni où je vais.

LUBIN.

Comment? est-ce que vous seriez de la ville....

ADRIEN.

Hélas! oui. Je me suis échappé du milieu des flammes.

LUBIN.

Le feu a-t-il déjà pris à votre maison?

ADRIEN.

C'est dans notre rue qu'il a commencé. J'étais au lit, et je dormais tranquillement. Mon papa est venu m'en arracher. On m'a habillé à la hâte, et on m'a emporté à travers des charbons de feu qui pleuvaient sur nous.

LUBIN, *avec un cri de frayeur.*

O mon Dieu! (*On entend une voix qui crie de l'in-*

térieur de la ferme.) Lubin! Lubin! (*Lubin, tout troublé, n'entend pas.*)

SCÈNE III.

JEANNE, SUZETTE, ADRIEN, LUBIN.

JEANNE, *en entrant, à Suzette.*

Je crains que le drôle ne m'ait échappé pour courir au feu. N'ais-je donc pas assez de trembler pour son père!

SUZETTE.

Non, ma mère, le voici. Ha! ha! il parle à un petit monsieur.

JEANNE, *à Lubin.*

Pourquoi ne pas me répondre?

LUBIN.

Je ne vous ai pas entendu. Je n'entendais que ce malheureux enfant. Ah! ma mère, il vous aurait donné le frisson comme à moi.

JEANNE.

Que lui est-il donc arrivé?

LUBIN.

D'être, peu s'en faut, brûlé vif. Sa maison était tout en feu lorsqu'il s'en est échappé.

JEANNE.

Dieu de bonté, comme le voilà pâle. Vous êtes si petit! Comment avez-vous donc fait pour vous sauver?

ADRIEN.

Notre palefrenier m'a pris sur ses épaules, et mon papa lui a dit de m'emporter dans un village où j'ai été nourri; mais on l'a arrêté dans la rue pour le faire travailler. Je pleurais de me voir tout seul. Une bonne femme m'a pris par la main, et m'a conduit jusqu'à la porte de la ville. Elle m'a dit d'aller tout droit devant moi sur le grand chemin, que c'était le premier village que je trouverais; et m'y voici.

JEANNE.

Et savez-vous le nom de votre père nourricier?

ADRIEN.

Ma petite sœur de lait s'appelait Suzette.

SUZETTE, *avec un cri de joie.*

Ah! ma mère, si c'était Adrien?

ADRIEN.

Eh! oui, c'est moi.

JEANNE.

Vous, le fils de M. Cressac?

ADRIEN.

O ma bonne nourrice! je te reconnais bien à présent; et voilà ma chère Suzette, et voilà Lubin. (*Suzette se jette d'un coup, Lubin lui prend la main.*)

JEANNE, *l'élevant dans ses bras et l'embrassant.*

O mon Dieu, que je suis heureuse! je ne pensais qu'à toi dans toutes ces flammes. Mon mari a couru pour te sauver. Mais comme le voilà grandi! L'aurais-tu reconnu, Suzette?

SUZETTE.

Non, pas tout de suite, ma mère. Mais j'ai bien senti que le cœur me battait près de lui. Nous avons été si long-temps sans le voir.

ADRIEN.

C'est que j'étais au collége ! il y a trois jours que j'en suis sorti, pour passer les fêtes à la maison. Pourquoi y suis-je venu ? O mon papa, maman, ma petite sœur Julie.

JEANNE.

Tranquillise-toi, mon ami. Thomas est à la ville. Je le connais. Il les sauverait tous, fussent-ils dans un brasier. Mais toi, tu as couru toute la nuit. Tu dois avoir faim. Veux-tu manger ?

LUBIN.

Tenez, monsieur Adrien, voici une tartine que j'avais faite pour moi.

ADRIEN.

Tu me disais *tu*, autrefois, Lubin.

LUBIN, *lui passant un bras autour du cou.*

Eh bien, Adrien, prends donc mon déjeûner.

SUZETTE.

Quelque chose d'un peu chaud lui vaudra mieux. Je vais lui chercher ma soupe au lait, qui chauffe sur le fourneau.

ADRIEN.

Non, mes amis, je vous remercie. Je ne mangerai rien que je n'aie vu mon père, ma mère et ma sœur. Je veux m'en retourner, je veux les voir,

JEANNE.

Y penses-tu ? Aller courir dans les flammes ?

ADRIEN.

C'est là que je les ai laissés ! Oh ! c'est bien malgré moi. Je ne voulais pas me séparer d'eux ! Mon papa l'a voulu. Lui qui est la douceur même, il m'a menacé, il m'a repoussé. Il a bien fallu lui obéir, de peur de le mettre en colère. Mais je ne peux plus y tenir ; il faut que je retourne le chercher.

JEANNE.

Je ne te lâche point. Viens avec nous à la maison.

ADRIEN.

Vous avez une maison ? Ah ! je n'en ai plus.

JEANNE.

La nôtre n'est-elle pas à toi ? Je t'ai nourri de mon lait, je te nourrirai bien de mon pain. (*Elle le prend entre ses bras et l'emporte, malgré sa résistance, dans la ferme.*) (*A Lubin.*) Toi, reste ici pour voir venir de plus loin ton père, et nous en avertir. Mais ne va pas au feu, je te le défends.

SCÈNE IV.

LUBIN, *seul.*

Je meurs pourtant d'envie d'y courir. Quelle belle fournaise cela doit faire ! Je ne sais ; mais il me semble que je ne vois plus là-bas ce haut clocher qui grimpait dans les nuages avec un coq doré sur sa pointe ; les pauvres gens, que je les plains ! Il ne faut pas cependant que cela m'empêche de déjeûner. (*Il mord dans son pain.*)

SCÈNE V.

LUBIN, SUZETTE, *qui sort de la ferme, tenant à la main un verre.*

LUBIN.

Ah! ma sœur, tu es une bien bonne enfant de me porter ainsi à boire!

SUZETTE.

Oh! ce n'est pas pour toi. C'est pour Adrien que je viens chercher un verre d'eau fraîche. Il ne veut prendre ni une tasse de lait ni une goutte de vin. Mes parens, dit-il, souffrent peut-être en ce moment la faim et la soif; et moi, je pourrais prendre quelque chose pour me régaler! Non, non. Je ne veux qu'un peu d'eau pour me rafraîchir le gosier.

LUBIN.

Il faut être bien tendre, au moins, pour ne vouloir pas prendre un peu de lait, parce qu'on ne sait pas où est son père!

SUZETTE.

N'est-ce pas? Oh! je te connais. Ta sœur pourrait brûler toute vive, que tu n'en perdrais pas un coup de dent. Pour moi, je serais bien comme Adrien; je n'aurais guère envie de manger, si notre cabane brûlait, et si je ne savais où trouver mon père ou ma mère, ou toi-même, Lubin.

LUBIN.

Et moi aussi, si je n'avais pas faim.

SUZETTE.

Est-ce qu'on a faim alors ? Tiens, je n'ai pas le moindre appétit, rien que de voir seulement pleurer ce petit malheureux.

LUBIN.

Ainsi donc, tu ne toucheras pas à ta soupe?

SUZETTE.

Tu voudrais bien qu'elle te restât, après avoir mangé la tienne et encore un gros chiffon de pain au beurre?

LUBIN.

Non. C'est pour empêcher qu'elle ne se perde, si Adrien et toi n'en voulez pas manger. Donne-moi toujours le verre, que je boive en attendant. (*Suzette lui donne le verre ; Lubin puise de l'eau à la fontaine, et boit.*)

SUZETTE.

Dépêche-toi donc. Mon pauvre Adrien meurt de soif.

LUBIN.

Attends. Je vais le remplir.

SUZETTE.

Que fais-tu ? Sans le rincer?

LUBIN.

Crois-tu que j'ai du poison dans la bouche?

SUZETTE.

Vraiment, ce serait bien propre, avec les miettes de pain qui sont encore sur le bord! Je veux le rinder moi-même. Les enfans comme lui sont accoutumés à la propreté, et je veux qu'il se trouve chez nous comme dans sa maison. (*Elle rince le verre, le remplit, et rentre dans la ferme.*)

SCÈNE VI.

LUBIN, *seul*.

Voilà mon déjeûner fini. Si je courais à présent voir le feu ! Quelques tapes de plus ou de moins ne sont pas grand'chose. Je vais toujours un peu avancer sur le chemin. Allons, allons. (*Il se met à courir. Au détour de la colline, il rencontre son père.*)

SCÈNE VII.

THOMAS, LUBIN.

(*Thomas porte une cassette sous son bras. Il marche d'un pas harrassé, et paraît ne respirer qu'avec peine.*)

LUBIN.

Ah ! vous voilà, mon père ! Je courais devant vous.

THOMAS, *avec empressement*.

Adrien est-il ici ?

LUBIN.

Oui, oui, il vient d'arriver.

THOMAS, *posant la cassette à terre, et levant ses bras vers le ciel.*

Je te remercie, ô mon Dieu ! Toute cette honnête

famille est donc sauvée! (*Il s'assied sur sa cassette.*) Que je respire.

LUBIN.

Ne voulez-vous pas entrer ?

THOMAS.

Non, non ; j'ai besoin d'être en plein air pour me remettre. Va dire à ta mère que je suis ici. (*Lubin court vert la ferme, et s'y élance.*)

SCÈNE VIII.

THOMAS, *essuyant la sueur de son front et les larmes de ses yeux.*

Je ne mourrais donc point sans l'avoir obligé à mon tour!

SCÈNE IX.

THOMAS, JEANNE, ADRIEN, SUZETTE, LUBIN.

(*Jeanne accourt de la ferme, portant un petit enfant dans ses bras. Adrien, Suzette et Lubin la suivent.*)

JEANNE, *se jetant au coup de Thomas.*

Ah! mon cher ami, quelle joie de te revoir.

THOMAS, *l'embrassant tendrement.*

Ma chère femme! (*Il prend l'enfant qu'elle tient sur son sein, et qui lui tend les bras. Il le serre dans les siens, l'embrasse, et le rend à sa mère.*) Mais, Adrien, où est-il ? Que je le voie !

ADRIEN, *courant à lui.*

Me voici, mon père nourricier, me voici. (*Il regarde de tous côtés.*) Vous êtes seul? Mon papa, maman, ma petite sœur Julie, où sont-ils?

THOMAS, *avec transport.*

En sûreté, mon fils; embrasse-moi.

ADRIEN, *se jetant dans ses bras.*

Oh! qu'elle joie!

JEANNE.

Nous étions bien en peine. Tous les autres gens du village sont déjà de retour.

THOMAS.

Ils n'avaient pas leur bienfaiteur à sauver.

JEANNE.

Mais au moins tout est-il éteint, à présent?

THOMAS.

Éteint, ma femme? Oh! ce n'est plus une maison, une rue, c'est la ville toute entière embrasée! Si tu voyais cette désolation! les femmes courant échevelées, et vous demandant à grands cris leurs maris et leurs enfans! le son des cloches, le bruit des chariots et des pompes, le fracas épouvantable des maisons qui s'écroulent! les chevaux furieux et les flots de peuple effrayé, qui vous renversent! les flammes qui vous poursuivent et se croisent devant vous! les poutres brûlantes qui tombent sur la foule et l'écrasent... Je ne sais comment j'en suis revenu.

JEANNE.

Tu me glaces le sang dans les veines.

SUZETTE.

Ah! ma mère, voyez ses sourcils, ses cheveux tout brûlés!

THOMAS.

Et mon bras encore! Mais qu'est-ce tout cela? Trop heureux d'en sortir la vie sauve! Je ne l'aurais pas marchandée.

JEANNE.

Que me dis-tu, mon ami?

THOMAS.

Quoi! ma femme, pour notre bienfaiteur! N'est-ce pas lui qui a fait notre mariage? N'est-ce pas à lui que nous devons cette ferme et tout ce que nous possédons? N'as-tu pas nourri son enfant? (*Adrien passe ses bras autour du corps de sa nourrice.*) Ah! j'aurais eu mille vies, que je les aurais toutes risquées.

JEANNE, *avec attendrissement.*

Tu l'as donc pu secourir.

THOMAS.

Oui, j'ai eu ce bonheur. Lui, sa femme et sa fille étaient à peine sortis de leur maison toute en flammes, lorsqu'une charpente embrasée est tombée à leurs pieds. Heureusement je n'étais encore qu'à vingt pas. Tout le monde les croyait écrasés, et fuyait. J'ai entendu leurs cris; je me suis précipité au milieu des ruines brûlantes, et je les en ai retirés. J'avais déjà sauvé la cassette que voici, et mon chariot est chargé de leurs effets les plus précieux.

ADRIEN, *se jetant dans ses bras.*

O mon père nourricier, sois sûr d'en être bien récompensé.

THOMAS.

Je le suis déjà, mon ami. Ton père ne comptait

peut-être pas sur moi, et je l'ai secourru; me voilà mieux payé qu'il n'est en son pouvoir de le faire. Mais ce n'est pas tout. Il ne tardera pas sans doute à venir avec sa famille et ses gens...

ADRIEN.

Oh! je vais donc le revoir!

THOMAS.

Cours, ma femme, va tirer de notre excellent vin vieux; fais traire nos vaches; prépare nos meilleures provisions; qu'on mette des draps blancs au lit, nous irons coucher dans l'étable.

JEANNE.

Oui, j'y vole, mon ami.

SCÈNE X.

THOMAS, ADRIEN, SUZETTE, LUBIN.

THOMAS.

Et moi, je vais ranger le foin dans la grange, pour faire place au malheureux qui viendront me demander un asile. Hélas toute la plaine en est couverte. Je crois les voir encore, les uns, muets et insensibles de douleur, s'arrêter comme des bornes dans les grands chemins, en regardant brûler leurs maisons; ou tomber évanouis de frayeur, de fatigue ou d'épuisement : les autres couraient çà et là comme des forcenés, tordant leurs bras, s'arrachant les cheveux, et voulant rentrer avec des cris horribles dans la ville enflammée, à travers les piques des soldats qui les repoussent. J'aurai toute ma vie cette peinture devant les yeux.

SUZETTE.

Ah! mon pauvre Adrien! si tu t'étais trouvé là, on t'aurait foulé sous les pieds.

THOMAS.

Aussitôt que mes chevaux seront revenus, j'irai; je veux ramasser tout ce que je pourrai d'enfans, de femmes et de vieillards, pour les conduire ici. J'étais le plus pauvre du village, j'en suis devenu le plus riche; c'est à moi qu'appartiennent tous les malheureux. (*Il se baisse pour prendre la cassette.*)

LUBIN.

Mon père, que je vous aide à la porter. Vous êtes si las!

THOMAS.

Non, non, prends garde; elle est trop lourde pour toi. Elle te casserait les jambes si elle échappait de mes mains. Va plutôt dire à la vieille Michelle de venir chauffer notre four, fourbir nos marmites des vendanges; puis tu courras chez le meunier, pour qu'il nous apporte de la farine. Que ces pauvres incendiés trouvent au moins de quoi satisfaire leurs besoins les plus pressans. Je ne suis pas, grâces à Dieu, dans l'aisance, pour qu'on meurt de faim autour de moi. Je donnerai jusqu'à mon dernier morceau de pain. (*Il sort avec Lubin.*)

SCÈNE XI.

SUZETTE, ADRIEN.

SUZETTE.

Oh! je partagerai aussi toujours avec toi. Mon pauvre Adrien, qui m'aurait dit que je te verrais un jour si à plaindre!

ADRIEN.

Ah! ma chère Suzette! c'est bien cruel aussi de tout perdre dans une nuit.

SUZETTE.

Console-toi, mon ami. Ne te souviens-tu pas combien nous avons été heureux ici, quand nous étions encore plus petits que nous ne le sommes; tiens, pas plus hauts que ce buisson là bas? Eh bien! nous le serons encore. Crains-tu que rien te manque, autant que j'en aurais?

ADRIEN, *lui prenant la main.*

Non, je ne le crains pas. Mais c'était moi qui devais un jour te mettre à ton aise, te marier lorsque tu serais grande, et prendre soin de tes enfans comme des miens.

SUZETTE.

Eh bien! ce sera mon affaire, au lieu d'être la tienne : quand on s'aime, c'est toujours la même chose. Je te donnerai les plus belles fleurs de notre jardin. Tous les plus beaux fruits que je pourrai cueillir, je te les apporterai. Je te donnerai aussi mon lit, et je dormirai à terre auprès de toi.

ADRIEN, *se jetant à son cou.*

Mon Dieu! mon Dieu, ma chère Suzette! combien je dois t'aimer!

SUZETTE.

Tu verras aussi comme j'aurai soin de ta petite Julie! Je serai toujours entre vous deux. Quand on s'est nourri du même lait, n'est-ce pas comme si l'on était frère et sœur?

ADRIEN.

Oui, tu seras toujours la mienne, et je ne sais laquelle j'aimerai la plus, de Julie ou de toi. Je te présenterai à mon papa et à ma maman, pour que tu sois aussi leur fille. Mais, mon Dieu, quand reviendront-ils?

SUZETTE.

Pourquoi t'inquiéter? Tu sais bien que mon père les a mis hors de danger?

ADRIEN.

C'est que mon papa est comme le tien. Il aura aussi voulu sauver à son tour ses amis. Il se sera peut-être rejeté au milieu des flammes. Je tremblerai toujours pour lui, jusqu'à ce que je le revoie. J'entends du bruit derrière la colline. Oh! si c'était lui.

SCÈNE XII.

GODEFROI, ADRIEN, SUZETTE.

ADRIEN, *courant à Godefroy d'un air joyeux.*
Ah! Godefroi!.

GODEFROI.
Vous voilà, monsieur Adrien?

ADRIEN.
C'est bien de moi qu'il s'agit. Où est mon papa? où est ma maman? où-est ma sœur Julie? sont-ils ici?

GODEFROI, *d'un air hébété.*
Ici? où donc?

ADRIEN.
Derrière toi.

GODEFROI.
Derrière moi? (*Il se retourne.*) Je ne les vois pas.

ADRIEN.
Tu ne les a donc pas accompagnés?

GODEFROI.
Ils ne sont donc pas ici?

ADRIEN, *d'un ton d'impatience.*
C'est ici que tu viens les chercher?

GODEFEOI, *d'un air troublé.*
Vous me faites frissonner de la tête aux pieds. (*Adrien pâlit.*) Ne vous effrayez donc pas. (*Avec consternation.*) Ils ne sont pas ici.

SUZETTE.

Il n'est venu personne que mon frère Adrien.

ADRIEN.

Pourquoi y suis-je venu?

GODEFROI.

Écoutez, écoutez-moi. Une heure après qu'on vous eut arraché de mes bras pour me faire travailler, je trouvai le moyen de m'esquiver dans la foule. Tranquillisez-vous; mais j'ai couru de tous côtés pour chercher vos parens; je ne les ai pas trouvés. J'ai demandé de leurs nouvelles à tout le monde; personne ne les avait vus, personne n'en avait entendu parler.

ADRIEN, *d'un ton plaintif.*

O Dieu! ayez pitié de moi. Mon papa, maman, où êtes-vous?

GODEFROI.

Ce n'est pas tout. Écoutez; ne vous effrayez pas seulement. Voici le pire de l'histoire.

ADRIEN.

Hélas! mon Dieu, qu'est-ce donc?

GODEFROI.

Comment voulez-vous que je vous le dise, si vous allez prendre l'épouvante!

ADRIEN.

Eh! dis, dis toujours. Tu me fais mourir.

GODEFROI.

Eh bien donc, le bruit court qu'un homme, une femme et une petite fille ont été écrasés dans notre rue, par une charpente qui est tombée tout en feu. (*Adrien tombe évanoui.*)

SUZETTE.

Bon Dieu! bon Dieu! à notre secours! Adrien qui se meurt! (*Elle se précipite sur lui.*)

GODEFROI.

Mais qu'a-t-il donc? Il n'en est rien, peut-être. Ce n'est qu'un ouï-dire, et on ne sait pas qui c'est.

SUZETTE.

La frayeur l'a saisi tout à coup. Il oublie que mon père les a sauvés.

GODEFROI, *tâtant le front d'Adrien*.

O mon doux sauveur! il est froid comme un glaçon!

SUZETTE, *se relevant à demi*.

Que veniez-vous faire ici? C'est vous qui l'avez tué.

GODEFROI.

Je lui avais pourtant bien dit de se tranquilliser. (*Il le soulève.*) M. Adrien! (*Il le laisse retomber.*)

SUZETTE.

Laissez-le donc. Vous allez l'achever, s'il n'est pas mort encore. O mon cher Adrien! mon frère! Où trouver à présent mon père et ma mère, pour lui envoyer du secours? (*Elle va vers plusieurs endroit du théâtre, incertaine de quel côté elle doit sortir. Elle sort enfin par une coulisse au-dessus de la ferme.*)

SCÈNE XIII.

ADRIEN, *toujours évanoui,* GODEFROI, *appliquant son oreille au nez d'Adrien.*

Non, non, il n'est pas encore mort; il renifle. Oh! s'il était mort, j'irais me jeter dans le premier puits. (*Il lui crie dans l'oreille.*) Adrien! M. Adrien? Si je savais comment le faire revenir! (*Il lui souffle sur le visage.*) Bah! j'y perdrais mes poumons..... C'était bien bête aussi de ma part; mais c'est encore plus bête de la sienne. Je lui disais de ne pas s'effrayer. Tous ces enfans de grands seigneurs sont comme des boules de savon, qui crèvent de rien. Adrien, M. Adrien! il ne m'entend pas. Ma tante est morte, et j'en ai bien du regret; mais mourir parce qu'un autre est mort, il n'y a pas de raison à cela. (*Il le secoue encore.*) Il ne revient pas cependant! (*Il tourne la tête de tous côtés.*) Ah bon, voici une fontaine! je vais y puiser de l'eau dans mon chapeau. Je lui ferai une aspersion qui le fera bientôt revenir. (*Il court à la fontaine. En même temps arrive d'un autre côté M. de Cressac, donnant le bras à sa femme, et tenant Julie par la main. Godefroi l'aperçoit, et, de frayeur, laisse tomber son chapeau plein d'eau. Il s'arrête un moment, confus et stupéfait, puis il court à toutes jambes vers l'autre côté de la colline, en s'écriant:*) Ah! Dieu me pardonne! s'il va trouver son fils mort, me voilà à tous les diables.

SCÈNE XIV.

M. DE CRESSAC, Mme DE CRESSAC, JULIE, ADRIEN, *toujours évanoui.*

M. DE CRESSAC.

Mais c'est Godefroi, je pense? (*Il l'appelle.*) Godefroy! où vas-tu donc? où est Adrien?

Mme DE CRESSAC.

Il fuit! Qu'a-t-il fait de mon fils?

JULIE, *voyant un corps étendu à terre.*

Que vois-je? Qui est couché là? (*Elle se baisse pour le considérer; elle reconnaît Adrien, et se jette sur lui.*) Dieu! mon frère! il est mort!

Mme DE CRESSAC.

Que dis-su? (*Elle s'arrache du bras de M. de Cressac, et se précipite à corps perdu de l'autre côté.*) Mon fils! Adrien!

M. DE CRESSAC.

Il manquait encore quelque chose à notre malheur! (*Il tombe à genoux auprès d'Adrien, et le soulève. Adrien fait un léger mouvement.*) Dieu soit loué! il respire. Ma femme, ton fils a besoin de toi; garde tes forces pour le secourir. Assieds-toi.

Mme DE CRESSAC, *avec un cri douloureux.*

Mon fils! mon fils! (*Elle tombe presque évanouie.*)

JULIE.

Ah! mon frère! que les flammes eussent plutôt tout dévoré! Réveille-toi, réveille-toi, (*Pendant ces paroles de Julie, M. de Cressac relève madame de Cressac sur son séant, et remet Adrien dans ses bras, en sorte que la tête de l'enfant porte sur le sein de sa mère, qui le couvre de baisers.)*

M. DE CRESSAC.

Ne perdons pas un moment. As-tu des sels sur toi?

Mme DE CRESSAC.

Je ne sais, je suis toute troublée. Après tant de frayeurs, c'en est une encore qui les surpasse toutes! Je donnerai tout ce qui nous reste pour quelques gouttes d'eau. *M. de Cressac regarde autour de lui, et aperçoit la fontaine; il y vole.)*

JULIE, *fouillant dans le tablier de sa mère.*

Maman, voici votre éther. *(Elle ouvre le flacon. Madame de Cressac le saisit avec transport, et le fait respirer à son fils.)* Mon frère, reviens à toi, si tu ne veux pas que je meure à ton côté. Adrien! mon cher Adrien! *(Adrien paraît un peu se ranimer.)* Ciel! il respire! il m'entend. *(Elle court à son père.)* Venez, venez, mon papa. *(M. de Cressac entre, portant de l'eau dans le creux de sa main; il y trempe le bout de son mouchoir, bassine le front et les tempes d'Adrien, puis lui jette quelques gouttes d'eau sur le visage, du bout de ses doigts.)*

ADRIEN, *les yeux encore fermés, agite un peu ses bras, et pousse des soupirs à demi étouffés.*

Hélas! hélas! mon papa.

Mme DE CRESSAC.

Mon cher Adrien!

ADRIEN, *comme dans un songe.*

Il est donc mort !

M. DE CRESSAC.

Il me croit mort ! C'est cet imbécile de Godefroi qui l'aura effrayé.

JULIE, *avec transport.*

Ciel ! il entr'ouvre les yeux.

Mme DE CRESSAC.

Mon fils, ne nous reconnais-tu pas ?

M. DE CRESSAC.

Adrien, Adrien !

JULIE.

Mon frère, C'est moi.

ADRIEN, *comme s'il se réveillait d'un profond sommeil, regarde en silence autour de lui.*

Suis-je vivant ? Où suis-je ? (*Il se relève tout à coup, et se jette au coup de sa mère.*) Maman !

M. DE CRESSAC.

Mon fils, tu vis encore ?

ADRIEN, *se retourne et se jette dans les bras de son père.*

Et vous aussi ! mon papa !

JULIE, *l'embrassant, suspendu comme il l'est au cou de son père.*

Mon Adrien ! mon frère ! je crois revivre comme toi.

ADRIEN.

Oh ! quelle joie, ma sœur, de te revoir ? (*Il se retourne vers sa mère.*) Ah ! maman ! c'est votre douce voix qui m'a rendu la vie.

M. DE CRESSAC.

Je déplorais mon malheur ! je vois maintenant que je pouvais perdre bien plus encore que je n'ai perdu.

Mme DE CRESSAC.

N'y pensons plus, mon ami.

M. DE CRESSAC.

Je n'y pense que pour me réjouir. Je vous vois tous sauvés. Je ne regrette rien.

JULIE.

Mais que t'est-il donc arrivé, mon frère?

ADRIEN.

C'est cet étourdi de Godefroi....

M. DE CRESSAC.

Ne l'ai-je pas dit?

ADRIEN.

Il me disait que vous étiez ensevelis sous les flammes.

JULIE, *en montrant la colline.*

Ah! le voilà là haut! (*Tous le regardent; Godefroi retire sa tête, qu'il avançait entre les arbres.*)

SCÈNE XV.

M. DE CRESSAC, Mme DE CRESSAC, ADRIEN, JULIE, GODEFROY.

Mme DE CRESSAC.

Godefroi! Godefroi! Cet imbécile! il craint, sans doute... Appelle-le toi-même, Adrien.

ADRIEN.

Godefroi, viens donc. Ne crains rien, je suis encore vivant.

GODEFROI, *du haut de la colline.*

Est-ce bien vrai au moins?

ADRIEN.

As-tu jamais entendu parler les morts?

GODEFROI, *accourant à toutes jambes, puis s'arrêtant tout à coup.*

Vous n'allez pas me renvoyer, monsieur! sans quoi ce ne serait pas la peine de m'avancer.

M. DE CRESSAC.

Vois, malheureux l'effet de ta bêtise.

Mme DE CRESSAC.

Tu as failli me tuer mon fils.

ADRIEN.

Pardonnez-lui, je vous prie. Ce n'est pas sa faute.

GODEFROI.

Sûrement. Je lui disais de ne pas s'effrayer. (*Adrien lui tend la main.*) Je suis bien aise que vous ne m'en veuilliez pas de mal. Oh! je ne dirai plus une autre fois que les gens sont morts, à moins de les avoir vus à dix pieds sous terre.

SCÈNE XVI.

M. DE CRESSAC, Mme DE CRESSAC, JULIE, ADRIEN, THOMAS, JEANNE, SUZETTE, LUBIN.

THOMAS, *courant.*

Ah! le malheureux! Où est-il? où est-il?

SUZETTE, *montrant Godefroi.*

Tenez, mon père, le voilà. (*Godefroi, épouvanté, se retire derrière M. de Cressac.*

THOMAS.

Que vois-je ? (*Suzette et Lubin courent vers Adrien, qui les présente à Julie. Jeanne se précipite sur la main de madame de Cressac et la baise. Thomas se jette aux genoux de M. de Cressac, et les tient embrassés.*)

M. DE CRESSAC, *relevant Thomas.*

Que fais-tu, mon ami? A mes pieds? toi mon sauveur, le sauveur de toute ma famille.

THOMAS.

Oui, monsieur; c'est une nouvelle grâce que vous me faites après tant d'autres. J'ai pu vous prouver combien je suis reconnoissant de tous vos bienfaits.

M. DE CRESSAC.

Tu as fait pour moi plus que je n'ai fait, plus que je ne pourrai faire de toute ma vie.

THOMAS.

Que dites-vous? c'est un service d'un moment. Et moi, il y a plus de huit ans que je vis heureux par vos bontés. Voyez ces champs, cette ferme, c'est de vous que je les tiens. Vous avez tout perdu, souffrez que je vous les rende. Je vivrai assez heureux du souvenir de n'avoir pas été ingrat envers mon bienfaiteur.

M. DE CRESSAC.

Eh bien! mon ami, je les reprends; mais pour te donner des champs dix fois plus vastes et plus fertiles. La cassette que tu m'as sauvée contient la meilleure partie de ma fortune, et je te la dois. N'ayant plus de logement à la ville, je vais habiter mes terres; tu m'y suivras. Nous y vivrons tous ensemble. Tes enfans seront les miens.

ADRIEN.

Ah! mon papa! j'allais vous en prier. Voici ma sœur de lait Suzette, voilà Lubin. Si vous saviez toutes les amitiés qu'ils m'ont faites! je serais peut-être mort aussi sans leurs secours.

Mme DE CRESSAC, *serrant la main de Jeanne.*

Eh bien! nous ne ferons tous qu'une famille heureuse de s'aimer.

JEANNE.

Venez en attendant prendre quelque repos. Excusez-nous si nous ne vous recevons pas comme nous l'aurions désiré.

THOMAS, *regardant du côté de la colline.*

Voici le chariot qui arrive, et des malheureux qui le suivent. Permettez-vous que j'aille leur offrir quelques secours.

M. DE CRESSAC.

Ah! je vais avec toi les consoler. Je suis trop intéressé dans l'événement cruel qui cause leurs peines. O jour que je croyais si malheureux! tu me rends bien plus que tu me fais perdre. Pour quelques biens que tu m'enlèves, tu me donnes une nouvelle famille, et des amis dignes de mon cœur.

LE SERIN.

Serins à vendre ! qui veut acheter des serins, de jolis serins ?

Ainsi criait un homme en passant devant la maison de Joséphine. Joséphine l'entendit : elle courut à la fenêtre, et regarda de tous côtés dans la rue. C'était un marchand d'oiseaux qui portait une grande cage sur sa tête. Elle était toute pleine de serins. Ils sautillaient si légèrement sur les bâtons, et gazouillaient si joliment, que Joséphine, emportée par sa curiosité, faillit à se précipiter par la fenêtre pour les voir de plus près.

Voulez-vous acheter un serin, mademoiselle? lui cria l'oiseleur.

Peut-être bien, lui répondit Joséphine; cela ne dépend pas tout-à-fait de moi : attendez un peu, je vais en demander la permission à mon papa.

L'oiseleur lui promit d'attendre. Il y avait une large borne de l'autre côté de la rue ; il y déposa sa cage, et se tint debout à côté. Joséphine, dans cet intervalle, courut à la chambre de son père ; elle y entra tout essoufflée, en lui criant : Venez vite, mon papa ; venez, venez !

M. DE GOURCY.

Et qu'y a-t-il donc de si pressé?

JOSÉPHINE.

C'est un homme qui vend des serins : il en a, je crois, plus d'un cent dans une grande cage toute pleine, qu'il porte sur la tête.

M. DE GOURCY.

Et pourquoi en as-tu tant de joie?

JOSÉPHINE.

Ah! mon papa, c'est que je veux... c'est-à-dire, si vous me le permettez, je voudrais bien en acheter un.

M. DE GOURCY.

Et as-tu de l'argent?

JOSÉPHINE.

Oh! j'en ai assez dans ma bourse.

M. DE GOURCY.

Mais qui nourrira ce pauvre oiseau?

JOSÉPHINE.

Moi, moi, mon papa. Vous verrez, il sera bien aise de m'appartenir.

M. DE GOURCY.

Ah! je crains bien.....

JOSÉPHINE.

Et quoi donc?

M. DE GOURCY.

Que tu ne le laisses mourir de soif ou de faim.

JOSÉPHINE.

Moi, le laisser mourir de soif ou de faim. Oh! non certainement. Je ne toucherai jamais à mon déjeûner avant que mon oiseau n'ait eu le sien.

M. DE GOURCY.

Joséphine, Joséphine, tu es bien étourdie; tu n'as qu'à oublier un jour seulement.

Joséphine donna de si belles paroles à son père, elle lui fit tant de caresses, et le tiraillа si fort par le pan de son habit, que M. de Gourcy voulut bien céder à l'envie de sa fille.

Il traversa la rue, en la tenant par la main. Ils arrivèrent à la cage, et choisirent le plus beau serin de toute la vollière. C'était un mâle, du jaune le plus brillant, avec une petite huppe noire sur la tête.

Qui fut jamais plus content que ne l'était alors Joséphine? Elle présenta sa bourse à son père, pour qu'il y prit de quoi payer l'oiseau. M. de Gourcy tira de la sienne de quoi acheter une belle cage, garnie d'une mangeoire et d'un abreuvoir de cristal.

Joséphine n'eut pas plutôt installé le serin dans son petit palais, qu'elle courut par toute la maison, appelant sa mère, ses sœurs, tous les domestiques, et leur montrant l'oiseau que son père avait bien voulu lui acheter. Lorsqu'il venait quelqu'une de ses petites amies, les premiers mots qu'elle leur disait, c'était: Savez-vous bien que j'ai le plus joli serin de tout Paris. Il est jaune comme de l'or, et il a un panache noir, comme les plumes du chapeau de maman. C'est un mâle. Venez, venez, je vais vous le montrer; il s'appelle Mimi.

Mimi se trouvait fort bien des soins de Joséphine. Elle ne songeait, en se levant, qu'à lui donner du grain nouveau et de l'eau bien pure. Lorsqu'on servait des biscuits sur la table de son père, la part de Mimi était faite la première. Elle avait toujours en réserve des morceaux de sucre pour lui. La cage garnie de tous côtés de mouron frais et de grappes de millet. Mimi ne fut pas ingrat à tant d'attentions : il apprit à distinguer Joséphine ; et, au premier pas qu'elle faisant dans la chambre, c'était des battemens d'aile et des *cuic, cuic,* qui ne finissaient pas. Joséphine le mangeait de baisers.

Au bout de huit jours, il commença à chanter : il se faisait lui-même de airs fort jolis. Quelquefois il roulait si long-temps sa voix dans son gosier, qu'on aurait cru qu'il allait tomber expirant de fatigue au bout de ses cadences. Puis, après s'être interrompu un moment, recommençait de plus belle, et d'un son si fort et si brillant, qu'on l'entendait dans toute la maison.

Joséphine passait des heures entières à l'écouter, assise auprès de sa cage. Elle laissait quelquefois tomber son ouvrage de ses mains, pour le regarder ; et, lorsqu'il l'avait régalée d'une jolie chanson, elle le régalait à son tour d'un air de serinette, qu'il cherchait ensuite à répéter.

Cependant Joséphine s'accoutuma peu à peu à ces plaisirs. Son père lui fit un jour présent d'un livre d'estampes. Elle en fut si agréablement occupée, que Mimi fut un peu négligé. *Cuic, cuic,* disait-il toujours, d'aussi loin qu'il voyait Joséphine ; Joséphine ne l'entendait plus.

Près de huit jours s'étaient écoulés sans qu'il eût

ni mouron frais, ni biscuits. Il répétait les plus jolis airs que Joséphine lui eût appris : il en composait de nouveaux pour elle; tout cela inutilement : vraiment, Joséphine avait bien d'autres choses en tête.

Le jour de sa fête était arrivé. Son parrain lui avait donné une poupée qui allait sur des roulettes. Cette poupée, qu'elle appelait Colombine, acheva de faire oublier Mimi. Depuis l'instant qu'elle se levait jusqu'au soir, elle ne s'occupait qu'à habiller et déshabiller cent fois mademoiselle Colombine, à lui parler et à la promener dans la chambre. Le pauvre oiseau était encore bien content lorsqu'on lui donnait sur la fin du jour quelque nourriture.

Quelquefois il lui arrivait d'attendre jusqu'au lendemain.

Enfin, un jour M. de Gourcy étant à table, et tournant par hasard les yeux vers la cage, il vit que le serin était couché sur le ventre, et qu'il haletait avec peine. Ses plumes étaient hérisées, et il paraissait rond comme un peloton. M. de Gourcy s'approche; plus de ces *cuic, cuic*, d'amitié : la pauvre bête avait à peine assez de force pour respirer.

Joséphine, s'écria M. de Gourcy, qu'a donc ton serin ? Joséphine rougit. Ah! mon papa! c'est que j'ai .... c'est que j'ai oublié.....et; elle alla toute tremblante chercher la boîte de millet.

M. de Gourcy décrocha la cage, et visita la mangeoire et l'abreuvoir. Hélas! Mimi n'avait plus un seul grain, pas une goutte d'eau.

Ah! mon pauvre oiseau! s'écria M. de Gourcy, tu es tombé en des mains bien cruelles. Si je l'avais prévu je ne t'aurais pas acheté. Toute la compagnie qui était à table se leva en frappant dans ses mains, et en s'écriant : Le pauvre oiseau!

M. de Gourcy mit du grain dans la mangeoire, et remplit l'abreuvoir d'eau fraîche : il eut bien de la peine à rappeler Mimi à la vie.

Joséphine sortit de table, monta dans sa chambre en pleurant, et mouilla tout un mouchoir de ses larmes.

Le lendemain, M. de Gourcy ordonna qu'on emportât l'oiseau hors de la maison, et qu'on en fît présent au fils de M. de Marsay, son voisin, qui passait pour un enfant très-soigneux, et qui aurait pour lui plus d'attentions que Joséphine.

Il aurait fallu entendre les regrets et les plaintes de la petite fille : Ah! mon cher oiseau! mon pauvre Mimi! Tenez, je vous le promets bien, mon papa, je ne l'oublierai jamais un seul instant de ma vie; laissez-le avec moi encore pour cette fois.

M. de Gourcy se laissa enfin toucher par les prières de Joséphine, et lui rendit le serin. Ce ne fut pas sans lui faire une réprimande sévère, et des exhortations pressantes pour l'avenir. Cette pauvre bête, lui dit-il, est renfermée, et n'est pas en état de pourvoir elle-même à ses besoins. Lorsqu'il te manque quelque chose, tu peux le demander ; mais Mimi ne sait pas faire entendre son langage. Si tu lui laisses encore souffrir la soif ou la faim.....

A ces mots un torrent de larmes coula sur les joues de Joséphine. Elle prit les mains de son papa et les baisa : mais la douleur l'empêcha de proférer une parole.

Voilà Joséphine maîtresse une seconde fois de Mimi, reconcilié de bon cœur avec Joséphine.

Un mois après, M. de Gourcy fut obligé d'entreprendre un voyage de quelques jours avec sa femme. Joséphine, Joséphine, dit-il en partant à sa fille, je te recommande bien le pauvre Mimi.

A peine ses parens furent-ils entrés dans la voiture, que Joséphine courut à la cage, et pourvut soigneusement l'oiseau de tout ce qui lui était nécessaire.

Quelques heures après, elle commença à s'ennuyer; elle envoya chercher ses petites amies, et sa gaîté revint. Elles allèrent ensemble à la promenade, et à leur retour elle passèrent une partie de la soirée à jouer à colin-maillard et aux quatre coins; la danse vint ensuite. Enfin, la petite compagnie se sépara fort tard, et Joséphine se mit au lit harassée de fatigue.

Le lendemain, dès le point du jour, elle se réveilla en pensant aux amusemens de la veille. Si sa gouvernante avait voulu l'en croire, elle aurait couru, en se levant, chez les demoiselles de Saint-Maure. Il fallut attendre jusqu'à l'après-dîner; mais à peine eut-elle achevé son repas, qu'elle se fit conduire chez ces demoiselles.

Et Mimi? Il fut obligé de rester seul, et de jeûner.

Le jour suivant se passa aussi dans les plaisirs.

Et Mimi? Il fut encore oublié. Il en fut de même du troisième jour.

Et Mimi? Qui aurait pensé à lui dans toutes ces dissipations.

Le quatrième jour, M. et madame de Gourcy revinrent de leur voyage. Joséphine ne s'était guère occupée de leur retour. A peine son père l'eut-il embrassée et se fut-il informé de sa santé, qu'il lui dit : Comment se porte Mimi?

Fort bien, s'écria Joséphine, un peu surprise, et elle courut vers la cage pour apporter l'oiseau.

Hélas! la pauvre bête ne vivait plus : elle était couchée sur son ventre, les ailes étendues et le bec ouvert.

Joséphine poussa un grand cri, et se tordit les mains. Toute la famille accourut, et fut témoin de ce malheur.

Ah! mon pauvre oiseau! s'écria M. de Gourcy, que ta mort a été douloureuse! Si je t'avais étouffé le jour de mon départ, tu n'aurais eu qu'un moment à souffrir, au lieu que tu as enduré pendant plusieurs jours les tourmens de la faim et de la soif, et que tu es mort dans une longue et cruelle agonie. Tu es encore bien heureux d'être délivré des mains d'une gardienne si impitoyable.

Joséphine aurait voulu se cacher dans les entrailles de la terre : elle aurait donné tous ses *joujous* et toutes ses épargnes pour racheter la vie à Mimi; mais tout cela était alors inutile.

M. de Gourcy prit l'oiseau, le fit vider et remplir de paille, et le suspendit au plancher.

Joséphine n'osait y porter ses regards : les larmes lui venaient aux yeux toutes les fois que par hasard, elle l'apercevait; elle priait chaque jour son père de l'ôter de sa vue.

M. de Gourcy n'y consentit qu'après bien des instances. Toutes les fois qu'il échappait à Joséphine quelque trait d'étourderie et de légèreté, l'oiseau était remis à sa place, et elle entendait dire à tout le monde: Pauvre Mimi! tu as souffert une mort bien cruelle.

LES ENFANS

QUI VEULENT SE GOUVERNER EUX-MÊMES.

CASIMIR.

Ah! mon papa, que je voudrais être grand, grand comme vous!

M. D'ORSAY.

Et pourquoi le voudrais-tu, mon fils?

CASIMIR.

C'est que je n'aurais plus à recevoir les ordres de personne, et que je pourrais faire tout ce qui me passerait par la tête.

M. D'ORSAY.

Il en arriverait des choses bien merveilleuses, j'imagine.

M. CASIMIR.

Oh! je vous en réponds.

M. D'ORSAY.

Et toi, Julie, voudrais-tu aussi être libre de faire tout ce qui te plairait?

JULIE.

Vraiment oui, mon papa.

CASIMIR.

Oh! si Julie et moi nous étions les maîtres!

M. D'ORSAY.

Mes enfans je puis vous donner cette satisfaction. Dès demain au matin vous aurez la liberté de vous conduire absolument à votre fantaisie.

CASIMIR.

Vous vous moquez de nous, mon papa?

M. D'ORSAY.

Non, je parle très-sérieusement. Demain, ni votre mère, ni moi, personne enfin dans la maison ne s'avisesa de contrarier vos volontés.

CASIMIR.

Quel plaisir nous allons avoir, de ne plus nous sentir la bride sur le cou.

M. D'ORSAY.

Ce n'est pas tout. Je ne prétends pas vous donner cet empire pour demain seulement; je vous l'abandonne jusqu'à ce que vous veniez me prier vous-mêmes de reprendre mon autorité.

CASIMIR.

Sur ce pied-là, nous serons long-temps nos maîtres.

M. D'ORSAY.

Je serai bien aise de vous voir vous gouverner vous-mêmes. Ainsi préparez-vous à être demain de grands personnages.

Le lendemain arriva. Les deux enfans, au lieu de se lever à sept heures, comme à l'ordinaire, restèrent jusqu'à près de neuf heures au lit. Un trop long sommeil nous rend triste et pesant : c'est ce qui arriva à Casimir et Julie. Ils se réveillèrent enfin d'eux-mêmes, et se levèrent d'assez mauvaise humeur.

Cependant ils s'égayèrent un peu, par la douce pensée de faire pendant le jour entier tout ce qui leur viendrait dans l'idée.

Allons, par où commencerons-nous, dit Casimir à sa sœur, quand ils furent habillés, et qu'ils eurent déjeûné ?

JULIE.

Nous allons jouer.

CASIMIR.

Et à quoi ?

JULIE.

Il faut bâtir des châteaux de cartes.

CASIMIR.

Oh? c'est un amusement bien triste! Je n'en suis pas.

JULIE.

Veux-tu jouer à colin-maillard ?

CASIMIR.

Nous ne sommes que deux.

JULIE.

Aux dames, ou au domino?

CASIMIR.

Tu sais que je ne puis souffrir ces jeux où l'on est assis.

JULIE.

Eh bien! propose-m'en quelqu'un de ton goût.

CASIMIR.

Nous n'avons qu'à jouer à broche-en-cul.

JULIE.

Oui, c'est un joli jeu pour un demoiselle!

CASIMIR.

Nous jouerons, si tu veux, au carrosse; tu seras le cheval, et moi le cocher.

JULIE.

Oui-da! pour me charger de coups de fouet comme l'autre jour. Je ne l'ai pas oublié.

CASIMIR.

Je ne le fais qu'à regret. C'est que tu ne vas jamais le galop.

JULIE.

Mais cela me fait mal. Non, non, point de ces jeux.

CASIMIR.

Tu ne veux donc pas? Eh bien! jouons à la chasse; je serai le chasseur, et tu seras la biche. Prends garde à toi, je vais te relancer.

JULIE.

Fi de chasse! tu as toujours tes pieds sur mes talons, et tes poings enfoncés dans mes côtés.

CASIMIR.

Puisque tu ne veux aucun de mes jeux, jamais je ne jouerai avec toi, entends-tu bien?

JULIE.

Ni moi avec toi, m'entends-tu bien aussi.

A ces mots, du milieu de la chambre où ils étaient, chacun s'en alla dans un coin, et ils furent longtemps sans se regarder et sans se dire une parole.

Ils en étaient encore à se bouder, lorsque l'horloge sonna. Dix heures! Il ne leur restait plus que deux heures de la matinée. Casimir enfin se rapprocha de sa sœur, et lui dit : Il faut faire tout ce que tu veux. Allons, je jouerai avec toi aux dames, à douze marrons la partie.

JULIE.

Oh, je n'ai pas de marrons! et tu sais bien que tu m'en dois une douzaine, qu'il faut d'abord me payer.

CASIMIR.

Je te les devais hier; mais je ne dois rien aujourd'hui.

JULIE.

Et comment t'es-tu racquitté, s'il te plait?

CASIMIR.

C'est qu'on n'a rien à demander à ceux qui sont leurs maîtres.

JULIE.

Va, je dirai à mon papa ta coquinerie.

CASIMIR.

Mon papa n'a plus de pouvoir sur moi à présent.

JULIE.

En ce cas, je ne jouerai pas.

CASIMIR.

Tu es bien la maîtresse.

Seconde bouderie. Et les voilà encore aux deux bouts de la chambre. Casimir se mit à siffler, Julie à chanter. Casimir noua un fouet et le fit claquer; Julie arrangea sa poupée, et entama une conversation avec elle. Casimir grommelait entre ses dents; Julie poussait des soupirs.

L'horloge sonne encore. Onze heure! Ils n'avaient plus qu'une heure avant dîner. Casimir lance de dépit son fouet par la fenêtre; Julie jette sa poupée dans un coin. Ils se regardent l'un et l'autre, et ne savent que dire.

Julie enfin rompt le silence : Allons, Casimir, je veux être ton cheval.

CASIMIR.

Ah! voilà qui est bien! J'ai un grand cordon qui servira de bride. Le voici; prends-le dans ta bouche.

JULIE.

Je ne le veux pas dans ma bouche. Passe-le-moi autour du corps, ou attache-le à mon bras.

CASIMIR.

Comme tu parles! As-tu jamais vu que les chevaux aient le mors ailleurs qu'entre les dents?

JULIE.

Mais je ne suis pas un véritable cheval.

CASIMIR.

Tu dois faire comme si tu l'étais.

JULIE.

Je ne vois pas que cela soit bien nécessaire.

CASIMIR.

Je pense que tu veux en savoir là-dessus plus que moi, qui suis tout le jour dans l'écurie. Allons, prends-le comme il faut.

JULIE.

Il y a huit jours que tu le traînes dans l'ordure; je ne le mettrai jamais dans ma bouche.

CASIMIR.

Et moi, je ne le veux pas ailleurs. J'aime mieux ne pas jouer.

JULIE.

Comme tu voudras.

Troisième bouderie, plus hargneuse que les deux premières. Casimir va ramasser son fouet; Julie reprend sa poupée. Mais le fouet ne sait pas claquer, les ajustemens de la poupée vont tout de travers. Casimir soupire, Julie pleure.

Midi sonne dans cet intervalle; et M. d'Orsay vient leur demander s'ils veulent qu'on leur serve à dîner. Mais qu'avez-vous donc, leur dit-il, en les voyant tous deux dans la tristesse?

Ce n'est rien, mon papa, répondirent les enfans. Ils s'essuyèrent les yeux, suivirent leur père dans la salle à manger.

On servit ce jour là plusieurs plats sur leur table.

Il y avait même une bouteille de vin auprès de chaque couvert.

Mes enfans, leur dit M. d'Orsay, si j'avais encore quelques droits sur vous, je vous défendrais de manger de tous ces plats, et surtout de boire du vin. Je vous prescrirais au moins de n'en prendre qu'en très-petite quantité, parce que je sais que le vin et les épiceries sont dangereux pour les enfans. Mais vous êtes maintenant vos maîtres, vous pouvez boire et manger suivant votre caprice. Les enfans ne se laissèrent pas dire deux fois. L'un avalait de gros morceaux de viande sans pain; l'autre prenait de la sauce à grandes cuillerées. Ils se versaient de pleines rasades de vin, qu'ils oubliaient de tremper.

Mais, mon ami, dit tout bas madame d'Orsay à son mari, ils vont en être incommodés.

Je le crains, madame, répondit M. d'Orsay; mais j'aime mieux qu'ils apprennent une fois à leurs dépens combien on se fait de tort par son ignorance, que si, trop occupés maintenant de leur santé, nous leur dérobions le fruit d'une importante leçon.

Madame d'Orsay comprit l'intention de son mari, et elle laissa nos étourdis se livrer à leur gourmandise.

On se lève de table. Le ventre des enfans était tendu comme un tambour, et leurs petites têtes commencèrent à s'échauffer.

Viens, viens, Julie, s'écria Casimir; et il emmena sa sœur avec lui dans le jardin.

M. d'Orsay crut devoir les suivre à la piste.

Il y avait dans le jardin un petit étang, et au bord de l'étang un batelet; Casimir eut la fantaisie d'y entrer.

Julie l'arrêta. Tu sais bien, lui dit-elle, que cela nous est défendu.

Défendu? répondit Casimir. As-tu oublié que nous ne dépendons plus que de nous-mêmes?

Ah! tu as raison, lui dit Julie. Elle donna la main à son frère, et ils entrèrent tous deux dans le batelet.

M. d'Orsay approcha de plus près; mais il ne jugea pas à propos de se découvrir.

Il savait que l'étang n'était pas bien profond.

Quand ils y tomberaient, se disait-il, je n'aurais pas beaucoup de peine à les en retirer.

Les deux enfans voulaient aussitôt détacher le bateau du bord, et le pousser vers le milieu de l'étang; mais ils ne purent jamais venir à bout de défaire les nœuds du cordage qui le retenait. Puisque nous ne pouvons pas naviguer, dit l'écervelé Casimir, il faut du moins nous balancer. Aussitôt, ayant écarté ses jambes vers les deux bords du batelet, il commença à le faire pencher d'un côté, puis de l'autre.

Leur tête étant un peu embarrassée, ils ne tardèdent pas long-temps à chanceler sur leurs jambes. Ils se saisirent l'un l'autre pour se retenir; mais *plum*, ils tombèrent ensemble sur le bord du batelet, et du bord dans l'étang.

M. d'Orsay sortit, prompt comme l'éclair, de

l'endroit où il était caché. Il se jeta dans l'eau, saisit de chaque main un de ses téméraires enfans, et les ramena à la maison demi-morts de frayeur.

Ils eurent des vomissemens violens pendant qu'on leur ôtait leurs habits et qu'on les frottait. Enfin, on les mit chacun dans un lit bien chaud. Ils étaient successivement dans un accablement et dans des convulsions qui faisaient frémir. Ils se plaignaient d'un mal de tête affreux et de tiraillemens d'entrailles. Ils tombaient à chaque instant en faiblesse, puis c'étaient des nausées et des étouffemens.

C'est dans cet état déplorable qu'ils passèrent le reste du jour. Il leur échappait des sanglots et des torrens de larmes, jusqu'à ce qu'enfin ils s'endormirent de lassitude.

Le lendemain au matin, de bonne heure, leur père entra dans leur chambre, et leur demanda comment ils avaient passé la nuit.

Pas trop bien, répondirent-ils l'un et l'autre d'une voix affaiblie : nous nous sommes levés très-souvent, et la tête et le ventre nous font encore mal.

Pauvres enfans, leur dit M. d'Orsay, que je vous plains! Mais reprit-il un moment après, que ferez-vous aujourd'hui de votre liberté? vous vous souvenez qu'elle vous appartient encore.

Oh! non, non, répondirent-ils tous les deux avec précipitation.

Et pourquoi donc, mes amis? vous disiez l'autre jour qu'il était si triste de faire les volontés des autres.

Nous avons été bien corrigés de notre folie, répondit Casimir.

C'est pour long-temps, ajouta Julie.

M. D'ORSAY.

Vous ne voulez donc plus vous appartenir ?

CASIMIR.

Non, non, mon papa. Dites-nous plutôt ce que nous avons à faire.

JULIE.

Cela vaudra beaucoup mieux pour nous.

M. D'ORSAY.

Pensez bien à ce que vous dites; car si je reprends mon pouvoir, je vous préviens que j'aurai d'abord quelque chose de désagréable à vous ordonner.

CASIMIR.

N'importe, mon papa. Nous voilà prêts à faire tout ce que vous jugerez à propos.

M. D'ORSAY.

Eh bien ! j'ai ici une poudre jaunâtre, qu'on appelle rhubarbe : elle a un mauvais goût; mais elle est excellente pour les personnes qui ont dérangé leur estomac par des excès. Puisque vous consentez à suivre les ordres que je vous donne, je vous commande de prendre tout de suite cette poudre. Qu'on m'obéisse.

CASIMIR.

Oui, oui, mon papa.

JULIE.

Quand ce serait amer comme du chicotin.

M. d'Orsay fit des pilules qu'il leur présenta. Les

enfans, sans se tordre la bouche de grimaces, comme ils faisaient auparavant, les avalèrent à l'envi l'un de l'autre. Ce remède fit heureusement son effet, et ils guérirent tous deux.

Lorsqu'on voulait dans la suite les menacer d'une punition effrayante, on leur disait : Nous allons vous donner la liberté, et les enfans tremblaient encore plus de cette menace que ceux à qui l'on dirait : Je vais vous mettre en prison.

LES BUISSONS.

Dans une riante soirée de mai, M. d'Ogères était assis avec Armand, son fils, sur le penchant d'une colline, d'où il lui faisait admirer la beauté de la nature, que le soleil couchant semblait revêtir, dans ses adieux, d'une robe de pourpre. Ils furent distraits de leur douce rêverie par les chants joyeux d'un berger qui ramenait son troupeau bêlant de la prairie voisine. Des deux côtés du chemin qu'il suivait, s'élevaient des buissons d'épines, et aucune brebis ne s'en approchait sans y laisser quelque dépouille de sa toison.

Le jeune Armand entra en colère contre ces ravisseurs. Voyez-vous, mon papa, s'écria-t-il, ces buissons qui dérobent la laine aux brebis ? Pourquoi Dieu a-t-il fait naître ces méchans arbustes ? ou pourquoi les hommes ne s'accordent-ils pas pour les exterminer? Si les pauvres brebis repassent encore dans le même endroit, elles vont y laisser le reste de leurs habits. Mais, non, je me lèverai demain à la pointe du jour, je viendrai avec ma serpette, et *ritz, ratz,* je jetterai à bas toutes ces broussailles. Vous viendrez aussi avec moi, mon papa? vous porterez votre grand couteau de chasse; et l'expédition sera faite avant l'heure du déjeûner. Nous songerons à ton projet, lui répondit M. d'Orgères. En attendant, ne sois pas si injuste envers ces buissons, et rappelle-toi ce que nous faisions vers la Saint-Jean.

ARMAND.

Et quoi donc, mon papa?

M. D'ORGÈRES.

N'as-tu pas vu les bergers s'armer de grands ciseaux, et dérober aux brebis tremblantes, non pas des flocons légers de leur laine, mais toute leur toison?

ARMAND.

Il est vrai, mon papa, parce qu'ils en ont besoin pour se faire des habits. Mais les buissons qui les dépouillent par pure malice, et sans avoir aucun besoin!

M. D'ORGÈRES.

Tu ignores à quoi ces dépouilles peuvent leur servir; mais supposons qu'elles leur soient inutiles, le seul besoin d'une chose est-il un droit pour se l'approprier?

ARMAND.

Mon papa, je vous ai entendu dire que les brebis perdent naturellement leur toison vers ce temps de l'année ; ainsi il vaut bien mieux la prendre pour notre usage, que de la laisser tomber inutilement.

M. D'ORGÈRES.

Ta réflexion est juste. La nature a donné à toutes les bêtes leur vêtement ; et nous sommes obligés de leur emprunter le nôtre, si nous ne voulons pas aller tout nus, et rester exposés aux injures cruelles de l'hiver.

ARMAND.

Mais le buisson n'a pas besoin de vêtement. Ainsi, mon papa, il n'est plus question de reculer. Il faut dès demain jeter à bas toutes ces épines. Vous viendrez avec moi, n'est-ce pas?

M. D'ORGÈRES.

Je ne demande pas mieux. Allons, à demain au matin, dès la pointe du jour.

Armand, qui se croyais déjà un héros, de la seule idée de détruire de son petit bras cette légion de voleurs, eut de la peine à s'endormir, occupé, comme il était, de ses victoires du lendemain. A peine les chants joyeux des oiseaux perchés sur les arbres voisins de ses fenêtres eurent-ils annoncé le retour de l'aurore, qu'il se hâta d'éveiller son père. M. d'Ogères, de son côté, occupé peu de la destruction des buissons, mais charmé de trouver l'occasion de montrer à son fils les beautés ravissantes du jour naissant, ne fut pas moins empressé de sauter de son lit. Ils s'habillèrent à la hâte, prirent leurs armes, et se mirent en chemin pour leur expédition. Armand allait le premier, d'un air de triomphe, et M. d'Ogères avait bien de la peine à suivre ses pas. En approchant des buissons, ils virent de tous les côtés de petit oiseaux qui venaient en voltigeant sur leurs branches. Doucement, dit M. d'Ogères à son fils, suspendons un moment notre vengeance, de peur de troubler ces innocentes créatures. Remontons à l'endroit de la colline où nous étions assis hier soir, pour examiner ce que les oiseaux cherchent sur ces buissons, d'un air si affairé. Ils remontèrent la colline, s'assirent, et regardèrent. Ils virent que les oiseaux emportaient dans leur bec les flocons de laine que les buissons avaient accrochés la veille aux brebis. Il venait des troupes de fauvettes, de pinsons, de linotes et de rossignols, qui s'enrichissaient de ce butin.

Que veut dire cela, s'écria Armand tout étonné?

Cela veut dire, lui répondit son père, que la Providence prend soin des moindres créatures, et leur fournit toutes sortes de moyens pour leur bonheur et leur conservation. Tu le vois, les pauvres oiseaux trouvent ici de quoi tapisser l'habitation qu'ils forment d'avance pour leurs petits. Ils se préparent un lit bien doux pour eux et pour leur jeune famille. Ainsi cet honnête buisson, contre lequel tu t'emportais hier si légèrement, allie les habitans de l'air avec ceux de la terre. Il demande au riche son superflu, pour donner au pauvre ses besoins. Veux-tu venir à présent le détruire? Que le ciel nous en préserve! s'écria Armand. Tu as raison, mon fils, reprit M. d'Ogères; qu'il fleurisse en paix, puisqu'il fait de ses conquêtes un usage si généreux.

JOSEPH.

Il y avait à Bordeaux un fou, qu'on nommait Joseph. Il ne sortait jamais sans avoir cinq ou six perruques entassées sur sa tête, et autant de manchons passés dans chacun de ses bras. Quoique son esprit fut dérangé, il n'était point méchant, et il fallait le harceler long-temps pour le mettre en colère. Lorsqu'il passait dans les rues, il sortait de toutes les maisons des petits garçons malicieux, qui le suivaient en criant : Joseph! Joseph! combien veux-tu vendre tes manchons et tes perruques? Il y en avait même d'assez méchans pour lui jeter des pierres. Joseph supportait ordinairement avec douceur toutes ces insultes; cependant il était quelquefois si tourmenté, qu'il entrait en fureur, prenait des cailloux ou des poignées de boue, et les jetait aux polissons.

Ce combat se livra un jour devant la maison de M. Desprez. Le bruit l'attira à la fenêtre. Il vit avec douleur que son fils Henri était engagé dans la mêlée. A peine s'en fut-il aperçu, qu'il referma la croisée, et passa dans une autre pièce de son appartement.

Lorsqu'il se mit à table, M. Desprez dit à son fils : Quel était cet homme après qui tu courais en poussant des cris.

HENRI.

Vous le connaissez bien, mon papa ; c'est le fou qu'on appelle Joseph.

M. DESPREZ.

Le pauvre homme ! qui peut lui causer ce malheur ?

HENRI.

On dit que c'est un procès pour un riche héritage. Il a eu tant de chagrin de le perdre, qu'il en a perdu aussi l'esprit.

M. DESPREZ.

Si tu l'avais connu au moment où il fut dépouillé de cet héritage, et qu'il t'eût dit les larmes aux yeux : « Mon cher Henri, je suis bien malheureux ; on vient de m'enlever un héritage dont je jouissait paisiblement. Tous mes biens ont été consumés par les frais de procédure ; je n'ai plus ni maison de campagne, ni maison à la ville, il ne me reste rien. » Est-ce que tu te serais moqué de de lui ?

HENRI.

Dieu m'en préserve ! Qui peut être assez méchant pour se moquer d'un homme malheureux ? J'aurais bien plutôt cherché à le consoler.

M. DESPREZ.

Est-il plus heureux aujourd'hui qu'il a aussi perdu l'esprit ?

HENRI.

Au contraire, il est bien à plaindre.

M. DESPREZ.

Et cependant aujourd'hui tu insultes et tu jettes des pierres à un malheureux que tu aurais cherché à consoler lorsqu'il était beaucoup moins à plaindre.

HENRI.

Mon cher papa, j'ai mal fait, pardonnez-le-moi.

M. DESPREZ.

Je veux bien te pardonner, pourvu que tu t'en repentes. Mais mon pardon ne suffit pas; il y a quelqu'un à qui tu dois encore le demander.

HENRI.

C'est apparemment Joseph.

M. DESPREZ.

Et pourquoi donc Joseph?

HENRI.

Parce que je l'ai offensé.

M. DESPREZ.

Si Joseph avait conservé son bon sens, c'est bien à lui que tu devrais demander pardon de ton offense. Mais, comme il n'est pas en état de comprendre ce que tu lui demanderais par ton pardon, il est inutile de t'adresser à lui. Tu crois cependant qu'on est obligé de demander pardon à ceux que l'on a offensés?

HENRI.

Vous me l'avez appris, mon papa.

M. DESPREZ.

Et sais-tu qui nous a commandé d'avoir de la pitié pour les malheux?

HENRI.

C'est Dieu.

M. DESPREZ.

Cependant tu n'as pas montré de pitié pour le pauvre Joseph; au contraire, tu as augmenté son malheur par tes insultes. Crois-tu que cette conduite n'ait pas offensé Dieu?

HENRI.

Oui, je le reconnais, et je veux lui en demander pardon ce soir dans ma prière.

Henri tint sa parole; il se repenti de sa méchanté et il en demanda le soir pardon à Dieu au fond de son cœur. Et non-seulement il laissa Joseph tranquille pendant quelques semaines, mais il empêcha aussi quelques-uns de ses camarades de l'insulter.

Malgré ses belles résolutions, il lui arriva un jour de se mêler dans la foule des polissons qui le poursuivaient. Ce n'était, à la vérité, que par une pure curiosité, et seulement pour voir les niches qu'on faisait à ce pauvre homme. De temps en temps il lui échappait de crier comme les autres : Joseph! Joseph! Peu à peu il se trouva le premier de la bande; en sorte que Joseph, impatient de toutes ces huées, s'étant retourné tout-à-coup, et ayant ramassé une grosse pierre, lui jeta avec tant de roideur, qu'elle lui frôla la joue et lui emporta un bout d'oreille.

Henri rentra chez son père tout ensanglanté, en jetant de hauts cris. C'est une juste punition de Dieu, lui dit M. Desprez. Mais, lui répondit Henri, pourquoi ai-je été tout seul si maltraité, tandis que mes camarades, qui lui faisaient beaucoup plus de malices, n'ont pas été punis? Cela vient, lui répliqua son père, de ce que tu le faisais connaissant mes représentations, et que par conséquent ton offense était plus criminelle. Il est juste qu'un enfant, instruit des ordres de Dieu et de ceux de son père, soit doublement puni, lorsqu'il a l'indignité de les enfreindre.

LA PERRUQUE,

LE GIGOT, LES LANTERNES, LE SAC D'AVOINE ET LES ÉCHASSES.

Monsieur de Fréville était un après-midi dans son cabinet avec ses quatre enfans, Lucien, Charlotte, Denise et Saint-Félix, lorsqu'il reçut la visite de ses trois meilleurs amis, MM. de Vermont, de Feuilleragues et de Fonbonne. Les enfans aimaient beaucoup ces messieurs, et se réjouirent de leur arrivée. Ils prêtèrent une oreille attentive à leurs entretiens, qui furent si instructifs et si amusans, que le soir et même la nuit étaient déjà venus sans qu'on eût songé à se détourner pour demander de la lumière. M. de Vermont en était aux détails les plus curieux de ses longs voyages lorsqu'on entendit frapper rudement à la porte. Les enfans se rassemblèrent bientôt en peloton derrière le fauteuil de leur père, qui attendait toujours que l'un d'eux allât ouvrir. Il en avait donné l'ordre à Lucien, son fils aîné, mais Lucien l'avait fait passer à Charlotte, Charlotte à Denise, et Denise à Saint-Félix. Durant le cours de ces négociations, on avait frappé une seconde fois, et aucun d'eux ne bougeait de sa place. M. de Fréville les regarda d'un œil qui semblait leur demander si c'était à lui ou à ses amis de prendre la peine de se lever de leur siége. Enfin ils se mirent en marche tous les quatre ensemble dans l'ordonnance guerrière d'un bataillon carré, bien tapis les uns contre les autres. Quand ils furent près de la porte, Lucien se détacha d'un pas craintif, et la poussa brusquement, en se repliant avec précipitation sur le petit corps d'armée. Mais le petit corps d'armée eut bien une autre peur au tintamarre soudain qui se fit alors entendre, et à l'apparition d'un corps blanchâtre qui rampait à quatre pates avec des grogneries étouffées. Les quatre nouveaux Sosies prirent la fuite en poussant des hurlemens d'effroi. Qui est-là donc? s'écria M. de Fréville d'un ton d'impatience. Moi, monsieur, répondit une voix sourde qui semblait sortir du plancher. — Et qui êtes-vous? — C'est le garçon perruquier, monsieur, qui cherche votre perruque qu'on vient de faire tomber. Je vous laisse à penser, mes amis, quels éclats de rire succédèrent au morne silence qui venait de régner un moment. On tira la sonnette pour avoir des flambeaux, et bientôt on aperçut à leur clarté la boîte à perruque tout en pièces, et la malheureuse perruque renversée à terre, qui chaussait, comme une large pantoufle un des pieds du garçon.

Lorsque le premier tumulte de cette scène risible fut apaisé, M. de Fréville plaisanta ses enfans sur leur poltronnerie, et leur demanda de quoi ils avaient eu peur. Ils ne le savaient pas eux-mêmes, car ils étaient accoutumés, dès le berceau, à ne pas s'effrayer de l'obscurité, parce qu'on les y avait laissés quelquefois seuls pour les aguerrir, et qu'il avait été expressément défendu à tous les domestiques de leur faire de ridicules histoires de spectres et de revenans.

La conversation générale, détournée de son premier sujet, vint à rouler sur ce point; et l'on examina d'où pouvait provenir la frayeur dont les enfans sont ordinairement saisis dans les ténèbres.

C'est un effet naturel des ténèbres elles-mêmes, dit M. de Vermont. Comme ils ne peuvent distinguer avec justesse les objets qui les environnent, l'imagination qui ne demande que du merveilleux, les leur présente sous des formes extraordinaires, les grossissant ou les rapetissant à son gré. Alors le sentiment de leur faiblesse leur persuade qu'ils ne peuvent résister à ces monstres chimériques. La terreur s'empare de leurs esprits, et les frappe d'impressions quelquefois mortelles.

Ils seraient bien honteux, dit M. de Fréville, s'ils voyaient au grand jour ce qui leur inspire tant de crainte dans l'obscurité!

C'est comme si je voyais, interrompit Lucien, car

je n'ai qu'à le toucher ; alors je sais bien ce que j'ai devant moi.

— Oui, répondit Charlotte, tu viens de nous donner une belle preuve de ton courage! C'est pour cela que tu m'aurais laissée toucher la porte, si je ne t'avais poussé.

— Il te sied bien de me parler de ma peur, répliqua Lucien, toi qui t'es allée cacher derrière Saint-Félix!

— Et Saint-Félix derrière moi, ajouta la maligne petite Denise.

— Allons, dit M. de Fréville, je vois que vous n'avez rien à vous reprocher, les uns aux autres. Mais l'expédient n'en est pas moins raisonnable, parce que, dans toutes ces représentations extravagantes que l'on se forme, il n'y a jamais que des accidens naturels à craindre ; et qu'on peut s'en préserver en reconnaissant, par le toucher, ce qui nous offusque. C'est pour avoir négligé cette précaution dans l'enfance, qu'on s'accoutume à voir ensuite des fantômes dans tout ce qui nous entoure. Il me revient à ce propos une histoire assez drôle que je vais vous raconter.

Les enfans, joyeux, se rangèrent en cercle autour de lui ; et M. de Fréville commença en ces mots :

Dans la maison de mon père, il y avait une servante qu'on envoya un soir à la cave chercher du vin pour le souper. On s'était déjà mis à table, et l'on ne voyait venir ni le vin ni la servante. Ma mère, d'un caractère très-vif, se leva pour l'aller appeler elle-même. La porte de la cave était ouverte, et personne ne répondait à ses questions. Elle m'ordonna de prendre un flambeau et de descendre avec elle. Je marchais le premier pour l'éclairer. Comme ma vue se portait en avant, je ne regardais point à mes pas. Tout-à-coup je tombe de ma hauteur sur quelque chose de flasque, où mes pieds s'étaient embarrassés. Ma lumière s'éteint; et, cherchant à me relever, j'appuie sur une main immobile et glacée. Au cri que je pousse, la cuisinière descend avec une chandelle. On approche, et nous trouvons notre pauvre servante étendue le visage contre terre, dans un profond évanouissement. On la relève, en lui fait respirer des sels, elle reprend peu à peu ses esprits; mais à peine ses yeux sont-ils ouverts, qu'elle s'écrie d'une voix effarée, en se débattant dans nos bras : Ah! la voilà, la voilà encore! Qui donc, lui demande ma mère? Cette grande femme blanche, pendue à la voûte. Voyez, voyez. Nous regardâmes du côté qu'elle nous montrait, et nous vîmes effectivement quelque chose de blanc et de long suspendu dans un coin. N'est-ce que cela, s'écria la cuisinière en poussant un grand éclat de rire! Eh! c'est le gigot que j'ai acheté aujourd'hui. Je l'ai mis ici au crochet pour se tenir frais, et je l'ai entouré d'un linge pour le garantir des insectes. Elle courut aussitôt détacher l'enveloppe, et présenta le gigot à sa camarade, encore toute tremblante de frayeur. Ce ne fut pas sans peine qu'on parvint à la convaincre de sa ridicule méprise. Elle s'obstinait à soutenir que le fantôme l'avait renversée d'un coup d'œil effrayant; qu'elle avait voulu se sauver, qu'il l'avait poursuivie et accrochée par sa jupe, et qu'il lui avait ensuite arraché avec violence le flambeau de la main. Elle ne savait plus ce qui lui était arrivé depuis ce moment.

Il n'est pas difficile, dit M. de Vermont, d'expliquer ce qui s'était passé dans sa tête. Lorsqu'elle s'est effrayée au point de s'évanouir, son sang s'arrêta tout-à-coup; et, comme elle ne pouvait s'enfuir, elle s'imagina qu'elle était retenue. Sa main, en se roidissant, laissa tomber son flambeau, et elle crut que le fantôme le lui avait arraché.

Que nous sommes heureux, ajouta-t-il, de ce que les lumières de notre sièle commencent à dissiper ces folles croyances de spectres et d'apparitions! Il fut un temps d'ignorance où ces idées, se mêlant à des sentimens superstitieux, portaient la faiblesse et l'effroi dans tous les esprits. Grâces au ciel, elles sont bannies des villes; mais elles règnent encore dans les campagnes, que les malheureux villageois regardent toujours comme peuplées de sorciers et d'esprits malins. En voici un exemple fort plaisant.

Thomas, gros fermier, revenait un jour de la foire du village voisin, avec Étienne et Suzette, ses deux enfans. C'était vers les derniers jours de l'automne, où la nuit commence à régner de bonne heure sur l'horizon, en passant devant une auberge, le père dit qu'il avait besoin d'y entrer pour se rafraîchir; et, comme ils savaient la route, il leur ordonna de la suivre, en leur promettant de les rejoindre bientôt. Étienne et Suzette s'en allaient donc à petits pas, s'entretenant des farces plaisantes qu'ils avaient vu faire aux marionnettes, et les répétant pour s'amuser. Tout-à-coup, vers le milieu d'un sentier qui aboutissait au grand chemin par le coin d'un petit bois, ils aperçurent quelque chose de flamboyant qui s'agitait sur la terre, et qui semblait danser, en s'élevant et s'abaissant tour-à-tour. Thomas, autrefois soldat, leur avaient souvent dit qu'il ne fallait pas avoir peur de ce qui, dans l'éloignement et les ténèbres, portait quelque forme effrayante, et qu'en s'en approchant, on trouverait toujours que ce n'était rien. Étienne, dans ce moment, avait oublié toutes ces instructions. Il bégayait à peine, tremblant de tout son corps, et glacé d'effroi. Suzette se moqua de ses craintes, et lui déclara qu'elle voulait voir la chose de près, son frère eut beau lui protester que c'était des revenans, des hommes de feu qui lui tordraient la nuque, elle ne fut point découragée par ces folles imaginations, et s'avança vers la lumière d'un pas intrépide.

Elle n'en était plus éloignée que de vingt pas, lorsqu'elle reconnut le joueur de marionnettes de la foire, qui, avec sa lanterne, cherchait quelque chose autour de lui.

En tirant son mouchoir de sa poche, il en avait enlevé sa bourse; et depuis un quart d'heure il la cherchait à terre inutilement. Suzette, plus avisée, se mit à fureter dans les buissons, et la trouva bientôt aux branches d'une aubépine. Le joueur de marionnettes lui donna pour sa peine ce drôle de polichinelle qui l'avait tant fait rire, et tout le long de la route il lui apprit à le faire jouer.

Ils ne faisaient que d'entrer dans la ferme, lorsque Thomas y arriva. Le joueur de marionnettes lui raconta son aventure, et loua le courage de Suzette. Cependant la nuit devenait plus sombre, et le pauvre Étienne ne paraissait point. Son père commença à craindre qu'il ne lui fut arrivé quelque malheur. Il prit un gros flambeau de résine et courut avec sa fille sur le grand chemin pour le chercher.

Ils allaient à grands pas, se tournant de tous côtés, et l'appelant sans cesse. Enfin ils entendirent au loin une voix d'enfant qui leur répondait par des cris douloureux. Ils y coururent, et ils trouvèrent Étienne dans un fossé profond, dont il ne pouvait sortir. Il était couvert de boue de la tête aux pieds, et il avait le visage et les mains tout déchirés par les broussailles.

Et comment diantre t'es-tu fourré là dedans, lui dit Thomas en l'aidant à s'en tirer ?

Ah ! mon père, c'est que je courais, tournant la tête vers l'homme de feu qui me poursuivait, et je suis tombé dans ce fossé. Je voulais en sortir ; je n'ai trouvé pour m'accrocher que des épines. Voyez comme elles m'ont mis tout en sang : et là-dessus il recommença ses cris et ses lamentations.

Son père le tança rudement pour sa poltronnerie. Étienne en fut bien plus honteux lorsqu'il apprit l'heureuse aventure de Suzette. Il ne pouvait se consoler d'avoir perdu sa part du joli polichinelle, qu'elle savait déjà faire jouer si adroitement.

La lanterne de votre récit, dit M. de Feuilleragnes, me rappelle un événement où la mienne a joué un rôle encore plus effrayant par toute une bourgade.

Je revenais un soir d'une tournée que j'avais faite pour des recrues dans les villages d'alentour. Il était tombé depuis midi une pluie affreuse qui avait rompu tous les chemins. Elle se précipitait encore avec la même violence; mais comme il me fallait rejoindre la marche le lendemain au matin de bonne heure, je me remis en route, avec la précaution de prendre une lanterne pour m'éclairer dans un pas dangereux que l'on m'indiqua.

Je venais de passer l'abri d'une petite colline, lorsqu'un coup de vent furieux emporte mon chapeau jusque vers le milieu d'un étang profond. Heureusement j'avais un grand manteau rouge; je le fis remonter sur ma tête, en me ménageant une petite ouverture pour voir à me conduire, et pour respirer de peur que l'ouragan ne s'engouffrât dans ses plis, je passai mon bras autour de mon corps, afin de l'assujettir, en sorte que ma lanterne, que je tenais de la main droite, se trouvait sous mon épaule gauche. A l'entrée d'une bourgade, bâtie sur le penchant d'une montage, je rencontrai trois voyageurs, qui ne m'eurent pas plutôt aperçu, qu'ils se mirent à fuir comme si quelque démon les eût emportés. Je continuai ma route au galop, et j'allai descendre dans une hôtellerie, où je voulais prendre quelque repos. Bientôt après j'y vis arriver mes trois poltrons, pâles, et plus morts que vifs. Ils racontèrent en frissonnant d'effroi, qu'ils venaient de trouver un grand cadavre tout dégoûtant de sang, qui portait sa tête en feu sous son bras. Il était monté, disaient-ils, sur un cheval, noir par devant et gris par derrière, qui n'avait pas laissé, tout boiteux qu'il était, de monter tout droit la montagne avec une vitesse extraordinaire. Ils avaient eu le soin de sonner l'alarme dans toute la bourgade. On les avait suivis jusqu'à la porte de l'hôtellerie, et il s'y trouvait près de cent personnes pressées les unes contre les autres, ouvrant leurs bouches et leurs oreilles à cet épouvantable récit. Pour me dédommager des désagrémens de mon triste voyage, je résolus de rire encore à leurs dépens, avec le projet de les guérir ensuite de leurs frayeurs. J'allai reprendre secrètement mon cheval; et m'étant remis à quelque distance dans le même équipage, excepté que ma lanterne était sous le devant de mon épaule, j'arrivai à bride abattue devant la porte de l'hôtellerie. Il aurait fallu voir toute cette foule consternée, les uns cachant leur tête entre leurs mains, les autres se précipitant dans l'auberge. Il n'y eut que l'hôte seul qui eut le courage de rester sur la porte, et de me regarder. Alors je tirai ma lanterne de dessous mon bras; je dépouillai mon manteau, et je parus à ses yeux tel qu'il m'avait vu l'instant d'auparavant au coin de sa cheminée. Ce ne fut pas sans peine que nous vînmes à bout de rappeler ces bonnes gens de leur profonde terreur. Les trois voyageurs surtout, encore frappés de la première impression, n'en pouvaient croire leurs propres yeux. On finit par les railler de leur vision, et par boire à la santé du grand cadavre sans tête, qui, faute de cet éclaircissement, allait peut-être, de ville en ville, de bourg en bourg, répandre pour des siècles une frayeur superstitieuse dans toute la contrée.

Il ne tenait donc qu'à moi, dit M. de Fonbonne, de fournir aussi le sujet d'une belle relation aux commères de mon pays, dans une aventure nocturne qui m'est arrivée lors de ma première jeunesse.

Je venais d'achever le cours de ma rhétorique, lorsque j'allai passer le temps des vacances à la maison de campagne de mon oncle. J'eus une fois besoin de me lever dans la nuit. Il fallait traverser une vaste galerie, et je n'avais d'autre lumière pour y guider mes pas, que les faibles rayons de la lune, obscurcie par les nuages. En passant devant une porte vitrée qui s'ouvrait sur la grande allée du jardin, je vis une masse informe qui glissait le long des arbres. La lune, qui la frappait obliquement d'une sombre lueur, lui donnait une apparence effrayante, celle d'un grand colosse, dont la moitié du corps serait courbé en avant. A mesure qu'il s'éloignait, je le voyais se rapetisser par degrés; tout-à-coup il sembla se partager en deux. Une moitié paraissait immobile et morte, l'autre, dans un grand mouvement, s'agitait autour d'elle. Comme aucune des deux ne venait de mon côté, la frayeur dont j'étais saisi me laissa la force d'appeler au secours. Mais à peine eus-je à demi poussé le premier cri, que la moitié vive du fantôme accourut vers moi, et me dit d'une voix suppliante : Ah! monsieur, monsieur Cyprien, ne criez pas, je vous en prie. Au nom de Dieu, taisez-vous. La voix ne m'était pas inconnue. Je m'armai de résolution, et m'avançai vers lui. Qui es-tu? lui dis-je. Un voleur, sans doute. — Eh! non, monsieur Cyprien, non certainement. Je suis Picard, le cocher. Ah! c'est toi, répondis-je; que fais-tu donc? J'allai le joindre, et j'aperçus un grand sac debout contre la muraille, qu'il chargeait sur sa tête. Je vis clairement alors ce qui lui avait donné cette stature monstrueuse et pourquoi il m'avait paru se partager en deux, lorsqu'il avait jeté le premier sac à terre. Je lui demandai ce qu'il emportait à une heure si indue. C'est que je dois, me repondit-il, aller de bonne heure à la ville. Hier au soir j'oubliai de tirer l'avoine du grenier. Il faut cependant que mes chevaux la mangent avant le jour. Je me suis levé pour en venir chercher. Mais n'en dites rien, je vous en supplie; on pourrait me croire coupable de négligence, ou imaginer que je suis un voleur. Je compris tout de suite qu'il pourrait bien être en effet ce qu'il craignait de paraître. Je l'avais vu moi-même prendre de l'avoine le soir. D'ailleurs, ce n'était pas du côté de l'écurie qu'il portait le sac, mais vers la petite ruelle qui passait au bout du jardin; et puis il ne faillait sûrement pas deux grands sacs d'avoine pour trois chevaux. Dès le lendemain, j'instruisis mon oncle de ce manége. Après quelques perquisitions, on découvrit qu'il avait une fausse clé, et que de cette manière il avait plusieurs fois emporté dans la nuit une grande partie des provisions de nos pauvres chevaux.

Si, lorsque le prétendu fantôme se fut approché de moi et m'eut appelé par mon nom, je n'avais pas surmonté ma première frayeur, et que je me fusse sauvé dans ma chambre pour l'éviter, de quelles idées terribles ne me serais-je pas tourmenté pendant toute la nuit! Cette image m'aurait peut-être poursuivi le reste de ma vie, et m'aurait rendu faible et peureux, si même elle n'avait attaqué mes nerfs et dérangé mon cerveau.

M. de Fonbonne aurait eu affectivement ce malheur à craindre. Je viens d'être instruit d'un événement funeste, qui prouve combien les effets de la peur sont terribles sur les enfans. Je vais vous les raconter, mes amis; et j'espère que cet exemple vous guérira de la manie odieuse que vous avez de chercher à vous effrayer les uns les autres, surtout dans les ténèbres.

Le jeune Charles de Pommery, enfant plein d'esprit et de talens, avait pris un goût si vif pour la musique, que, non content de la leçon de clavecin qu'il recevait chez lui dans la matinée, il allait encore tous les soirs la répéter chez son maître, qui demeurait dans le voisinage de la maison de son père.

Son frère Auguste, très-bon enfant aussi, mais

dont les goûts étaient plus tournés vers la dissipation, employait ce temps à forger dans sa tête mille nouvelles espiègleries. Il s'était aperçu que Charles rentrait le plus souvent tout seul au logis, et quelquefois dans l'obscurité. Il forma le dessein de lui faire peur. Depuis quelques jours il s'exerçait, à l'insu de sa famille, à marcher sur des échasses. Un soir il les prend à ses pieds, s'affuble d'un grand drap blanc, qui, malgré sa hauteur, traînait jusqu'à terre; couvre sa tête d'un chapeau noir à bords rabattus, d'où pendait un long crêpe de deuil, et, dans ce grotesque attirail, il se place debout à l'entrée de la maison, pour attendre son frère. Celui-ci revenait dans la joie innocente de son âge, fredonnant l'air qu'il venait de répéter. Il n'était plus qu'à trois pas de la porte, lorsqu'il aperçut le colosse monstrueux, qui agitait ses bras, et marchait à lui pour le repousser. Frappé d'un effroi mortel à cet aspect, il tombe tout-à-coup par terre sans connaissance. Auguste, qui n'avait pas prévu les suites de son détestable badinage, dépouille aussitôt son épouvantail, et se jette à corps perdu sur son frère, en lui prodiguant les plus tendres caresses, et tous les secours qu'il crut propres à le ranimer. Mais hélas! le petit malheureux était déjà comme mort. Ses parens accoururent, et parviennent enfin à le rappeler au sentiment de la vie. Il ouvre les yeux, et les regarde d'un air stupide. On l'appelle des noms les plus chers; il ne peut les entendre. Sa langue s'agite en vain dans sa bouche, elle ne rend plus que des sons inarticulés. Le voilà

Frappé d'un effroi mortel à cet aspect, il tombe tout-à-coup.

sourd, muet et insensé sans doute pour la vie. Il s'est écoulé plus de six mois depuis cette déplorable aventure, et tout l'art des médecins n'a pu rien opérer. Peignez-vous, si vous le pouvez, mes amis, la désolation de ses parens. Il serait peut-être à désirer pour eux qu'il eût cessé de vivre ; ils n'auraient pas tous les jours sous les yeux un sujet de pleurs et de désespoir. Mais leur affliction n'est rien encore en comparaison de celle d'Auguste. Depuis ce temps, il ressemble plus à un squelette qu'à une créature vivante. Il ne peut ni manger ni dormir. Ses larmes l'épuisent, et ses remords le dévorent. Cent fois dans la journée, il marche ou s'arrête d'un pas égaré ; il tord ses mains, s'arrache les cheveux, et maudit sa naissance. Il appelle, il embrasse son frère qui ne le reconnaît plus. Je les ai vus l'un et l'autre, et je ne puis vous dire lequel des deux est le plus infortuné.

LE TRICTRAC.

Monsieur de Pontis venait d'acheter, pour Sophie et pour Adrien, un petit trictrac de bois d'acajou, avec les dames d'ébène et d'ivoire, trois jetons de nacre, deux cornets de maroquins, et quelques paires de jolies dés anglais.

Les enfans ne connaissaient pas encore ce jeu.

Ils prièrent leur papa de leur en donner les premières leçons. M. de Pontis, qui se mêlait volontiers à tous leurs plaisirs, s'en fit un de les satisfaire. Il jouait alternativement avec l'un et avec l'autre, et celui qui ne jouait pas regardait la partie pour s'instruire.

Je me garderai bien de vous dire comment ils comptaient d'abord du bout du doigt le nombre des points imprimés sur les dés. Je ne marquerai pas non plus les écoles qu'ils firent dans le commencement. J'aime mieux apprendre qu'au bout d'un mois ils savaient joliment la marche du jeu. Bientôt ils furent en état de jouer seuls ensemble. Sophie était de la première force de son âge pour le *petit Jean*. Adrien, plus ambitieux, tournait toutes ses prétentions vers le *Jean de retour*. Peu après ils en vinrent au point de n'avoir plus recours à leur papa que dans les grandes difficultés.

Il était un jour témoin de la partie. Adrien, après quelques mauvais coups, avait perdu la tête, et semblait jouer à reculons. Sophie, qui se possédait à merveille, menait la bredouille grand train.

Adrien, en faisant rouler les dés dans son cornet avant de les pousser, ne manquait jamais de nommer les points qu'il lui aurait fallu pour battre ou pour remplir. Cinq et quatre! six et trois! Point du tout. C'était deux et as, terne ou double deux qui venaient. Il frappait du pied contre terre, fracassait les dames, jetait le cornet après les dés, et s'écriai : Voyez si l'on peut-être plus malheureux! C'est bien jouer de guignon.

Sophie, au contraire, sans appeler ses dés, cherchait à s'en procurer un grand nombre de favorables. Se voyait-elle trompée dans son attente, au lieu de se troubler elle-même par des lamentations inutiles, elle réfléchissait sur le moyen de parer à cet accident. Il lui arrivait quelquefois d'en tirer de nouvelles ressources, et l'on était tout surpris de lui voir rétablir en un clin-d'œil le jeu le plus désespéré.

Lorsque la victoire se fut déclarée pour elle avec tous les honneurs du triomphe, elle sortit, par modestie, pour se dérober à sa gloire. Adrien, honteux de sa défaite, n'osait lever les yeux sur son papa. M. de Pontis lui dit froidement : Adrien, tu as bien mérité de perdre cette partie.

ADRIEN.

Il est vrai, mon papa; celle-là et toutes les autres, pour jouer contre quelqu'un qui a tant de bonheur.

M. DE PONTIS.

Il semblerait, à t'entendre, que c'est le hasard qui décide absolument de tout ce jeu.

ADRIEN.

Non, mon papa. Mais quand on n'amène que des points faits exprès, comme Sophie.

M. DE PONTIS.

Il était difficile qu'elle en eût de contraires, de la manière dont elle avait su disposer ses dames. Tu n'as fait attention qu'à ses dés, au lieu de remarquer la marche de son jeu. Que dirais-tu d'un jardinier qui, gouvernant ses arbres au hasard, et sans accommoder ses travaux aux variétés des saisons, se plaindrait de ce que ses fruits ne réussissent pas comme ceux de son voisin, attentif à profiter de toutes ces circonstances pour l'avantage de sa culture?

ADRIEN.

Oh! mon papa, c'est bien différent.

M. DE PONTIS.

Et en quoi? Voyons!

ADRIEN.

Je ne peux pas vous dire, mais je le sens bien.

M. DE PONTIS.

Je suis honteux pour toi de te voir employer ces ressources des petits esprits pour défendre leur opiniâtreté dans une mauvaise cause. As-tu réellement vu, dans la comparaison que je viens d'employer, quelque chose qui l'empêche de se rapporter au sujet dont il était question? Je veux que tu me le dise.

ADRIEN.

Eh bien! non, mon papa; je n'y avais seulement pas réfléchi. C'était pour n'avoir pas l'air d'être confondu.

M. DE PONTIS.

Tu vois ce que l'on gagne à ces lâches détours. On n'avait que le tort d'un défaut de justesse dans l'esprit, et l'on y joint le tort, beaucoup plus condamnable, d'un défaut de justice dans le cœur. En employant ce faible subterfuge auprès de quelqu'un de raisonnable, crois-tu qu'il en soit la dupe? Jamais. Il n'y voit que de la petitesse après de la déraison. On aurait pu d'abord attendre de lui de la pitié, il ne ressent plus que du mépris, sans compter celui qu'on doit s'inspirer à soi-même.

ADRIEN.

Mon père, c'est bien dur ce que vous me dites là.

M. DE PONTIS.

Tu sais que je suis sans ménagement pour ce qui peut tenir de plus loin à l'injustice ou à la bassesse. On ne reçoit ces leçons que d'un père, et je te les donne avec amitié, pour qu'un autre n'ait pas occasion de te les donner avec aigreur. L'aveu que tu m'as fait à la première instance, et d'un mouvement franc de ton âme, me persuade que tu n'auras jamais besoin d'un autre avis. Viens m'embrasser, Adrien.

ADRIEN.

De tout mon cœur, mon papa, je sens que vous me sauvez bien des affronts.

M. DE PONTIS.

Je n'ai vu que ce moyen de les prévenir. Mais revenons encore à la comparaison dont j'avais fait usage. Nous pourrons, j'espère, en tirer une instruction plus étendue.

ADRIEN.

Voyons, voyons, mon papa; je ne vous ferai point de mauvaise chicane. Mais, si je la vois tant soit peu clocher, vous me permettrez bien...

M. DE PONTIS.

Je ne demande pas mieux, mon ami. Je serai charmé de te voir des idées plus justes. Crois qu'un noble amour-propre peut encore trouver quelque satisfaction dans l'aveu même d'une erreur. Il ne se fait point sans un grand amour pour la vérité sans un vif sentiment de justice ; et la raison, qui sait se relever d'une chute, est tout près d'en venir à ne plus broncher.

ADRIEN.

Je vois qu'il me faut encore long-temps tenir la bride serrée à la mienne.

M. DE PONTIS.

Fort bien ; mais lâche un peu les rennes à ton imagination, pour me suivre. Je te disais qu'un joueur de trictrac doit faire pour son jeu comme un jardinier habile pour son jardin. Si l'un ne songe qu'à donner une belle tige à son arbre, et à bien développer ses branches pour y cueillir plus de fruits, l'autre ne s'occupe au commencement qu'à fournir ses cases, et à placer ces dames dans un ordre avantageux, pour faire aisément son plein, le ménager lorsqu'il est fait, et en tirer le plus grand nombre de points qu'il puisse rapporter. L'événement des dés ne dépend pas plus de l'un que les variations du temps ne dépendent de l'autre. Mais, ce qui dépend également de tous les deux, c'est de se tenir en garde contre les incertitudes, de n'y exposer qu'avec précaution l'objet de leurs travaux. Le cours d'une partie est mêlé de hasards favorables ou contraires, comme celui d'une saison, d'influences malignes ou bienfaisantes. Les chances heureuses ressemblent à ces chaleurs douces qui préparent la fertilité, et les revers subits de fortune, à ces tempêtes soudaines qui menacent la végétation. L'habileté suprême est de prévoir ces viscissitudes, de découvrir à propos, l'un son jeu, l'autre son espalier, lorsqu'il n'y a point de danger à craindre pour hâter leur croissance, et de les garantir ensuite avec soin lorsque la partie ou le temps deviennent orageux.

ADRIEN.

Fort bien, mon papa, jusqu'ici tout cadre à merveille. Mais, dans une partie de trictrac, un bon joueur ne profite pas seulement de ses propres avantages, il profite encore des fautes et des écoles de son adversaire, au lieu que le jardinier joue tout seul dans votre comparaison.

M. DE PONTIS.

Il est vrai ; mais une comparaison ne peut jamais embrasser tous les rapports. La mienne se borne à ceux que je viens d'indiquer.

ADRIEN.

Croyez-vous ? Eh bien ! je vais la pousser plus loin, moi. Je regarde tous les jardiniers d'un village comme jouant entre eux à qui portera le plus de fruits au marché. Celui qui sait le mieux conduire son jeu en aura de plus précoces, de plus beaux et en plus grand nombre ; il les vendra mieux, si les autres, par ignorance ou par des écoles, ont moins à vendre ; et c'est lui qui gagnera la partie.

M. DE PONTIS.

Comment donc ! voilà qui est fort juste, mon fils. Tu vois quels avantages on peut retirer d'un entretien raisonnable, où l'on ne cherche pas à se tendre des piéges l'un à l'autre par une méprisable vanité, mais à s'instruire mutuellement, et à s'éclairer par un échange de lumières. Je n'avais aperçu qu'une, des faces de l'objet que je te présentais. En y attirant tes regards, je t'ai donné l'occasion d'en apercevoir une qui m'avait échappée, et qui pourrait m'en faire découvrir d'autres à mon tour. Les sciences ne sont ainsi formées que par l'assemblage graduel de toutes les diverses idées que la méditation a fait naître dans l'esprit de ceux qui les cultivent. Je les compare à des lampes qui brûleraient devant des réverbères à mille facettes inégales, mais dont chacun réfléchirait vers un foyer commun les rayons qu'elle reçoit. C'est le faisceau de tous ces traits, plus ou moins vifs, mais tous fortifiés l'un par l'autre, qui fait le grand éclat de lumière qu'on voit briller au point de leur réunion. Je serai ravi que tu t'accoutumes de bonne heure à considérer les objets que tu veux connaître, par leurs rapports avec d'autres qui te sont déjà familliers, à les bien confronter ensemble, et à saisir nettement dans cette comparaison tout ce qui les rapproche ou qui les éloigne. Cette méthode est la plus naturelle, la plus féconde et la plus sûre. C'est elle qui, appliquée à l'exercice de l'imagination, a formé les Homère, les Milton, les Aristote et les Voltaire ; à l'étude profonde du cœur humain, les Shakspeare, les Molière, les Racine et les La Fontaine ; à la recherche de l'origine de nos idées, les Loke les Clarke et les Condillac; à l'observation infinie de la nature, les Aristote, les Bonnet et les Buffon; à la méditation des lois, du développement de la société et des empires, les Montesquieu, les Rousseau, les Ferguson et les Mably; enfin, à la pénétration des mystères de l'ordre sublime de l'Univers, les Copernic, les Newton, les Képler, les Halley, les Bernouilly, les Euler, les d'Alembert et les Franklin, tous premiers hommes dans les divers genres de hautes connaissances, dont je me plais à te citer déjà les noms et la gloire, pour t'inspirer la noble ardeur de t'instruire un jour dans leurs ouvrages immortels.

LE SAGE COLONEL.

Monsieur d'Orville, parvenu par son mérite au grade de colonel, voyait avec peine les officiers de son régiment se livrer au jeu et à l'oisiveté. Il les invita un jour à dîner chez lui; et, ayant adroitement amené la conversation sur cette matière, il leur raconta l'histoire suivante:

J'avais à peine achevé le cours de mes exercices, lorsque mes parens m'achetèrent une lieutenance dans le régiment que j'ai l'honneur de commander aujourd'hui. Le goût que j'avais témoigné pour l'étude, dès ma plus tendre enfance, leur faisait espérer que j'aurais la même ardeur à m'instruire de mon état, et que je pourrais un jour remplir les idées qu'ils osaient concevoir de ma fortune. Je répondis en effet pendant quelque mois à leurs espérances; mais bientôt l'exemple funeste de mes camarades, leurs séductions et leurs instances m'ayant engagé dans leurs parties, le démon du jeu s'empara si bien de moi, que tous les devoirs qui m'empêchaient de me livrer à cette nouvelle passion me devinrent dès-lors insupportables. A peine pouvais-je me résoudre à dérober quelques heures au jeu pour les donner au repos. Au milieu du plus profond sommeil, je voyais en songe des monceaux d'or et d'argent; les cartes se déployaient dans mon imagination, et le bruit des dés remplissait continuellement mon oreille.

Le besoin naturel des alimens était devenu mon supplice. Je les dévorais avec avidité, pour retourner plus vite aux tables du jeu.

Les belles matinées du printemps, les soirées délicieuses de l'été, le calme voluptueux des jours sereins de l'automne, tout ce que la nature nous offre de plus digne de notre admiration avait perdu pour moi ce charme ravissant dont j'étais autrefois pénétré : l'amitié même n'avait plus d'accès dans mon âme. Je ne me trouvais bien qu'auprès de ceux qui n'aspiraient qu'à me dépouiller. L'idée de mes parens m'était devenue importune; et, si je pensais à Dieu, c'était pour l'outrager par mes blasphêmes.

La fortune me traita d'abord avec une bienveillance marquée ; et ses faveurs avaient tellement égaré et avili mon esprit, qu'il m'arrivait quelquefois de répandre mon gain à terre et de me coucher dessus, afin qu'on pût dire de moi, dans le sens le plus littéral, que je roulais sur l'or.

Telles furent pendant trois ans entiers les indignes occupations de ma vie. Je ne puis me les rappeler aujourd'hui, sans rougir de la flétrissure intérieure qu'en a reçu mon honneur, et je voudrais les racheter au prix de la moitié des jours qui me restent à vivre. Mais comment oser vous raconter un excès plus affreux encore, dont rien ne pourra jamais effacer la tache, même après vingt années d'une vie d'honneur et de probité ? Jugez, messieurs, de l'intérêt que je prends à vous rendre mon exemple utile, par la peine qu'il doit m'en coûter à vous faire cette humiliante confession.

Je fus un jour commandé pour aller lever des recrues dans une ville frontière assez éloignée. J'avais abandonné ce devoir aux soins de mon sergent, afin de pouvoir me livrer à ma funeste passion. Deux jours après, il m'amena vingt hommes choisis, pour leur payer leur engagement. Je venais malheureusement de perdre, non-seulement tout ce que je possédais, mais encore le dépôt sacré que m'avait confié ma compagnie. Imaginez, messieurs, quels furent ma confusion et mon désespoir. Je dépêchai sur-le-champ un exprès vers un de mes camarades que j'avais laissé à la garnison. Je lui avouai mon crime, et je le suppliai de me prêter cinquante louis.

Quoi! me répondit-il, je prêterais une somme aussi considérable à un joueur de profession? Non, monsieur; s'il me faut perdre mon argent ou l'amitié d'un homme qui se déshonore, c'est mon argent que je garde.

A la lecture de cette réponse outrageante, je tombai dans un évanouissement profond; et je me rappelle encore les horribles images qui, dans un moment, vinrent toutes à la fois assaillir mon esprit: d'un côté, la douleur et l'indignation de mon père, le déshonneur que j'imprimais à ma famille, la honte d'être cassé à la tête du régiment; de l'autre, la perspective brillante des postes où j'aurais pu m'élever par une conduite plus honnête. Je ne repris enfin l'usage de mes esprits, que pour songer à me délivrer, par un nouveau crime, de l'ignominie dont le premier devait me couvrir. J'étais déjà prêt à exécuter cette affreuse résolution, lorsque je vis paraître à ma porte le même officier dont la réponse avait achevé de m'accabler.

Dans le premier mouvement de ma fureur, je me jetai sur lui pour le percer de mille coups. Il me désarma sans peine, et, me serrant dans ses bras: J'ai répondu, me dit-il, d'une manière un peu dure à votre lettre, pour vous laisser sentir un moment toute l'horreur de la situation où vous vous êtes plongé par votre folie. Je vous en vois pénétré; mes biens, mon sang, tout ce que je possède est à vous.

« Tenez, continua-t-il, en jetant sa bourse sur la

table; prenez ce qui vous est nécessaire pour vos recrues. Le reste vous servira pour jouer, si vous voulez.

Jouer? Jamais, jamais, lui répondis-je, en le serrant étroitement contre mon cœur.

J'ai tenu exactement ma parole. Je commençai dès ce jour même à m'interdire tous les plaisirs dispendieux, afin de regagner sur mes épargnes de quoi m'acquitter envers mon généreux ami. J'employai tous les instans de mon loisir à m'instruire. Mon assiduité à mes devoirs me fit remarquer de mes supérieurs ; et c'est à cette heureuse révolution que je dois l'honneur de me voir à votre tête.

Ce récit fit une impression si vive sur les jeunes militaires, que, dès ce moment, tout jeu de hasard cessa dans la garnison. Une noble émulation de connaissances utiles, prit la place d'une basse cupidité ; et l'on vit bientôt les grâces du prince se répandre avec prédilection sur tous les officiers de ce régiment.

LA CUPIDITÉ DOUBLEMENT PUNIE.

Un riche particulier, voyant son fils prêt à s'oublier au jeu, le laissa faire. Le jeune homme perdit une somme assez considérable. Je la paierai, lui dit son père, parce que l'honneur m'est plus cher que l'argent. Cependant expliquons-nous. Vous aimez le jeu, mon fils, et moi les pauvres. Je leur ai moins donné depuis que je songe à vous pourvoir. Je n'y songe plus : un joueur ne doit point se marier. Jouez tant qu'il vous plaira, mais à cette condition : Je déclare qu'à chaque perte nouvelle, les pauvres recevront de ma part autant d'argent que j'en aurai compté pour acquitter de semblables dettes. Commençons dès aujourd'hui. La somme fut sur-le-champ portée à l'hôpital, et le jeune homme, doublement puni de sa cupidité, fut guéri, par cette seule leçon, d'un penchant qui allait entraîner sa ruine.

LE MENTEUR CORRIGÉ PAR LUI-MÊME.

Le petit Gaspard était parvenu à l'âge de six ans sans qu'il lui fût échappé un mensonge. Il ne faisait rien de mal; ainsi il n'avait aucune raison de cacher la vérité. Lorsqu'il lui arrivait quelque malheur, comme de casser une vitre, ou de faire une tache à son habit, il allait tout de suite l'avouer à son papa. Celui-ci avait la bonté de lui pardonner, et il se contentait de l'avertir d'être dorénavant plus attentif.

Un jour son petit cousin Robert vint le trouver. Celui-ci était un fort méchant garçon. Gaspard, qui voulait amuser son ami, lui proposa de jouer au domino. Robert le voulut bien, mais à condition que chaque partie serait d'une pièce de deux sous. Gaspard refusa d'abord, parce que son père lui avait défendu de jouer de l'argent. Enfin, il se laissa séduire par les prières de Robert, et il perdit en un quart d'heure tout l'argent qu'il avait économisé depuis quelques semaines sur ses plaisirs. Gaspard fut désolé de cette perte; il se retira dans un coin, et se mit lâchement à pleurer. Robert se moqua de lui, et s'en retourna triomphant avec son butin.

Le père de Gaspard ne tarda pas à revenir. Comme il aimait beaucoup son fils, il le fit appeler pour l'embrasser. Que t'est-il arrivé dans mon absence, lui dit-il en le voyant accablé de tristesse.

GASPARD.

C'est le petit Robert, mon voisin, qui est venu me forcer de jouer avec lui au domino.

M. GASPARD.

Il n'y a pas de mal à cela, mon enfant, c'est un amusement que je t'ai permis. Mais est-ce que vous avez joué de l'argent?

GASPARD.

Non, mon papa.

M. GASPARD.

Pourquoi donc as-tu les yeux rouges?

GASPARD.

C'est que je voulais faire voir à Robert l'argent

que j'avais épargné pour m'acheter un livre. Je l'avais mis, par précaution, derrière la grosse pierre qui est à notre porte. Quand j'ai voulu le chercher, je ne l'ai pas trouvé. Quelque passant me l'aura pris.

Son père soupçonna, dans ce récit, un peu de mensonge; mais il cacha son mécontentement, et alla aussitôt chez son voisin. Lorsqu'il aperçut le petit Robert, il affecta de sourire, et lui dit : Eh! bien! mon enfant, tu as donc été bien heureux aujourd'hui au domino? Oui, monsieur, lui répondit Robert, j'ai joué fort heureusement.

— Et combien as-tu gagné à mon fils.

— Vingt-quatre sous.

— Et t-a-il payé?

— Eh mais! sans doute. Oh! oui; je ne lui demande plus rien.

Quoique Gaspard eût mérité d'être puni sévèrement, son père voulut bien lui pardonner pour cette première fois. Il se contenta de lui dire d'un air de mépris : Je sais maintenant que j'ai un menteur dans ma maison, et je vais avertir tout le monde de se défier de ses paroles.

Quelques jours après, Gaspard alla voir Robert, et lui fit voir un très-beau porte-crayon, dont son oncle lui avait fait présent. Robert en eut envie, et chercha tous les moyens de l'avoir. Il proposa en échange ses balles, sa toupie et ses raquettes; mais comme il vit que Gaspard ne voulait s'en défaire à aucun prix, il enfonça son chapeau sur ses yeux, et dit effrontément : Le porte-crayon m'appartient.

C'est chez toi que je l'ai perdu, et peut-être même me l'as-tu dérobé. Gaspard eut beau protester que c'était un cadeau de son oncle, Robert se mit en devoir de le lui arracher; et, comme Gaspard le tenait fortement dans ses mains, il lui sauta aux cheveux, le terrassa, lui mit les genoux sur la poitrine, et lui donna des coups de poing dans le visage, jusqu'à ce que Garpard lui eût remis le porte-crayon.

Gaspard rentra chez lui le nez tout sanglant et les cheveux à moitié arrachés. Ah! mon papa, s'écriat-il d'aussi loin qu'il l'aperçut, venez me venger. Le méchant petit Robert m'a pris mon porte-crayon, et m'a accommodé comme vous voyez.

Mais, au lieu de le plaindre, son père lui répondit: Va, menteur, tu l'as joué sans doute au domino. C'est toi qui t'es brouillé le nez de jus de mûres, et qui as mis ta chevelure en désordre, pour m'en imposer. En vain Gaspard affirma la vérité de son récit. Je ne crois plus, lui dit son père, celui qui m'a trompé une fois.

Gaspard, confondu, se retira dans sa chambre, et déplora amèrement son premier mensonge. Le lendemain il alla trouver son père, et lui demanda pardon. Je reconnais, lui dit-il, combien j'ai eu tort d'avoir cherché une fois à vous en faire accroire; cela ne m'arrivera plus de ma vie; mais ne me faites pas davantage l'affront de vous défier de mes paroles.

Son père m'assurait l'autre jour que, depuis ce moment, il n'était pas échappé à son fils le mensonge de plus léger, et que de son côté il l'en récompensait par la confiance la plus aveugle. Il n'exigeait plus de lui ni assurance, ni protestations. C'était assez que Gaspard lui eût dit une chose, pour qu'il s'en tînt aussi sûr que s'il l'avait vue de ses propres yeux.

Qu'elle douce satisfaction pour un père honnête, et pour un fils digne de son amitié !

LE SECRET DU PLAISIR.

Je voudrais bien pouvoir jouer tout aujourd'hui, disait la petite Laurette à madame Durval, sa mère.

Mme DURVAL.

Quoi ! pendant toute la journée.

LAURETTE.

Mais oui, maman.

Mme DURVAL.

Je ne demande pas mieux que de te satisfaire, ma fille. Je crains cependant que cela ne t'ennuie.

LAURETTE.

De jouer, maman ? Oh que non ! vous verrez.

Laurette courut en sautant chercher tous ses joujoux. Elle les rapporta. Mais elle était seule ; car ses sœurs devaient être occupées avec leurs maîtres jusqu'à l'heure du dîner.

Elle jouit d'abord de sa liberté dans toute sa franchise, et elle se trouva fort heureuse durant une heure entière. Peu à peu le plaisir qu'elle goûtait commença à perdre quelque chose de sa vivacité. Elle avait déjà manié cent fois tour-à-tour chacun de ses bijoux, et ne savait plus quel parti en tirer. Sa poupée favorite lui parut bientôt ennuyeuse et maussade.

Elle courut vers sa mère, et la pria de lui apprendre de nouveaux amusemens, et de jouer avec elle. Malheureusement madame Durval avait alors des affaires pressantes à terminer; et elle fut obligée de refuser à Laurette sa demande, quelque peine qu'elle en ressentît.

La petite fille alla s'asseoir tristement dans un coin, et elle attendit, en bâillant, l'heure où ses sœurs suspendraient leurs exercices pour prendre quelque récréation.

Enfin ce moment arriva. Laurette courut au-devant d'elles, et leur dit d'une voix plaintive combien le temps lui avait paru long, et avec quelle impatience elle les avait désirées.

Elles commencèrent aussitôt leurs jeux des grandes fêtes, pour rendre la joie à leur petite sœur qu'elles aimaient fort tendrement.

Hélas! toutes ces complaisances furent inutiles. Laurette se plaignit de ce que tous ces amusemens étaient usés pour elle, et de ce qu'ils ne lui causaient plus le moindre plaisir. Elle ajouta qu'elles avaient sûrement comploté ensemble de ne faire ce jour-là aucun jeu qui pût l'amuser.

Alors Adélaïde, sa sœur aînée, jeune demoiselle

de dix ans, très-sensée et très-raisonnable, lui prit la main et lui dit avec amitié :

Regarde-nous bien l'une après l'autre toutes tant que nous sommes, et je te dirai laquelle de nous est la cause de ton mécontentement.

LAURETTE.

Et qui est-ce donc, ma sœur? je ne devine pas.

ADÉLAÏDE.

C'est que tu n'as pas porté les yeux sur toi-même. Oui, Laurette, c'est toi; car tu le vois bien, ces jeux nous amusent encore, quoique nous les ayons joués même avant que tu fusses née. Mais nous venons de travailler, et ils nous paraissent tout nouveaux. Si tu avais gagné par le travail l'appétit du plaisir, il te serait certainement aussi doux qu'à nous-mêmes de les satisfaire.

Laurette, qui, tout enfant qu'elle était, ne manquait pas de raison, fut frappée du discours de sa sœur. Elle comprit que, pour être heureuse, il fallait mélanger adroitement les exercices utiles et les délassemens agréables. Et je ne sais si, depuis cette petite aventure, une journée toute de plaisir ne l'aurait pas encore plus effrayée qu'un jour entier de légères occupations de son âge.

LES TULIPES.

Lucette avait vu, pendant deux étés de suite, dans le jadin de son père, un planche de tulipes bigarrées des plus belles couleurs.

Semblable au papillon léger, elle avait souvent voltigé de fleur en fleur, uniquement frappée de leur éclat, sans jamais s'occuper de ce qui pouvait les produire.

L'automne dernier, elle vit son père qui s'amusait à bêcher la terre de la plate-bande, et y enfoncer des ognons.

Ah! mon papa! s'écria-t-elle d'une voix plaintive, que faites-vous! gâter ainsi toute notre planche de tulipes! Et au lieu de ces belles fleurs, y mettre de vilains ognons pour la cuisine!

Son père lui répondit qu'il savait bien ce qu'il avait à faire, et il allait lui apprendre que c'était de ces ognons que sortiraient l'année suivante des tulipes nouvelles; mais Lucette l'interrompit par ses plaintes, et ne voulut rien écouter.

Comme son père vit qu'il n'y avait pas moyen de lui faire entendre raison, il la laissa s'apaiser d'elle-même, et continua son travail, tandis qu'elle se retirait en gémissant.

Toutes les fois que, pendant l'hiver, la conversation tomba sur les fleurs, Lucette soupirait; et elle pensait en elle-même qu'il était bien dommage que son père eût détruit le plus bel ornement de son jardin.

L'hiver acheva son cours, et le printemps vint balayer de la terre la neige et les glaçons.

Lucette n'était pas encore allée au jardin. Eh! qui pouvait l'y attirer, puisqu'il ne devait plus lui offrir sa superbe parure.

Un jour, cependant, elle y entra sans réflexion. Dieu! de quels transports de surprise et de joie elle fut agitée, lorsqu'elle vit la planche de tulipes plus belles encore que l'année précédente!

Elle resta d'abord immobile et muette d'admiration; enfin elle se jeta dans les bras de son père, en s'écriant : Ah! mon papa, que je vous remercie d'avoir arraché vos tristes ognons, pour remettre à leur place ces belles fleurs que j'aime tant!

Tu ne me dois point de reconnaissance, lui répondit son père; car ces belles fleurs que tu aimes tant ne sont venues que de mes tristes ognons.

L'opiniâtre Lucette n'en voulait encore rien croire, lorsque son père tira promptement de la terre une des plus belles tulipes avec l'ognon d'où sortait la tige, et la lui présenta.

Lucette, confondue, lui demanda pardon d'avoir été si déraisonnable. Je te pardonne bien volontiers, ma fille, lui répondit son père, pourvu que tu reconnaisses combien les enfans risquent de se tromper en voulant juger, d'après leur ignorance, les actions des personnes expérimentées.

Oh! oui, mon papa, répondit Lucette; je ne m'en rapporterai plus dorénavant à mes propres yeux; et toutes les fois que je serai tentée de croire en savoir plus que les autres, je me rappellerai les tulipes et les ognons.

Je suis bien aise, mes chers amis, de vous avoir raconté cette histoire; car vous allez voir ce qui arriva à un autre enfant pour ne l'avoir pas sue.

LES FRAISES
ET LES GROSEILLES.

Le petit Anselme avait entendu dire à son père que les enfans ne savaient rien de ce qui pouvait leur convenir, et que toute leur sagesse était de suivre les conseils des personnes au-dessus de leur âge. Mais il n'avait pas voulu comprendre cette leçon, ou peut-être l'avait-il oubliée.

On avait partagé entre son frère Prosper et lui un petit carré du jardin, afin que chacun eût sa portion de terre en propre. Il leur avait été permis d'y semer ou d'y planter tout ce qu'ils voudraient.

Prosper se souvenait à merveille de l'instruction de son père. Il alla trouver le jardinier, et lui dit:

Mon ami Rufin, dis-moi, je te prie, ce que je dois planter dans mon jardin, et comment il faut m'y prendre?

Rufin lui donna des ognons et des graines choisies. Prosper courut aussitôt les mettre en terre. Rufin eut la complaisance d'assister à ses travaux, et de les diriger.

Anselme levait les épaules en voyant la docilité de son frère. Voulez-vous, lui dit le jardinier, que je fasse aussi quelque chose pour vous?

Fi donc! lui répondit Anselme, j'ai bien besoin de vos leçons. Il alla cueillir des fleurs, et les planta par la tige dans la terre. Rufin le laissa faire comme il voulut.

Le lendemain, Anselme vit que toutes ses fleurs étaient fanées, et penchaient tristement leur front. Il en planta d'autres, qui furent dans le même état le jour d'après.

Il fut bientôt dégoûté de cette manœuvre. C'était en effet acheter assez cher le plaisir d'avoir des fleurs dans son jardin. Il cessa d'y travailler, et la terre ne tarda guère à se couvrir d'orties et de chardons.

Vers le milieu du printemps, il aperçut sur le terrain de son frère quelque chose de rouge, suspendu à des bouquets d'herbes. Il s'approcha : c'étaient des fraises du plus beau pourpre, et d'un goût exquis. Ah! s'écria-t-il, si j'en avais aussi planté dans mon jardin!

Quelques temps après il vit de petites graines de couleur vermeille, qui pendaient en grappes entre les feuilles d'un épais buisson. Il s'approcha : c'étaient des groseilles appétissantes, dont la seule vue réjouissait le cœur. Ah! s'écria-t-il encore, si j'en avais planté dans mon jardin !

Manges-en, lui dit son frère, comme si elles étaient à toi.

Il ne tenait qu'à vous, ajouta le jardinier, d'en avoir d'aussi belles. Ne méprisez plus à l'avenir les avis des personnes plus expérimentées que vous.

LES ÉGARDS

ET LA COMPLAISANCE.

Émilie, Victoire, Joséphine et Sophie, avaient une gouvernante qui les aimait avec la tendresse d'une mère. Cette sage institutrice s'appelait mademoiselle Boulon.

Son désir le plus ardent était que ses élèves fussent bonnes, afin d'être heureuses ; que l'amitié donnât un nouveau charme aux plaisirs de leur enfance, et qu'elles en jouissent sans trouble et sans altération.

Une tendre indulgence et une justice rigoureuse étaient les principes invariables de sa conduite, soit qu'elle eût à pardonner, soit qu'elle eût à récompenser ou à punir.

Elle goûtait avec une joie infinie les doux fruits de ses leçons et de ses exemples.

Les quatre petites filles commencèrent à être les enfans les plus heureux de la terre. Elles se remontraient doucement leurs fautes, se pardonnaient leurs offenses, partageaient toutes leurs joies, et ne pouvaient vivre l'une sans l'autre.

Par qu'elle fatalité les enfans empoisonnent-ils les sources de leur bonheur à l'instant même où ils en goûtent les charmes! et de quel avantage il est pour eux de vivre toujours sous un œil éclairé par la tendresse et par la prudence !

Mademoiselle Boulon fut obligée de s'éloigner pour quelque temps de ses disciples. Des intérêts de famille l'appelaient en Bourgogne. Elle partit à regret, sacrifia quelques avantages au désir de terminer promptement ses affaires, et à peine un mois s'était écoulé, qu'elle était déjà de retour auprès de son jeune troupeau.

Elle en fut reçue avec les transports de joie les plus vifs. Mais, hélas! quel changement funeste elle remarqua bientôt dans ses malheureuses enfans!

Si l'une demandait le plus léger service à une autre, celle-ci la refusait avec aigreur; de là suivaient des rebuffades et des querelles. La gaîté naïve qui présidait à leurs jeux, et qui assaisonnait jusqu'à leurs travaux, s'était changée en humeur et en mélancolie.

Au lieu de ses paroles de paix et d'union qui animaient leurs entretiens, on n'entendait que des gronderies éternelles. Joséphine témoignait-elle le désir d'aller jouer dans je jardin, ses sœurs trouvaient des raisons pour rester dans la chambre. Enfin, c'était assez qu'une chose fît plaisir à l'une d'elle, pour déplaire sûrement à toutes les autres.

Un jour que, non contentes de réfuser toute espèce de complaisances, elles cherchaient encore à se mortifier par des reproches désagréables, mademoiselle Boulon, qui était témoin de cette scène, en fut si affligée, que les larmes lui vinrent aux yeux.

Elle n'eut pas la force de proférer une parole, et se retira dans son appartement pour rêver aux moyens de rendre à ces petites infortunées les plaisirs de la concorde et d'un mutuel attachement.

Son esprit était encore occupé de ces affligeantes pensées, lorsque les enfans entrèrent chez elle d'un air triste et grognon, en se plaignant de ne pouvoir plus vivre contentes. Chacune accusait les autres d'en être cause; et elles pressèrent à l'envi leur gouvernante de leur rendre le bonheur qu'elles avaient perdu.

Mademoiselle Boulon les reçut avec un visage sérieux, et leur dit : Je vois que vous vous troublez mutuellement dans vos plaisirs. Afin que cet inconvénient n'arrive pas davantage, chacune de vous gardera, si elle le veut, son coin dans cet appartement, où elle jouera toute seule à sa fantaisie. Vous pouvez commencer à jouir pleinement de cette liberté, et je vous permets de vous amuser ainsi toute la journée.

Les petites filles parurent enchantées de cet arrangement. Chacune prit son coin, et commença ses plaisirs.

La petite Sophie se mit à faire des contes à sa poupée; mais la poupée ne savait que répondre : elle n'avait pas d'histoire à lui faire à son tour, et ses sœurs jouaient dans leur particulier.

Joséphine poussait un volant; mais personne n'applaudissait à son adresse, elle n'avait personne pour le lui renvoyer : ses sœurs jouaient dans leur particulier.

Émilie aurait bien voulu s'amuser à son jeu favori, *je vous vends mon corbillon*. Mais à qui le faire passer de main en main? ses sœurs jouaient dans leur particulier.

Victoire, très-entendue au jeu du ménage, avait le projet de donner un grand repas à ses amies; elle devait envoyer au marché faire des provisions. Mais qui charger de ses ordres? ses sœurs jouaient dans leur particulier.

Il en fut de même de tous les autres jeux qu'elles essayèrent. Chacune aurait cru se compromettre en se rapprochant des autres, et gardait fièrement sa solitude et son ennui. Cependant le jour allait finir. Elles retournèrent encore vers mademoiselle Boulon, en lui demandant un moyen plus heureux que celui dont elles venaient de faire l'épreuve.

—Je n'en sais qu'un, mes enfans, leur répondit-elle, que vous saviez vous-mêmes autrefois. Vous l'avez oublié. Mais, si vous le désirez, je puis le rappeler aisément à votre souvenir.

Oh! nous le voulons de tout notre cœur, s'écrièrent-elles ensemble. Et elles étaient attentives à saisir le premier mot qui sortirait de sa bouche.

C'est la complaisance et les égards que se doivent des sœurs. Ô mes chères amies! combien vous vous êtes rendues malheureuses, et moi aussi, depuis que vous l'avez oublié!

Elle s'arrêta à ces mots, interrompue par ses soupirs, et des larmes de tendresse coulèrent le long de ses joues.

Les petites filles restèrent étonnées et muettes de confusion en sa présence. Elle leur tendit les bras: elles s'y jetèrent, et lui promirent de s'aimer et de s'accorder comme auparavant.

On ne vit plus, dès ce jour, aucun mouvement d'humeur troubler leur tendre intelligence. Au lieu de brouilleries et de querelles, c'étaient des prévenances délicates qui charmaient jusqu'aux témoins de leurs plaisirs.

Elles portent aujourd'hui cet aimable caractère dans la société, dont elles font les délices et l'ornement.

LES JARRETIÈRES

ET LES MANCHETTES.

LOUISE.

Le joli jour que celui des étrennes! Ah! ma sœur, il me tarde bien qu'il n'arrive.

SOPHIE.

Tiens, ne m'en parle pas. Ce mois crotté de décembre me paraît plus long à lui seul que tout le reste de l'année. Que de belles choses nous allons avoir! j'y rêve la nuit, ou je m'éveille pour y penser.

LOUISE.

Te souviens-tu, l'année derrière, comme tous les amis de papa et de maman nous apportaient des bonbons et des joujoux? Nous en avions tant que nous ne savions où les fourrer.

SOPHIE.

Et la veille, comme le salon fut éclairé de bougies! Je crois y être encore. Il y avait une grande table couverte de jolis présens. Maman nous appela d'une voix douce. Venez, mes chères filles, recevez ces cadeaux d'aussi bon cœur que je vous les donne. Elle nous embrassait, et pleurait de joie. Je ne l'ai jamais vue si contente que ce jour-là, en nous voyant frapper dans nos mains, et danser comme des folles autour de la chambre.

LOUISE.

Elle était, je crois, encore plus heureuse que nous.

SOPHIE.

Il semblait que c'était elle qui recevait ses étrennes.

LOUISE.

Il faut donc qu'il y ait un grand plaisir à donner! Sais-tu ce que nous devrions faire, Sophie? Nous sommes bien petites, et nous ne possédons pas grand'chose; mais nous pouvons encore nous procurer ce plaisir.

SOPHIE.

Comment cela, ma sœur?

LOUISE.

C'est dans quinze jours le premier jour de l'an, et nous avons de l'argent dans notre bourse.

SOPHIE.

Oui; j'ai près de six francs, moi. Qu'en ferons-nous?

LOUISE.

Tu sais bien que c'est après-demain, Saint-Thomas; fête de la paroisse? Il y a une foire le long de la rue. Il faudra nous lever de bonne heure, bien travailler, et apprendre avec soin toutes nos leçons, pour qu'on nous permette d'aller à la foire l'après-midi. J'ai douze francs en pièces de douze sous. Nous prendrons chacune la moitié de notre argent, et nous en achèterons les plus jolies choses que nous pourrons trouver. Nous les porterons ici bien enveloppées; et, la veille du premier de l'an, nous irons donner les étrennes aux enfans de la portière.

SOPHIE.

Mais il faudrait que les enfans de notre pauvre frotteur en eussent aussi quelque chose.

LOUISE.

Tu as raison; je n'y songeais pas. Oh! comme ils vont sauter de joie! cette aubaine ne leur est sûrement pas encore arrivée.

SOPHIE.

Nous serons donc les premières qui leur auront causé ce plaisir! O ma sœur! il faut que je t'embrasse pour cette pensée.

LOUISE.

Oui, mais un moment, il m'en vient une autre. Cet argent que nous voulons dépenser.

SOPHIE.

Eh bien, il est à nous, et nous pouvons en disposer comme il nous plaît.

LOUISE.

Je le sais aussi. Mais....

SOPHIE.

Mais quoi donc?

LOUISE.

C'est de nos parens que nous l'avons reçu. Si nous en faisons des cadeaux, ce n'est pas nous qui les ferons, ce sera nos parens.

SOPHIE.

Oui, cela est vrai. Nous n'en avons pourtant pas d'autre que celui-là.

LOUISE.

Écoute; nous pouvons trouver un autre moyen. Je sais broder assez joliment; et toi, tu ne commences pas mal à tricoter.

SOPHIE.

A quoi cela nous servira-t-il?

LOUISE.

Tu peux bientôt tricoter une paire de jarretières pour mon papa. Moi, depuis quinze jours je lui brode des manchettes. Il faut faire en sorte, et nous le pouvons, que notre besogne soit achevée deux ou trois jours avant le premier de l'an.

SOPHIE.

Pourquoi donc, ma sœur?

LOUISE.

Nous les porterons à notre papa, qui se fera un vrai plaisir de nous les acheter, et qui nous les paiera trois fois plus qu'elles ne valent; oh! j'en suis bien sûre.

SOPHIE.

Mais la foire tient après-demain; et nous ne pouvons pas achever d'ici là, toi tes manchettes, et moi mes jarretières?

LOUISE.

Cela n'est pas nécessaire non plus. L'argent dont nous avons besoin après-demain pour nos emplettes, nous pouvons l'emprunter de notre bourse, et nous serons en état de nous rendre avant de donner nos étrennes. Ainsi nous pourrons dire, en toute vérité, que c'est nous-mêmes qui auront fait ces cadeaux aux pauvres enfans.

SOPHIE.

Voilà qui est fort bien imaginé. C'est toujours toi qui as le plus d'esprit. Il est vrai que tu es l'aînée.

LOUISE.

Que nous serons contentes d'avoir su gagner de quoi donner tant de joie à de petits malheureux!

SOPHIE.

Oh! si c'était demain ce grand jour!

LOUISE.

Il viendra bientôt à présent; et nous aurons toujours du plaisir à l'entendre.

ABEL.

Le petit Abel, à peine âgé de huit ans, venait de perdre sa mère. Il en fut si affligé que rien ne pouvait lui rendre la gaîté, si naturelle à son âge. Sa tante fut obligée de le prendre chez elle, de peur qu'il n'aigrît encore, par sa tristesse, la douleur inconsolable de son père.

Il allait cependant le voir quelquefois. Abel quittait alors ses habits de deuil; et quoiqu'il eût le chagrin dans le cœur, il s'efforçait de prendre une figure joyeuse. M. Duval était sensible à cette attention délicate de son fils, mais il n'en ressentait qu'avec plus d'amertume le malheur d'avoir perdu la mère de cet aimable enfant; et son désespoir le poussait à grands pas vers le tombeau.

Il y avait près de quinze jours qu'Abel n'était allé le voir. Sa tante, sous différens prétextes, avait toujours éludé ses instances. M. Duval était dangereusement malade. Il n'osait demander à embrasser son fils, craignant de lui porter un coup trop douloureux par le spectacle de son état. Ces combats paternels, joints à la violence de ses regrets, abattirent tellement ses forces, que bientôt il ne resta plus aucune espérance de guérison. Il mourut en effet le dernier jour de l'année.

Le lendemain, Abel s'était éveillé de bonne heure, et il tourmentait sa tante pour qu'elle le menât souhaiter la bonne année à son père. Il vit qu'on lui faisait reprendre ses habits de deuil.

ABEL.

Pourquoi ce vilain noir, aujourd'hui que nous allons chez mon papa? Qui est donc mort encore?

Sa tante était si affligée, qu'elle n'eut pas la force de lui répondre.

ABEL.

Eh bien! si vous ne voulez pas me le dire, je le demanderai à mon papa.

La bonne dame ne put pas y tenir plus long-temps, et, laissant éclatter sa douleur : C'est lui, c'est lui qui est mort, dit-elle.

ABEL.

Il est mort! O mon dieu, ayez pitié de moi! C'est d'abord maman, et ensuite mon papa! Pauvre petit

enfant abandonné que je suis; sans père ni mère!
O mon papa! O maman!

Abel à ces mots tomba évanoui dans les bras de
sa tante, qui eut beaucoup de peine à le faire revenir.

Ne t'afflige pas, lui disait-elle; tes parens te restent encore.

ABEL.

Et où donc? où les trouver?

LA TANTE.

Dans le ciel, auprès du bon Dieu. Ils se trouvent
heureux dans cette place, et ils auront toujours l'œil
ouvert sur leur enfant. Si tu es sage, honnête et laborieux, ils prieront le seigneur de te bénir. Le Seigneur n'a jamais abandonné personne, et sûrement
il prendra soin de toi. C'est la dernière prière que
ton papa lui fit hier au soir en mourant.

ABEL.

Hier au soir! quand je me réjouissais de l'aller
embrasser aujourd'hui! Hier au soir! Il n'est pas encore à l'église? O ma tante! je veux le voir avant
qu'on l'y porte. Il n'a pas voulu me faire ses adieux.
Ah! il craignait de m'affliger, et je l'aurais peut-être
affligé moi-même. Mais à présent que je ne lui causerai plus de peine, je veux le voir pour la dernière
fois. Ma tante, ma cher tante, je vous en supplie.

LA TANTE.

Eh bien! mon ami, nous irons, pourvu que tu
sois tranquille. Tu vois, à mes larmes, combien je
suis désolée d'avoir perdu ton père. Il m'a fait du
bien toute sa vie. J'étais pauvre, et je ne subsistais

que par ses secours. Tu vois cependant que je me résigne à la Providence. Elle veille pour nous. Tranquillise-toi, mon petit ami.

ABEL.

Il faut bien que je me tranquillise. Mais, ma tante, menez-moi donc voir encore mon papa.

Sa tante le prit par la main, et ils sortirent. Le jour était sombre ; il tombait un brouillard épais ; Abel marchait en pleurant.

Lorsqu'ils arrivèrent devant sa maison, ils la trouvèrent tendue de noir. Le cercueil était sur la porte. Tous les amis de M. Duval étaient autour de lui. Ils pleuraient, ils sanglotaient, ils disaient tous que sa vie avaient été pleine d'honneur et de probité. Le petit Abel fendit la presse et se jeta sur le cercueil. D'abord il ne put proférer une seule parole ; enfin il releva sa tête en s'écriant : O mon papa, regarde comme ton petit Abel pleure sur toi ! Tu me consolais lorsque maman mourut, et pourtant tu pleurais toi-même. Je ne t'ai plus aujourd'hui pour me consoler de t'avoir perdu. O mon papa ! mon bon papa !

Il ne put en dire davantage, suffoqué par la douleur. Sa bouche était ouverte, et sa langue restait immobile. Ses yeux, tantôt fixes, tantôt hagards, n'avaient plus de larmes. Sa tante eut besoin de toutes ses forces pour l'arracher avec violence du cercueil, tant il le tenait embrassé. Elle le conduisit chez une voisine, et la pria de le garder jusqu'après l'enterrement de son père. Elle n'osait le prendre avec elle pour l'accompagner.

Bientôt les cloches sonnèrent l'heure des funérailles. Abel les entendit. La femme qui le gardait était sortie un moment de la chambre. Il s'élance hors de la maison, et court à l'église. Les prêtres achevaient les prières des morts. On descendait le cercueil en silence. Un cri se fait entendre : enterrez-moi avec mon papa. Abel s'était précipité dans la fosse.

Comme tout le monde fut effrayé!

On le retira pâle, défait, tout meurtri, et on l'emporta hors de l'église.

Il fut près de trois jours dans une défaillance continuelle. Sa tante ne le faisait revenir à lui, par intervalles, qu'en lui parlant de son père. Enfin, sa première douleur se calma. Il ne pleurait plus; mais il était encore bien chagrin.

M. Frémon, riche marchand de la ville, entendit parler de cette déplorable aventure. M. Duval ne lui avait pas été inconnu. Il alla chez sa sœur, pour voir le petit orphelin. Il fut touché de sa tristesse, le prit dans sa maison, et lui tint lieu de père. Abel s'accoutuma bientôt à se regarder comme son fils, et il gagnait tous les jours quelque chose dans sa tendresse. A l'âge de vingt ans, il gouvernait déjà tout le commerce de son bienfaiteur, et le faisait prospérer avec tant d'habileté, que M. Frémont crut devoir lui céder la moitié des profits et lui donner sa fille en mariage. Abel avait toujours soutenu sa tante de ses économies; il eut le bonheur de la faire jouir d'une douce aisance dans sa vieillesse. Jamais le premier jour de l'an n'approchait, qu'il ne fût saisi d'une espèce de fièvre en se rappelant ce qu'il avait une fois éprouvé à cette époque; et il avouait que c'était aux sensations dont il était alors affecté, qu'il devait les principes de courage, d'honneur et de droiture qu'il suivit dans le long cours de sa vie.

PERSONNAGES.

M. DE FAVIÈRES.
MADAME DE FAVIÈRES.
MÉLANIE,
CONSTANTIN,
ALEXANDRINE,
MINETTE, } leurs enfans.
M. DE BLEVILLE, fiancé de Mélanie.
M. ARMAND, précepteur des enfans.
THOMAS, jardinier.
FANCHON, sa femme.
COLIN, leur fils.
MATHURIN, vieux fermier.
Troupe de jeunes Filles et de jeunes Garçons du village.
Foule de Paysans.

La scène se passe à l'entrée du château de M. de Favières, situé sur le bord de la mer, à deux lieues de Marseille.

LE RETOUR DE CROISIÈRE.

Drame.

SCÈNE PREMIÈRE.

Le fond du théâtre représente le château. Il est bordé d'une terrasse, d'où l'on descend dans le jardin qui vient aboutir au parc par une grande allée. La toile, en se baissant, sépare le parc du jardin.

THOMAS, COLIN.

Thomas est occupé à ratisser une allée; Colin accourt à perte d'haleine, et se presse en tremblant contre son père.

Eh bien! eh bien, petit drôle! où cours-tu ainsi tout effaré?

COLIN.

Ah! mon père! mon père, je suis mort.

THOMAS.

C'est encore fort heureux d'avoir assez de voix pour le dire. Mais qu'est-ce donc?

COLIN.

Un revenant! un revenant!

THOMAS.

Un revenant en plein jour? je crois que tu veux te moquer de ton père. Et quelle mine a-t-il? d'une bête ou d'un homme?

COLIN.

C'est... c'est fait comme un homme.

THOMAS.

Imbécille que tu es! c'est donc un homme. A-t-il une bouche, des yeux, des pieds, des mains?

COLIN.

Oui, une bouche, des yeux, des pieds, des mains, de tout cela, comme nous, et non pas comme nous, pourtant.

THOMAS.

Quels sots contes viens-tu me faire là?

COLIN.

Oh! si vous l'aviez-vu! C'est, Dieu me le pardonne, une ombre de Turc.

THOMAS, *un peu effrayé.*

Une ombre de Turc?

COLIN.

Oui, oui, mon père. Vous m'avez fait voir des Turcs à Marseille! Eh bien, c'est la même chose. Une longue robe qui lui bat les talons, un manchon sur la tête, un couteau de cuisine à sa ceinture, une grande barbe grise, et un visage de mort sur le sien. (*On entend du bruit derrière la charmille.*) Oh! c'est lui, mon père; c'est l'ombre, c'est le Turc. Sauvons-nous, sauvons-nous! (*Il s'échappe.*)

THOMAS, *avec un air d'inquiétude.*

Colin, Colin! veux-tu bien revenir? (*Colin, au lieu de se retourner, continue de courir de toutes ses forces; Thomas le poursuit, mais comme son rateau lui échappe des mains, et s'embarrasse dans ses jambes, sa course est ralentie, et il ne peut l'atteindre.*) Ce petit poltron, me laisser tout seul! S'il disait vrai pourtant! Je ne suis pas fait à des ombres de Turc, moi. Oh! je ne resterai pas ici pour les attendre. (*Tandis qu'il se baisse pour ramasser son rateau, M. de Favières en longue robe rouge, avec un turban sur la tête, et un masque sur le visage, s'approche de lui, et le saisit par la camisole. Thomas, en se relevant, l'aperçoit. Il veut fuire; mais, se sentant arrêté, il se met à crier avec effroi:*) Au secours! au meurtre! un revenant! un Turc!

SCÈNE II.

M. DE FAVIÈRES, THOMAS.

M. DE FAVIÈRES, *lui mettant la main sur la bouche, et cherchant à lui imposer silence.*

Eh bien! Thomas, ne fais donc pas l'enfant. Est-ce que tu ne me connais plus?

THOMAS, *sans le regarder.*

Il n'y a que Satan qui puisse te connaître. Je ne suis pas de ta clique.

M. DE FAVIÈRES.

Ah! je vois ce que c'est. (*Il ôte son masque.*) Regarde-moi, à présent.

THOMAS, *le visage caché dans ses mains.*

Moi, regarder votre effroyable visage ! Laissez-moi aller, ou je cris dix fois plus fort !

M. DE FAVIÈRES, *tâchant de lui séparer les mains.*

Que crains-tu de moi ?

THOMAS.

Finissez. Vous allez me rôtir. Oh ! comme vous brûlez !

M. DE FAVIÈRES, *lui lâche les mains.*

Es-tu fou, Thomas ? Remets-toi donc, mon ami ; est-ce que ma voix ne t'est plus connue ?

THOMAS.

Je la connais bonne à faire mourir de peur.

M. DE FAVIÈRES.

Regarde-moi seulement à travers tes doigts.

THOMAS.

Eh bien ! oui ; mais reculez-vous.

M. DE FAVIÈRES.

Tiens, te voilà satisfait.

THOMAS, *s'écartant de lui.*

Êtes-vous bien loin ? Attendez. (*Il écarte un peu ses mains, le fixe.*) Que vois-je ? Monseigneur ! Est-ce vous ?

M. DE FAVIÈRES.

Et oui, mon cher Thomas, c'est ton maître.

THOMAS, *se découvrant un peu plus le visage.*

Êtes-vous bien sûre, au moins, de n'être pas son ombre ?

M. DE FAVIÈRES.

Mais je ne te reconnais plus, à mon tour ; toi que j'ai vu autrefois si brave et si gaillard.

Regarde-moi à présent.

THOMAS, *le visage tout-à-fait découvert, et le regardant encore.*

Oh! oui; c'est bien vous, à présent. (*Il tombe à ses genoux, et les embrasse.*) O mon cher maître! pardon de ne vous avoir pas reconnu tout de suite.(*Il se relève.*) C'est mon benêt de fils qui m'avait fourré ces frayeurs dans le tête. (*Prenant un air fanfaron.*) Un revenant! Oh bien oui, comme si je croyais aux revenans, moi.. Mais, monseigneur, où diantre avez-vous chaussé ce grand vilain bonnet? Savez-vous qu'il ne faut pas se jouer avec ces habits de païen? Si vous alliez rester Turc pour toute votre vie! Tenez, je me rappelle fort bien avoir entendu cent fois ma mère conter qu'elle avait vu quelqu'un qui avait entendu dire de tout temps dans sa famille... Oh! ce que je vous dit là est vrai, au moins.

M. DE FAVIÈRES.

Bon! bon! tu me raconteras un autre jour ton histoire. Sommes-nous seuls?

THOMAS.

Oui, vous et moi; car ce sot de Colin ne s'avisera pas de revenir.. Il a peur, lui. Voyez pourtant! vous n'aviez qu'à être un esprit; il vous aurait laissé tordre le cou à son père.

M. DE FAVIÈRES.

Ma femme, mes enfans et leur précepteur sont-ils toujours ici?

THOMAS.

Eh! sûrement. Ils sont restés pour vous préparer une fête à votre retour. Oh! comme ils vont être contens ! Attendez, attendez. Sot que je suis, de ne pas courrir apprendre cette nouvelle et la répandre ensuite dans tout le village ! (*Il veut sortir.*) Allons, Thomas, allons, mon ami.

M. DE FAVIÈRES, *le retient.*

Doucement, doucement. C'est précisément ce que je ne veux pas.

THOMAS.

Comment ! Est-ce que vous ne seriez pas de la fête qu'on célèbre pour la paix ? C'est à cause de vous qu'on l'a retardée. Tous les villages voisins ont déjà fait leur feu de joie.

M. DE FAVIÈRES.

Nous ferons aussi le nôtre ; sois tranquille.

THOMAS.

Pardienne, nous en ferions pour vous tout seul, quand vous n'auriez pas amené la paix avec vous. Vous êtes un si bon seigneur, et nous vous aimons tant dans le village ! Toutes les cloches devraient être en branle déjà. A quoi s'amuse le carillonneur ?

M. DE FAVIÈRES.

Mon cher Thomas, un peu de patience. Je paraîtrai bien quand il en sera temps.

THOMAS.

Voilà qui est fort aisé à dire. Mais je vais crever d'impatience si cela dure.

M. DE FAVIÈRES.

Et moi, tu me fais mourir de peur de ton indiscrétion. Ne va pas me ravir la joie que je me suis promise. Veux-tu que, pour ma bienvenue, je sois obligé de te congédier ?

THOMAS.

Oh ! que dites-vous ? S'il ne tient qu'à cela, je serai muet comme un poisson. C'est bien mal à vous, pourtant, de nous laisser plus long-temps dans l'inquiétude. Nous vous croyions pris ou noyé, de ne pas vous voir revenir. Vous ne savez pas tous les soupirs que cette crainte nous a coûtés. O mon bon maître ! si nous vous avions perdu ! s'il nous avait fallu marcher aux fêtes de la paix en longs crêpes et en habits de deuil ! Je frissonne seulement d'y penser. Nous aurions mieux aimé encore la guerre pour dix ans, et ne pas vous perdre.

M. DE FAVIÈRES.

Que je suis sensible à ces témoignages naïfs de ton attachement ! Quelle joie plus touchante encore ils me font espérer en rentrant dans ma famille !

THOMAS.

Eh bien ! que n'y venez-vous tout de suite ?

M. DE FAVIÈRES.

Non, te dis-je, mon ami. Je ne veux doubler ce plaisir par une vive surprise. Fais-moi seulement parler au précepteur de mes enfans.

THOMAS.

A M. Armand ?

M. DE FAVIÈRES.

Oui, je lui ai écrit de Marseille pour le prévenir. Lui et toi, vous serez les seuls du mystère ! Mais chute ! j'entends venir quelqu'un par cette allée. (*Il va se cacher derrière la charmille.*) De la discrétion, Thomas.

SCÈNE III.

THOMAS, *seul.*

Oui, de la discrétion! il n'est pas difficile d'être discret quand on n'a rien à dire. Mais quand on sait tout ce que je sais? Ce secret-là, je sens déjà qu'il m'étouffe. (*Il se retourne et aperçoit M. Armand.*) Dieu soit loué! il m'envoie du moins à qui parler.

SCÈNE IV.

THOMAS, M. ARMAND.

THOMAS, *courant vers lui.*

De la joie, de la joie, M. Armand! Nous avons la paix; nous avons monseigneur; nous vous avons, vous m'avez. (*Il jette son bonnet en l'air.*)

M. ARMAND.

M. de Favières est ici?

THOMAS, *avec un air important.*

Je voudrais bien qu'il n'y fût pas, quand je vous le dis. Je suis, comme vous, de la manigance.

SCÈNE V.

M. DE FAVIÈRES, M. ARMAND, THOMAS.

M. DE FAVIÈRES, *sortant de derrière la charmille.*

Voilà mon secret bien placé! Vraiment, Thomas, je n'aurais eu qu'à me fier à toi. (*Il court vers M. Armand, qui l'embrasse.*) Mon cher Armand, que je suis aise de vous revoir!

M. ARMAND.

O monseigneur, quel jour de fête pour nous.

M. DE FAVIÈRES.

Pourvu que Thomas, avec sa joie folle et son bavardage, n'aille pas renverser tous mes projets.

THOMAS.

Ne m'aviez-vous pas dit que M. Armand était du secret? Est-ce que j'en ai sonné le moindre mot à qui que ce soit dans le monde?

M. ARMAND.

Oui, parce que tu n'as vu personne que moi.

M. DE FAVIÈRES.

Ne perdons pas un moment. Il faut, mon cher Thomas, que tu me caches dans ta cabane jusqu'au moment où je veux me montrer.

THOMAS.

Je ne demande pas mieux. Venez, venez, vous y serez bien reçu.

M. ARMAND.

Ce n'est pas tout. Il faudra poster ton fils en sentinelle, pour qu'on n'aille pas instruire madame ou les enfans.

M. DE FAVIÈRES.

Oui; et surtout ne laisser entrer personne chez toi.

THOMAS.

Mais si madame s'y présente, ou bien quelqu'un de vos enfans, je ne peux pas leur fermer la porte sur le nez : cela ne serait guère poli.

M. ARMAND.

Bon! un homme fin comme toi saura bien trouver quelque prétexte pour les écarter.

THOMAS.

Vous avez raison, je vais faire le bec à ma femme.

M. ARMAND.

Ne va pas oublier les bouquets.

THOMAS.

N'ayez pas peur. Ce n'est pas pour rien que nous sommes en Provence. On ne fera pas grâce au moindre bouton. Dans ces jours de plaisir, les fleurs sont cent fois plus belles à nos chapeaux que dans nos parterres.

SCÈNE VI.

M. DE FAVIÈRES, M. ARMAND.

M. DE FAVIÈRES.

Croyez-vous, mon cher Armand, que madame de Favières ne soupçonne rien de nos préparatifs?

M. ARMAND.

Il ne m'aurait pas été possible de les lui cacher.

J'ai mieux aimé les faire de concert avec elle, en lui laissant croire qu'elle vous surprendrait agréablement, par cette fête, à votre retour. Je lui ai dit que votre croisière serait peut-être encore prolongée. Elle ne charme les ennuis de votre absence qu'en s'occupant de tout ce qui peut faire éclater à vos yeux la joie qu'elle aura de vous revoir.

M. DE FAVIÈRES.

Ainsi donc, c'est moi qui lui donnerai la fête qu'elle compte me donner. Ah! mon cher Armand, que ne vous dois-je pas?

M. ARMAND.

J'espère que vous serez content de nos soins. Tout le monde a voulu contribuer à vos plaisirs. J'ai aussi formé quelques jeunes filles et quelques jeunes gens du canton. Ils savent déjà leur rôle à merveille.

M. DE FAVIÈRES.

Et moi, pour completter notre fête, j'amène le fiancé de ma fille, qui s'est couvert de gloire dans un combat contre les Algériens. Il est allé, avec douze hommes dans une chaloupe, enlever une tartane de ces brigands, qui attaquaient un de nos vaisseaux de commerce. Ces habits sont de leurs dépouilles; et j'ai imaginé de les employer à notre déguisement, pour éviter d'être reconnus. Ah! j'oubliais de vous dire que j'amène aussi de Marseille toutes sortes d'instrumens. Je les ai laissés ici près à l'entrée du parc.

M. ARMAND.

Tant mieux, car nous n'avions que les ménétriers du village.

M. DE FAVIÈRES.

Je serais fâché que rien ne manquât à notre fête. Je ne veux pas qu'il y ait aujourd'hui dans toute ma terre une seule créature vivante qui ne tressaille de joie. La plupart des fêtes ne sont que pour les riches. Il faut que des événemens comme celui-ci, où le pauvre est le plus intéressé, soient célébrés avec toute la solennité possible, pour lui en faire mieux sentir le bonheur. Il faut qu'il en conserve long-temps le souvenir, pour le retracer à ses enfans et à ses petits-enfans. Il en vivra plus satisfait de son état, plus attaché à son seigneur, à son roi et à sa patrie.

M. ARMAND.

O l'excellent homme ! toujours le même. Vous ne paraissez jamais, que tout ne respire auprès de vous la joie et la bienfaisance.

M. DE FAVIÈRES, *lui serrant la main.*

Eh, mon ami ! ces plaisirs ne sont-ils pas encore plus doux pour celui qui les donne ? (*On voit Colin qui s'avance tout doucement le long de la charmille.*)

SCÈNE VII.

M. DE FAVIÈRES, M. ARMAND, COLIN, *portant un panier de fleurs à son bras.*

COLIN.

Il faut que ce revenant de Turc ne soit pas si méchant. De quel air d'amitié il parle à M. le précepteur ! Il lui serre la main.

M. ARMAND.

N'entends-je pas quelqu'un ?

M. DE FAVIÈRES.

Oui. Je cours me cacher là derrière. (*Il s'approche de la charmille, et se trouve vis-à-vis de Colin, qui le regarde un moment en face, tout tremblant, et tout-à-coup s'écrie avec transport :*) Eh ! c'est mon parrain, mon bon parrain ! (*Il jette son panier à terre, s'élance dans les bras de M. de Favières; lui baise les mains et les habits.*)

M. DE FAVIÈRES, *après l'avoir embrassé.*

Doucement, mon ami, doucement.

M. ARMAND.

Oui, Colin ; monseigneur ne veut pas qu'on sache qu'il est arrivé. Garde-toi bien d'en rien dire à personne, au moins.

COLIN.

Quoi ! ni à madame, ni aux enfans ?

M. ARMAND.

C'est précisément à eux qu'il faut le cacher.

SCÈNE VIII.

M. DE FAVIÈRES, M. ARMAND, THOMAS, COLIN.

THOMAS, *en entrant sans voir Colin.*

Allons, monseigneur, vous pouvez me suivre à présent.

COLIN.

Ce n'est pas moi qui l'ai dit à mon père, toujours.

THOMAS, *apercevant Colin*.

Ah! tout est perdu. Voilà ce drôle qui va jaser. Moi qui voulait l'envoyer en commission hors du village!

M. ARMAND, *caressant Colin*.

Va, va; je suis sûr qu'il sera tout au moins aussi discret que toi. N'est-ce pas mon petit ami?

COLIN.

Oh! laissez-moi faire. Je garde mon secret tout comme un autre. Ce ne sera pas la première fois.

THOMAS.

Oui, et quand cela t'est-il arrivé?

COLIN.

Et parguienne, l'autre jour quand vous me rossâtes pour savoir qui avait dérobé les pommes du jardin, est-ce que je vous dis que c'était moi.

THOMAS.

C'est toi qui m'as volé mes pommes! Attends. (*Colin se sauve dans les bras de M. de Favières.*) Oh! tu me le paieras!

M. ARMAND.

A la bonne heure, s'il parle de monseigneur.....

M. DE FAVIÈRES.

Et, s'il n'en parle pas, un louis pour sa récompense.

THOMAS.

Entends-tu, Colin, un louis!

COLIN.

Bah! Je l'aurais gardé pour rien, pour l'amour de monseigneur.

M. ARMAND.

Et pouvons-nous compter également sur la discrétion de ta femme.

THOMAS.

Ma femme! Dès qu'il y a du tripotage à se taire, vous verrez si elle jasera! Je ne sais pas tant seulement le tiers de ce que son mari devrait savoir. Allons, allons. Toi, Colin, reste ici pour empêcher qu'on ne vienne nous surprendre. Mais, s'il t'échappe un mot, gare les pommes! Je te coupe les oreilles avec le coutelas de monseigneur. (*Ils sortent.*)

SCÈNE IX.

COLIN, *ramassant son panier, et faisant un bouquet.*

Si l'on ne sait rien que de moi, l'on n'en saura guère. Mais, mademoiselle Mélanie, mademoiselle Alexandrine, mademoiselle Minette, M. Constantin! Ces pauvres enfans! cela me fait de la peine qu'ils ne sachent pas que leur papa est ici. Si je le disais à l'oreille à mademoiselle Minette! Elle est bien de mes amies, mademoiselle Minette! c'est la plus petite; mais c'est la plus futée. Oh oui! voilà qu'elle le dirait à mademoiselle Alexandrine, mademoiselle Alexandrine à M. Constantin, M. Constantin à Gothon, Gothon à mademoiselle Mélanie, mademoiselle Mélanie à sa maman, et puis tout le monde serait du secret. Un louis de perdu, et mes oreilles coupées! Oh! il vaut mieux faire le muet. Tant que je ne parlerai pas, je n'en dirai rien à personne, d'abord. (*Il frappe sur sa bouche.*) Allons, te voilà clouée jusqu'à demain.

SCÈNE X.

CONSTANTIN, ALEXANDRINE, MINETTE, COLIN.

CONSTANTIN, *frappant doucement sur l'épaule de Colin.*
Bonjour, mon ami.

ALEXANDRINE, *lui faisant profondément une révérence moqueuse.*
Je suis la très-humble servante de M. Colin.

MINETTE, *lui prenant la main d'un air d'amitié.*
Eh, bonjour, mon petit homme. (*Colin lui donne un bouquet; Minette le remercie.*)

CONSTANTIN.
Te voilà seul? (*Colin lui répond d'un signe de tête.*)

MINETTE.
Maman voudrait parler à ton père. Où est-il? (*Colin lui montre du doigt le côté par où Thomas vient de sortir.*)

ALEXANDRINE.
Te moques-tu de nous? Est-ce que tu ne sais pas parler? (*Colin, sans répondre, fixe les yeux en l'air.*)

CONSTANTIN.
Mais parle donc.

ALEXANDRINE, *lui donnant un coup sur les mains*
Ah! je t'apprendrai à faire le plaisant.

MINETTE, *retenant Alexandrine.*

Doucement, ma sœur, ne fais pas de mal à mon petit Colin. (*Colin regarde Minette d'un air d'amitié.*)

CONSTANTIN, *d'un air impérieux.*

Il n'a qu'à parler, ou je le... Est-ce qu'il est devenu muet?

ALEXANDRINE.

Ou bien sourd?

MINETTE.

Il lui est peut-être arrivé quelque malheur, n'est-ce pas mon ami? (*Colin lui fait signe que non. Alors tous les enfans, excepté Minette, se jettent sur lui, le secouent, le tiraillent, le pincent, le chatouillent, en s'écriant tous ensemble.*) Oh bien! tu parleras, tu parleras, tu parleras, ou tu diras pourquoi.

MINETTE, *tâchant de les écarter.*

Finissez donc, ou je vais me mettre avec lui contre vous.

ALEXANDRINE.

Le beau champion qu'il aurait là pour le défendre.

MINETTE, *à Constantin.*

Mon frère, toi qui es l'aîné, fais-là finir, je t'en prie. Je vais lui parler doucement, et j'en aurai peut-être quelques paroles.

CONSTANTIN, *avec fierté.*

Non, je veux qu'il obéisse quand je lui commande.

MINETTE.

Laisse-moi faire. (*à Colin.*) Colin, mon petit Colin, réponds-moi, je t'en prie, quand ce ne serait qu'un petit mot. (*Colin lui sourit, mais il lui fait signe qu'il ne parlera pas.*)

MINETTE.

Sais-tu bien que je me mettrai aussi en colère contre toi? Mais non. Tiens, Alexandrine, va chercher son père, puisque maman le demande.

ALEXANDRINE.

Oui, oui, je le dirai à Thomas, qui le fera parler, peut-être. (*Elle veut sortir, Colin lui barre le chemin, en secouant la tête.*)

CONSTANTIN, *d'un air d'autorité.*

Comment? Est-ce qu'il ose arrêter ma sœur? Attends, attends!

MINETTE, *retenant Constantin.*

Tu vois bien qu'il ne lui fait pas de mal. — Eh bien! Colin, va donc chercher toi-même ton père, et dis-lui d'aller parler à maman. Le feras-tu! (*Colin lui fait signe qu'oui, et sort. Les enfans le suivent des yeux.*)

SCÈNE XI.

CONSTANTIN, ALEXANDRINE, MINETTE.

ALEXANDRINE.

Il entend au moins, s'il ne parle pas.

MINETTE.

Je savais bien, moi, que j'en tirerais ce que je voudrais.

CONSTANTIN.

Il a bien fait de s'en aller. Mais il me le paiera de ne m'avoir pas obéi. (*On voit dans l'éloignement Colin qui va chercher son père, et lui dit d'aller trouver les enfans. Thomas s'avance.*)

MINETTE, *le voyant venir*.

Ah! bon, voici Thomas. Nous saurons ce qui est arrivé à mon petit ami.

SCÈNE XII.

CONSTANTIN, ALEXANDRINE, MINETTE, THOMAS.

(*Tous les enfans courent vers Thomas, et sautent autour de lui.*)

THOMAS.

Bonjour, mon jeune monsieur, bonjour, mes jolies demoiselles; comment vous en va-t-il aujourd'hui?

MINETTE.

Fort bien, fort bien. Mais, dis-nous, qu'a donc ton fils, mon pauvre Colin?

THOMAS.

Ce qu'il a? Bon appétit, toujours.

MINETTE.

Il n'est donc pas malade?

THOMAS.

Lui, malade!

CONSTANTIN.

Il est donc bien obstiné.

ALEXANDRINE.

Ce petit vaurien s'est moqué de nous.

MINETTE.

Ah! qu'elle tête!

THOMAS.

Comment donc?

MINETTE.

Je craignais qu'il ne fût devenu muet.

THOMAS.

Lui, muet!

ALEXANDRINE.

Nous l'avons pincé, chatouillé; pas un mot.

THOMAS.

Est-il possible? Il m'a bien étourdi de ses criailleries ce matin; il ne tenait qu'à moi d'avoir une belle peur.

CONSTANTIN.

Pour nous, il n'a pas daigné nous dire une parole.

THOMAS, *en souriant.*

Est-il vrai? Ce petit coquin? Voyez la finesse! Il a cent fois plus d'esprit que son père.

MINETTE.

De l'esprit à ne pas parler?

THOMAS

Dites-moi où il est allé prendre cette imagination?

ALEXANDRINE.

Que veux-tu dire?

THOMAS.

Et puis, qu'on vienne nous chanter que le monde va de mal en pis ! Les enfans ont, morguienne, au temps qui court, plus d'avisement que toute leur famille.

ALEXANDRINE.

Ils sont, je crois, devenus fous tous les deux. L'un qui ne parle pas, et l'autre qui parle sans nous répondre.

THOMAS.

Oh ! il savait bien ce qu'il ne disait pas, et je sais bien ce que je dis.

ALEXANDRINE.

Nous ne le savons guère, nous autres.

THOMAS.

Il n'y a pas grand mal. Mais où est madame ? Colin m'a dit qu'elle me demandait.

CONSTANTIN.

Il te l'a dit ?

MINETTE.

Il parle donc ?

CONSTANTIN.

Oh bien, s'il parle, je vais le faire parler, moi.

ALEXANDRINE.

Allons, allons.

THOMAS.

Oui, oui, allez. Il s'est lâché dans le parc. Vous ne lui verrez seulement pas les talons. Il a des jambes, s'il n'a pas de langue. (*Constantin et Alexandrine sortent.*)

SCÈNE XIII.

MINETTE, THOMAS.

MINETTE.

O mon cher Thomas! dis à Colin, je te prie, de parler un peu seulement pour moi. J'aime tant à causer avec lui.

THOMAS.

Oui, oui, laissez-moi faire. Je lui parlerai, et nous nous parlerons tous bientôt.

MINETTE.

Bon! bon! Je vais courir après mon frère et ma sœur, pour empêcher qu'on ne le tourmente. (*Elle sort.*)

SCÈNE XIV.

THOMAS, *seul*.

J'ai bien fait, je crois, de l'envoyer un peu loin. Ces marmots l'auraient tant houspillé, qu'ils lui auraient fait dire son secret. Avez-vous jamais rien vu de si malin, pourtant? Ne pas parler de peur de rien dire. On ne peut pas être plus retors que ça. Mais voici madame avec mademoiselle Mélanie. Allons, mon ami, prends garde à toi. Un homme et son secret aux prises avec deux femmes; il y a là de quoi batailler.

SCÈNE XV.

Mme DE FAVIÈRES, MÉLANIE, THOMAS.

Mme DE FAVIÈRES.

Eh bien! Thomas, il faut donc que je vienne te chercher? Il y a une heure que je t'ai fait appeler par mes enfans.

THOMAS.

Eh oui, madame, je courais aussi près de vous.

Mme DE FAVIÈRES.

C'est qu'il faut tout préparer comme pour la fête. M. Armand vient de me dire qu'il désirerait en faire aujourd'hui une répétition générale. C'est peut-être pour adoucir mes ennuis; mais il m'assure que mon époux ne peut tarder à revenir. Cette idée, qui semble encore approcher son retour...

THOMAS.

Il n'est peut-être pas si loin qu'on le pense. Que diriez-vous... (*En se détournant.*) Chut! Qu'allais-tu dire toi-même, Thomas?

Mme DE FAVIÈRES.

Est-ce que tu aurais appris de ses nouvelles?

THOMAS.

Pardienne oui, de ses nouvelles? C'est bien plus sûr encore ce que je sais. (*A part.*) Où diantre me suis-je enfourné?

MÉLANIE.

Que veux-tu dire, Thomas? explique-toi.

THOMAS.

C'est que... tenez, comprenez-vous?... Quand le marché est fini, je reviens à grands pas vers notre ménage : encore n'ais-je pas une femme comme vous, madame, ni une fille comme mademoiselle Mélanie. (*A part.*) Peste! ce n'est pas mal s'en tirer, je crois. (*Haut.*) Ainsi, par semblance du cas, je vois que monseigneur galope vers ici. C'est clair ça : demandez.

Mme DE FAVIÈRES.

Ah! quand viendra cet heureux moment où je pourrai le presser contre mon sein, et le retenir dans mes bras?

THOMAS.

Que sait-on? je vais toujours me dépêcher. Ça le poussera peut-être. Si chaque coup de mon râteau était un coup de fouet pour son cheval! je ne ménagerais pas non plus celui de votre fiancé, mademoiselle Mélanie. (*Mélanie sourit.*)

Mme DE FAVIÈRES.

Voilà qui est fort obligeant de ta part, mon cher Thomas.

THOMAS.

C'est que j'ai de la peine de vous voir triste. Vous êtes comme des fleurs après une ondée de printemps, belle à travers les larmes. Viendra un jour de soleil qui séchera tout ça, et qui vous rendra

plus belle encore. Allons, de la joie, de la joie!
Voici M. Armand, qui semble bien joyeux, lui.

SCÈNE XVI.

Mme DE FAVIÈRES, MÉLANIE, M. ARMAND, THOMAS.

M. ARMAND.

Tout va bien, madame. J'ai envoyé rassembler les jeunes filles et les jeunes garçons du village qui doivent figurer dans notre fête : elle est prête à commencer. Je fus très-satisfait hier de l'ordre et de la précision qu'ils mirent dans leurs exercices ; et j'espère que la répétition générale d'aujourd'hui pourra vous plaire, si vous nous faites l'honneur d'y assister.

Mme DE FAVIÈRES.

Je ne me priverai point assurément d'un si doux plaisir. Je m'en promets beaucoup à vous rendre ce témoignage de la satisfaction que j'ai de votre zèle, de votre intelligence et de votre activité.

M. ARMAND.

Je ne pouvais, madame, en recevoir un prix plus flatteur. Mais n'étais-je pas déjà payé de mes soins, par l'idée de seconder vos vues, et de prévenir celles de votre époux? Il aurait été fâché qu'un événement si heureux pour ses vassaux n'eût pas été célébré d'une manière qui le fixât pour jamais dans leur souvenir.

Mme DE FAVIÈRES.

Oui, voilà bien son noble caractère. Aussi, quelle douce idée je me fais de sa surprise et de sa satisfaction !

THOMAS.

Il ne sera peut-être pas le plus surpris ni le plus content de l'aventure. (*M. Armand fait à Thomas un signe de silence.*)

Mme DE FAVIÈRES.

Que veux-tu dire, Thomas ?

THOMAS, *embarrassé*.

Oh ! c'est que... c'est que d'abord pour la surprise, je me doute que vous serez bien surprise vous, de le revoir frais et gaillard, tout rebondit de santé, de gloire et de plaisir. Mademoiselle Mélanie sera bien surprise aussi de revoir son jeune fiancé. Je parierais ma bêche contre une de vos épingles, qu'elle en rougira comme une fraise. Nous serons vraiment bien plus surpris encore, nous autres ; car un bon seigneur, ça surprend toujours.

M. ARMAND.

Ah ! madame, que ce serait un spectacle bien doux pour votre cœur, de voir l'impatience avec laquelle on l'attend ! Je ne puis faire un pas dans le village, que tout le monde ne s'empresse à me questionner sur son arrivée. Je crois entendre une nombreuse famille me demander son père, son frère, son fils, son mari. Vous verriez les femmes, et jusqu'aux plus petits enfans tresser des guirlandes, et les porter au pied de la statue que vous lui avez élevée dans le jardin. Imaginez quelle sera leur joie, lorsqu'ils le reverront lui-même.

Mme DE FAVIÈRES.

Je conçois leurs transports par les miens. Mais quand reviendra-t-il? Je tremblerai toujours jusqu'à ce que je le revoie.

M. ARMAND.

D'où naîtraient vos frayeurs? Ce n'est plus le temps où la soif qu'il a de la gloire pouvait l'exposer à des dangers.

MÉLANIE.

Ah! maman, vous rappelez-vous ces jours cruels, où nous ne prenions que d'une main tremblante les nouvelles publiques? Il nous semblait voir son nom dans toutes les listes des morts et des blessés.

M. ARMAND.

Ne vous livrez donc aujourd'hui qu'aux douceurs de l'espérance. Une paix heureuse ne nous laisse plus aucun sujet d'alarmes.

Mme DE FAVIÈRES.

Oui, je la bénis cette paix céleste, je la bénis au nom de toutes les mères, de toutes les épouses.

THOMAS.

Et moi, au nom de tous les jardiniers. Ah! si vous aviez roulé comme moi votre corps dans le monde! Tenez, pendant la dernière guerre d'Allemagne, j'y servais... dans un jardin. Il vint de ces maudits housards. Au bout d'une heure, il n'y avait pas une seule haie sur pied dans tout le pays. Les Amours, les Jupiter, le Hercule, ils vous les prenaient par le nez, et leur faisaient lever les jambes en l'air. Tous ces dieux-là auraient encore pu s'en aller au diable; mais mes pauvres asperges! mes pauvres melons! ça me fendait le cœur. Je n'étais pourtant que garçon de jardin. Aujourd'hui que je suis jardinier en chef, figurez-vous si cela m'était arrivé! Je me serais jeté la tête la première dans mon puisard. Mais, allons, nargue à ces démoniaques! Nous avons la paix. De la joie! de la joie! Venez, monsieur Armand, nous allons arranger tout ça. (*Ils sortent.*)

SCÈNE XVII.

Mme DE FAVIÈRES, MÉLANIE.

Mme DE FAVIÈRES.

La gaîté du brave Thomas vient de se communiquer à mon âme. Je me trouve maintenant plus tranquille. Je ne sens plus que la douce émotion de l'espérance. Oui, Mélanie, mon cœur me l'annonce; nous allons bientôt le revoir.

MÉLANIE.

Hélas! maman, je me réveille chaque jour pour

me livrer à cette idée flatteuse, et chaque jour elle s'évanouit.

Mme DE FAVIÈRES.

Nos murmures contre le ciel sont presque toujours injustes. Combien je maudissais cette guerre cruelle, lorsqu'elle vint m'arracher mon époux! Eh bien! la paix va me le rendre couvert de la gloire qu'il s'est acquise dans son expédition des Indes, chargé de la reconnaissance de ses concitoyens, dont il a protégé le commerce sur ces mers. Il revient, lorsque sa présence est le plus nécessaire pour l'éducation de ses enfans. Il ramène avec lui l'époux que ton choix et le nôtre te destinent. Et nous pourrions encore nous plaindre d'une courte absence? Ah! ma fille, combien de femmes sur la terre envient aujourd'hui notre sort.

MÉLANIE.

Oui, maman, je suis une folle; mais vos bontés m'ont jusqu'à présent rendue si heureuse, que je ne puis supporter la moindre altération de mon bonheur.

Mme DE FAVIÈRES.

Embrasse-moi, ma fille, et laisse reprendre à ta figure sa gaîté naturelle. Elle te sied si bien! N'allons pas empoisonner, par un air d'inquiétude, le plaisir que vont goûter ces bonnes gens de nous rendre les témoins de leur joie.

SCÈNE XVII.

Mme DE FAVIÈRES, MÉLANIE, CONSTANTIN; ALEXANDRINE, MINETTE, MATHURIN.

MINETTE, *courant vers sa mère.*

Maman, maman, c'est le bon Mathurin que je vous amène.

ALEXANDRINE, *qui la suit.*

Le voici, le voici! (*On voit Mathurin qui arrive, soutenu d'une main sur un bâton, et de l'autre sur Constantin. En apercevant madame de Favières, il veut doubler le pas; il chancelle. Madame de Favières et Mélanie s'avancent vers lui.*)

CONSTANTIN.

Appuie-toi plus fort sur mon épaule. Va, tu ne me fais pas de mal.

MÉLANIE.

Doucement, mon cher Mathurin.

Mme DE FAVIÈRES.

Prends bien garde de tomber.

MATHURIN.

Madame, on est venu chercher nos enfans dans le village, avec leurs habits de fête. Est-ce que monseigneur serait arrivé? Je ne me le pardonnerais pas.

Mme DE FAVIÈRES.

Non, mon ami; nous l'attendons encore.

MATHURIN.

Ah! tant mieux. Et par où doit-il venir, dites-le moi? J'ai la tête assez bonne, mais les jambes me manquent. Il faut que je me mette en marche avant les autres, pour arriver en même temps.

Mme DE FAVIÈRES.

Comment, est-ce que tu voudrais aller à sa rencontre, faible comme tu l'es?

MATHURIN, *avec vivacité*.

Si je le veux? Quoi! je resterais ici à l'attendre, quand il a couru toute sa vie au devant de mes besoins? Je me ferais plutôt porter par mes enfans.

MÉLANIE.

Non, Mathurin; mon papa te saurait mauvais gré, je t'assure, de t'exposer à cette fatigue.

MATHURIN.

Quand ce ne serait pas pour lui, ce serait pour moi. J'ai besoin de le voir. Il est comme le soleil, qui ragaillardit ma vieillesse.

Mme DE FAVIÈRES.

Mais, mon ami, à ton âge...

MATHURIN.

Mon âge fait que je lui ai plus d'obligation que les jeunes. Madame, je le connais depuis plus longtemps que vous. Combien de fois je l'ai mis à cheval sur ce bâton que voilà! Il n'était pas si grand que M. Constantin, qu'il était déjà mon bienfaiteur.

J'étais pauvre alors, et lui, il n'avait que l'argent de ses plaisirs. Eh bien! il trouvait encore le secret de me tirer de peine. J'avais beau ne lui dire que la moitié de mon embarras, il savait en deviner plus que je ne lui en cachais. Dès qu'il put disposer de ses biens, il me fit présent de la chaumière que j'habite, et de quelques terres à l'entour. A chaque enfant que me donnait ma femme, il ajoutait, lui, de quoi le nourrir. Grâces à sa bonté, je me suis vu en état de les élever tous, et de les établir dans l'aisance. Aussi je les regarde comme faisant sa famille autant que la mienne, et je n'en trouve que plus de plaisir à les aimer.

Mme DE FAVIÈRES.

Tu sais aussi qu'il a pour toi beaucoup d'attachement. Il est peu de ses lettres où il ne demande de tes nouvelles.

MATHURIN, *avec transport.*

Est-il vrai? Mais oui, je le crois. Écoutez donc, il me le doit, au moins. Il a fait du bien à beaucoup de gens dans sa terre; il a relevé leurs chaumières renversées par l'orage; il leur a fourni du grain dans des mauvaises années; il a payé la taille pour eux : je veux qu'ils le bénissent, qu'ils le révèrent; mais je mourrais de chagrin, si je savais qu'après sa famille quelqu'un l'aimât ici plus que moi. Ce que je dis là, c'est encore pour vous, madame, et pour vous aussi, mademoiselle. (*Madame de Favières et Mélanie lui font des amitiés.*)

LES ENFANS, *sautant autour de lui.*

Et nous, Mathurin?

MATHURIN.

Il faut bien que je vous aime, vous êtes ses enfans. Vous me faites pourtant fâcher quelquefois.

MINETTE.

Nous, te faire fâcher?

MATHURIN.

Oui, vous avez pour moi trop de soin, cela m'impatiente. On dirait que je suis si vieux, si vieux!

MINETTE.

Oh que non! tu es bien gaillard encore. Tiens, je veux t'arranger en petit-maître. Voici mon bouquet. Je vais le mettre à ta boutonnière.

ALEXANDRINE.

Donne-moi ton chapeau, que j'y passe un ruban.

CONSTANTIN, *se levant sur le bout de ses pieds pour atteindre à son oreille.*

Je te ferai donner une roquille de notre bon vin.

MATHURIN.

O chères petites créatures! vous êtes de tout cœur, comme votre père. Venez, venez que je vous embrasse. Madame, vous pardonnez...

Mme DE FAVIÈRES.

C'est moi qui t'en prie. Rien n'est si doux à mes yeux que de voir mes enfans dans les bras d'un vieillard comme toi : c'est le tableau de l'innocence et de la vertu. (*Les enfans se jettent dans les bras de Mathurin, qui les embrasse et les presse contre son cœur. On entend un bruit de musique.*)

MATHURIN, *se levant avec vivacité.*

Qu'est-ce que j'entends? Serait-ce monseigneur?

MÉLANIE.

Ah! plût au ciel!

Mme DE FAVIÈRES.

Non, mon ami, ce sont les jeunes gens du village qui viennent faire une répétition de leur fête.

MATHURIN.

Oh! je veux la voir. J'y figurais autrefois. A peine aujourd'hui pourrais-je la suivre. Permettez que j'aille me poster au pied de cet arbre. Je l'ai planté dans mon enfance. Nous étions alors du même âge. Il est à présent bien plus jeune que moi.

Mme DE FAVIÈRES.

Non, Mathurin, je veux que tu viennes prendre place à mon côté.

MÉLANIE.

Oui, entre nous deux.

MATHURIN.

Moi, madame, me faire cet honneur aux yeux de tout le village!

Mme DE FAVIÈRES.

Eh! ne faut-il pas qu'il apprenne, par notre exemple, à respecter la vieillesse et la probité? Viens, mon ami. (*Madame de Favières et Mélanie le conduisent vers un banc de verdure, et le font asseoir au milieu d'elles. Alexandrine et Minette arrangent ses habits. Constantin assure son bâton pour le soutenir.*)

MATHURIN, *en essuyant ses yeux.*

Pourvu que je n'aille pas mourir de joie avant l'arrivée de monseigneur. (*On voit entrer des deux côtés de la scène de jeunes garçons et de jeunes filles qui viennent se réunir deux à deux dans le milieu. Les jeunes garçons portent des fleurs, des gerbes, des pampres de vigne; les jeunes filles, des agneaux, des tourterelles et des corbeilles de fleurs. La marche commence, précédée des ménétriers du village. A la suite de la marche s'élève un olivier, au pied duquel s'entrelace une tige de lis. La troupe, après avoir défilé devant le banc où madame de Favières est assise avec ses enfans et Mathurin, porte les présens sur un gradin placé derrière l'olivier, tandis que les ménétriers se rangent sur le côté de la scène, en face du banc. La ronde commence autour de l'arbre au son du tambourin et de galoubet.*)

LE PREMIER MÉNÉTRIER.

Air du tambourin des Vendangeurs : *Pour animer nos chansons.*

Allons, joyeux tambourin,
  Amis en cadence ; (*bis en chœur*).
La paix, sur un gai refrain, (*bis en chœur*)
  Veut mener la danse. (*bis en chœur*)

UN JEUNE GARÇON.

AIR : *Soleil, soleil, brillant soleil.*

O Paix ! O Paix ! O douce Paix !
Tu viens essuyer nos larmes :
O Paix ! O Paix ! O douce Paix !
Vois les heureux que tu fais.
La guerre à nous opprimer
Avait excité nos larmes ;
Toi, du besoin de s'aimer
Tu nous fais sentir les charmes.
O Paix, etc.

LE PREMIER MÉNÉTRIER.

Anglais, voici notre main,
 Jetez là vos lances ; (*bis en chœur*)
Et sous des flots de bon vin,
 Noyons nos vengeances. (*bis en chœur*)

UN VIGNERON.

AIR : *Je ris, je bois.*

Qu'il vienne en fier ennemi
Me présenter son défi ;
Je veux, armé d'un plein verre
Coucher mon héros par terre.
 La Paix ! La Paix !
Pour sa fête, buvons frais.

LE PREMIER MÉNÉTRIER.

Pourquoi d'un fer assassin
 S'entr'ouvrir la panse, (*bis en chœur*)
Lorsqu'on peut, dans un festin,
 Crever de bombance? (*bis en chœur*)

UNE JEUNE FILLE.

Air des Vendengeurs : *C'est donc demain que j'obstiens ma Lisette.*

Lento.

Les yeux en pleurs, et dans nos champs seulettes,
Par nos souvenirs nous appelions la paix.
 La Paix! La Paix!

Allegro

Elle a déjà réveillé nos musettes,
Et les plaisirs sont ses premiers bienfaits.

LE PREMIER MÉNÉTRIER.

Allons gai, mon tambourin,
 Pressons la cadence. (*bis en chœur*)
Vive en éternel refrain
 Louis et la Franc. (*bis en chœur*)

(*La ronde finie, les jeunes gens vont prendre des bouquets, et les apportent à madame de Favières, à Mélanie, aux enfans et à Mathurin.*)

Mme DE FAVIÈRES.

O mes amis! je suis pénétrée de votre joie. Que

ne donnerai-je pas en ce moment pour la voir partager à mon digne époux!

MINETTE.

Ah, maman, s'il était ici! N'est-ce pas, Mathurin?

MATHURIN.

Je crois que j'oublierai ma vieillesse pour danser de plaisir. (*Au même instant, on entend le bruit d'une marche guerrière. La toile se lève; on voit sur un piédestal M. de Favières en habit algérien, mais sans turban sur la tête. Son gendre est à sa droite, dans le même déguisement. A sa gauche est M. Armand, et du même côté, Thomas, Fanchon et Colin. Tout le jardin est illuminé. On aperçoit sur la terrasse des groupes de paysans, mêlés de matelots en habit algérien. Les enfans se regardent tout ébahis. Constantin s'approche le premier, fixe un instant M. de Favières, le reconnaît, et s'écrie :*) Eh! c'est mon papa!

ALEXANDRINE et MINETTE, *qui le suivent.*

Oh! c'est lui! c'est lui! (*Madame de Favières, Mélanie et Mathurin se lèvent à ces cris, balancent un moment, et accourent. L'habit algérien de M. de Favières et celui de M. de Bléville tombent alors à leurs pieds, et les laissent voir en habit d'uniforme de marine. M. de Favières s'élance le premier du piédestal, et se précipite dans les bras de sa femme et de sa fille, qu'il embrasse tour à tour.*)

Mme DE FAVIÈRES.

O cher époux!

MÉLANIE.

Mon père!

LES ENFANS, *le tirant par son habit.*

Mon papa! mon papa! embrassez-nous donc, c'est bien notre tour, je crois.

M. DE FAVIÈRES.

Je voudrais vous tenir tous à la fois dans mes bras. O ma femme, ma fille, mes enfans!

Mme DE FAVIÈRES.

Nous sommes encore trop bonnes de t'aimer après le tour que tu nous joues. Mais d'où vient ce déguisement?

M. DE FAVIÈRES, *présentant M. de Bléville.*)

Tenez, voilà celui que vous devez gronder de toute cette aventure : ma femme, je le livre à ta vengeance. (*M. de Bléville baise la main de madame de Favières.*) Sans le coup brillant qu'il a fait, je n'aurais pas songé à cette folie; j'ai voulu vous le montrer dans son habit de victoire : je vous raconterai ses exploits. Ma fille, je te donne un jeune héros.

M. DE BLÉVILLE.

J'étais animé par votre présence; et je ne voulais me présenter à mademoiselle qu'après une action qui me rendît moins indigne de ses bontés. (*Il baise la main de Mélanie, qui lui sourit en rougissant.*)

M. DE FAVIÈRES, *se tournant vers mathurin.*

Mais ne vois-je pas là mon vieil ami? (*Il court à Mathurin, et l'embrasse.*)

MATHURIN.

Je ne pouvais parler, tant j'étais ivre de joie! Je vous ai vu, mon bon seigneur; je puis mourir aujourd'hui, je mourrai content.

M. DE FAVIÈRES.

Non, mon cher Mathurin, tu vivras. Je veux que ce jour te rajeunisse de dix années. Ma femme, je te remercie des honneurs que tu lui as rendus. Il n'est point dans le village un plus honnête homme, et notre famille n'aura jamais un plus digne ami. D'ailleurs, c'est dans les jours de fête de la patrie qu'il faut honorer ceux qui lui ont rendu les plus vrais services. (*Il se tourne vers les autres paysans.*) Et vous, mes enfans, que je me réjouis de vous voir! Me voilà fixé pour toujours parmi vous. La guerre m'a empêché de vous faire tout le bien que j'aurais désiré; la paix va m'en fournir les moyens. Ne songeons qu'à nous rendre tous heureux les uns les autres. Vous me prouverez votre reconnaissance par votre bonheur.

TOUS LES PAYSANS.

Ah! le bon seigneur que nous avons! Qu'il vive! Vive notre bon seigneur!

M. DE FAVIÈRES, *attendri*.

Et vous aussi, mes enfans, vivez tous heureux; et pour cela prenons de la joie. J'ai reçu votre fête, je veux vous rendre la mienne : nous ne manquerons pas de rafraîchissemens; tout est préparé.

M. ARMAND.

Madame, nous voulions surprendre M. de Favières, mais il est plus alerte que nous.

THOMAS.

Oui! on ne peut pas être plus discret que moi, toujours.

COLIN.

Et moi donc, mon père ?

MINETTE.

Ah ! tu parles à présent ?

FANCHON.

Oui ! vantez-vous bien, vous autres. Je crois pourtant que personne n'a eu plus de mal que moi dans toute cette journée ; car je n'ai que ce mot à dire, et je suis la dernière à parler. (*Les paysans, au signal de M. de Favières, prennent Mathurin dans leurs bras, et le portent sur le gradin placé derrière l'olivier. Une danse générale commence autour de lui. M. de Favières s'y joint avec toute sa famille, au son d'une musique guerrière, interrompue, à certains intervalles, par le tambourin et le galoubet.*)

LA GUERRE ET LA PAIX.

Monsieur de Favières, encore agité des douces émotions de la journée, ne put fermer l'œil que vers le milieu de la nuit ; mais alors un sommeil profond, égayé par des songes gracieux, vint le délasser des fatigues de son voyage, et calmer le tumulte de ses esprits. Le lendemain, ses premiers regards rencontrèrent ceux de ses enfans, qui, debout en silence autour de son lit, attendaient le moment de son réveil. Il reçut leurs aimables caresses, les embrassa tendrement ; et, s'étant habillé à la hâte, il descendit avec eux dans le jardin.

La sérénité du jour, dans une saison si nébuleuse pour les autres climats, le plaisir de revoir les lieux qu'il avait cultivés de ses mains, la joie de se retrouver au sein de sa famille, après en avoir été si long-temps séparé, jusqu'au souvenir même des traverses qu'il avait essuyées pendant sa vie, tout mettait son cœur dans un état d'épanchement dont ses enfans profitèrent pour lui faire mille questions ingénues.

Il leur raconta ses longs voyages aux extrémités du monde, les tempêtes qui l'avaient assailli, et les expéditions périlleuses où il s'était signalé. Il se plaisait à leur peindre, tantôt les solitudes profondes qu'il avait pénétrées, tantôt les peuplades nombreuses dont il avait observé, dans ses passages, les coutumes, les mœurs et le caractère.

Il étudiait avec soin, pendant ce récit, tous les sentimens que ces diverses circonstances imprimeraient tour-à-tour sur leur physionomie. Au moindre détail des dangers qu'il avait courus, il sentait ses genoux tendrement pressés par les deux petites filles; il leur échappaient des soupirs, et leurs yeux se mouillaient de larmes, tandis qu'un rayon d'audace et de joie éclatait sur les traits de Constantin. C'était surtout lorsqu'ils entendait raconter quelque action belliqueuse, qu'on voyait s'enfler sa poitrine, et ses regards s'enflammer.

O mon papa! s'écria-t-il enfin, si j'étais déjà grand, que j'aimerais la guerre, pour me distinguer à mon tour, comme vous!

M. DE FAVIÈRES.

Voilà un souhait bien cruel que tu formes là, mon ami.

CONSTANTIN.

Quoi donc, n'est-ce pas au métier des armes que vous me destinez?

M. DE FAVIÈRES.

Il est vrai, mon fils.

CONSTANTIN.

Ce métier n'est-il pas nécessaire?

M. DE FAVIÈRES.

Hélas! oui, malheureusement: Il en est d'un empire comme du corps humain. L'un et l'autre sont sujets à des maladies intérieures, et à des accidens étrangers. Le médecin veille sur le corps de l'homme, pour prévenir les désordres qui pourraient survenir en lui par la fermentation de ses humeurs, ou pour le guérir des maux qu'il reçoit au dehors par des atteintes nuisibles. De même le guerrier veille sur le corps de l'État, soit pour arrêter les séditions qui s'élèveraient dans son sein, soit pour repousser les attaques de ses voisins ambitieux.

CONSTANTIN.

Mais si mon métier est nécessaire, ne dois-je pas désirer de l'exercer?

M. DE FAVIÈRES.

Que dis-tu d'un médecin qui, pour avoir plus d'occasion de pratiquer son art, désirerait qu'une maladie dangereuse attaquât tous ses concitoyens.

MINETTE.

O mon papa! il serait bien méchant.

M. DE FAVIÈRES.

Que dois-je donc penser de celui qui, pour satisfaire un mouvement d'orgueil ou d'ambition, appelle, par ses vœux, un fléau destructeur pour sa patrie.

ALEXANDRINE.

Là, voyons, mon frère, qu'as-tu à répondre?

CONSTANTIN.

C'est pourtant une belle chose que la guerre, quand on est roi!

M. DE FAVIÈRES.

En quoi la trouves-tu si belle?

CONSTANTIN.

C'est que d'abord on peut se rendre plus puissant.

M. DE FAVIÈRES.

Quand ce moyen de le devenir serait juste, crois-tu qu'il soit bien certain? Figurez-vous, mes enfans, que les terres situées autour de la mienne forment de petits États, dont les seigneurs sont autant de souverains indépendans.

ALEXANDRINE.

Oui, comme le roi de France et d'Angleterre; comprends-tu, Minette.

MINETTE.

Ne t'en inquiète pas, j'entends à merveille. Eh bien! mon papa?

M. DE FAVIÈRES.

Si je fais prendre les armes à mes vassaux pour enlever un champ au seigneur de la terre voisine, n'armera-t-il pas les siens pour se défendre, ou même pour envahir à son tour quelque partie de mon domaine?

MINETTE.

C'est tout naturel.

M. DE FAVIÈRES.

Me voilà donc plongé dans des inquiétudes continuelles, toujours occupé à méditer des surprises, ou à me garantir de celles de mon ennemi; craignant sans cesse de voir réunir contre moi tous mes voisins, pour arrêter mes conquêtes, si je suis victorieux, ou pour se partager mes dépouilles, si je succombe.

CONSTANTIN.

Et la gloire que vous pourriez acquérir, en vous distinguant par votre valeur?

M. DE FAVIÈRES.

Fort bien. Pour acquérir cette gloire imaginaire, j'irai compromettre le repos, les biens et la vie de ceux que je dois regarder comme mes enfans. D'ailleurs, mon rival pourrait se montrer encore plus habile que moi. Qu'aurais-je alors gagné à mon entreprise?

CONSTANTIN.

Ce serait à vous de former une troupe si nombreuse et si bien disciplinée, que vous fussiez sûr de la victoire.

M. DE FAVIÈRES.

Je pourrais toujours te répondre que mon voisin chercherait sans doute, de son côté, à prendre les mêmes avantages, qu'il serait peut-être plus heureux, et qu'il pourrait m'en coûter cher, d'avoir réveillé en lui cette ardeur guerrière. Mais je veux que la fortune me favorise et que la guerre étende mes possessions; ces conquête seront peut-être elles-mêmes la cause de ma ruine

CONSTANTIN.

Comment donc, mon papa? Il me semble qu'elles ne serviraient qu'à vous enrichir. Avec une plus grande terre, vous auriez bien plus de revenus.

M. DE FAVIÈRES.

Eh! mon ami! ce n'est pas de la mesure du sol que dépend la récolte; c'est du soin qu'on donne à sa culture.

ALEXANDRINE.

Sûrement; voyez ces landes de M. de Bernay, qui sont de l'autre côté du grand chemin; je ne donnerais pas en échange un quart de notre verger.

MINETTE.

Je le crois bien. Elles ne produisent que des épines; et notre verger rapporte de si beaux fruits!

CONSTANTIN.

Mais qui vous empêcherait de cultiver ces terres que vous auriez conquises?

M. DE FAVIÈRES.

Si j'ai perdu, par la guerre, une partie de mes vassaux, si les mains des autres sont employées à manier les armes, de qui me servirais-je pour labourer mes champs! J'aurai cependant à faire subsister, dans l'intervalle, ces hommes arrachés à l'agriculture, et que j'exerce encore à la détruire. Pour les nourrir, il faudra que j'épuise le petit nombre de ceux qui resteront occupés à des travaux utiles. Si je les foule, ils quitteront leur patrie pour aller s'établir sous un maître plus pacifique et plus humain. Je n'aurai donc plus autour de moi que des bras armés, qui, au moindre mécontentement, se tourneront contre ma tête.

CONSTANTIN.

Il est vrai que notre précepteur m'en a déjà fait remarquer plusieurs exemples dans l'histoire.

M. DE FAVIÈRES.

Supposons maintenant qu'au lieu d'inquiéter mes voisins, je travaille à me les attacher par les liens d'un commerce également avantageux pour nos peuples, et par mon attention à prévenir tout ce qui pourrait amener entre nous les plus légères divisions, tandis que j'encourage dans l'intérieur les progrès de l'agriculture et de l'industrie, et que je fais goûter à mes sujets les douceurs de l'aisance, les jouissances des arts, et la sécurité d'un gouvernement juste et modéré; ne serais-je pas alors plus heureux moi-même par le bonheur de tout ce qui m'environne, que par l'orgueil de mes conquêtes? et mon empire ne sera-t-il pas établi sur des fondemens plus solides, que si j'avais étendu ses limites pour l'affaiblir?

CONSTANTIN.

Mais, mon papa, vous compariez tout à l'heure un royaume au corps humain. Notre corps prend de nouvelles forces à mesure qu'il grandit; un royaume devrait donc aussi devenir plus puissant, à proportion qu'il s'accroît?

M. DE FAVIÈRES.

Il le deviendrait sans doute, mon fils, si ces accroissemens se faisaient, comme dans la nature, par une marche lente et mesurée, et non par de brusques révolutions.

ALEXANDRINE.

Expliquez-nous cela, mon papa, je vous prie.

M. DE FAVIÈRES.

Je puis vous le rendre sensible par un trait tiré de ton histoire, Constantin.

CONSTANTIN.

De mon histoire? Je ne la croyais pas encore bonne à citer.

M. DE FAVIÈRES.

Te souviens-tu de ce morceau de gâteau que tu enlevas l'autre jour à ta sœur? Qui te portait à cette injustice?

CONSTANTIN.

C'est qu'il me paraissait injuste à moi-même qu'une petite fille eût une portion presque aussi grande que la mienne.

MINETTE.

Voyez donc ce grand'homme!

M. DE FAVIÈRES.

Voilà en effet le prétexte de tous les conquérans. Mais qu'en arriva-t-il? tu ne l'as sûrement pas oublié. Les alimens étant destinés à fortifier l'homme, il semble d'abord que plus il prendrait de nourriture, plus il devrait être vigoureux; comme un prince, en acquérant de plus grandes possessions, semblerait devenir plus puissant. Mais l'administration d'un empire, ainsi que l'opération de notre estomac, se trouble et s'embarrasse pour être trop surchargée. En te contentant de la portion que j'avais jugée suffisante pour toi, cet aliment, bien digéré, t'aurait donné de la vigueur. Ce que ton avidité te fit prendre au-delà de tes besoins, au lieu de te fortifier, te jeta dans un état de faiblesse. Si ta sœur, usant de la violence que tu lui avais donné le droit d'exercer à son tour, était venue, en ce moment, t'enlever aussi ce que tu possèdes, toute petite qu'elle est, tu n'aurais pas eu la force de te défendre contre elle.

MINETTE.

Je le sentais bien ; mais c'est que j'eus pitié de lui.

M. DE FAVIÈRES.

Les conquérans avides ne sont pas ordinairement si généreux envers leurs rivaux. Eh ! s'ils l'étaient seulement envers leurs propres sujets, comment pourraient-il penser, sans frémir, au nombre de victimes qu'ils vont sacrifier, dans le premier jour de bataille, à leur vengeance ou à leur ambition ? Je voudrais qu'à la veille d'entreprendre une guerre, on suspendît dans leur conseil un tableau qui en représentât toutes les horreurs; que, l'esprit continuellement frappé de ces terribles objets, ils entendissent, dans la sollitude de la nuit, les hurlemens des blessés qui leur reprochent leurs souffrances, les cris de désespoir des mères et des épouses qui les accablent de malédictions, les clameurs de tout un peuple affamé qui leur demande du pain. Leur âme se laisse quelquefois attendrir à d'injustes sollicitations pour accorder la grâce d'un coupable ; et ils signent, sans pitié, l'arrêt d'une mort sanglante pour des milliers d'hommes innocens. Un roi sage emploi des années à méditer des projets utiles, qui favorisent dans quelques parties de ses États la culture, le commerce, ou la population; un siècle souvent s'écoule à les exécuter ; et eux, par la résolution précipitée d'un jour, ils dépeuplent leurs plus belles provinces, arrêtent les travaux des campagnes, renversent les manufactures, arrachent au pauvre sa substance, en lui ôtant son travail, portent dans toutes les familles les alarmes ou la désolation, bouleversent leur royaume entier, et l'épuisent de ses richesses.

CONSTANTIN.

Cependant, mon papa, l'on disait l'autre jour qu'il s'était fait, à Marseille, des fortunes considérables pendant la guerre.

M. DE FAVIÈRES.

Eh ! mon ami, voilà encore un mal de plus qu'elle produit. Sans parler des haines que l'inégalité des richesses sème entre les habitans d'une même ville, ces fortunes énormes enfantent un luxe qui porte la corruption des mœurs à son dernier degré. Le faste dont il s'environne, les jouissances qu'il procure, la considération honteuse qu'on n'ose lui refuser, engagent ceux de la même classe qui sont moins riches, à l'afficher avec la même indécense, soit pour satisfaire leur orgueil, soit pour animer leur crédit. Ils emploient leurs richesses réelles à le soutenir, dans l'espoir des richesses imaginaires qu'ils se promettent. Pressés par la crainte prochaine de leur ruine, s'ils ne se hâtent de la prévenir par des moyens violens, ils forment les entreprises les plus hasardeuses, dans lesquelles ils exposent non-seulement ce qu'ils possèdent, mais encore la fortune de ceux qu'ils savent y intéresser par l'appât du gain trompeur. Leur chute enfin se déclare; mais cet exemple terrible n'intimide point la cupidité, qui se flatte d'un succès plus heureux, en y employant plus d'artifices et de mauvaise foi. Dès que la probité cesse de régner, la confiance s'éteint, et le commerce périt par l'excès des richesses qu'il a produites.

CONSTANTIN.

Mais si l'État s'enrichissait par la paix, n'aurait-on pas toujours le même malheur à craindre?

M. DE FAVIÈRES.

Non, mon fils. Ce sont les fortunes rapides qui enivrent leurs possesseurs, et qui leur en font faire un usage si insensé. Les richesses acquises dans le cours ordinaire du commerce sont le fruit d'un travail de plusieurs années. On ne prodigue point légèrement le fruit de ses longues sueurs; on le réserve pour être la récompense de son activité dans le délassement de la vieillesse. Les fortunes sont d'ailleurs plus égales; et tout le monde est riche, sans que personne soit opulent. L'État, ayant moins de besoins dans le calme dont il jouit, n'est plus obligé de fouler le laboureur. Il s'empresse au contraire de l'encourager, soit pour fournir au négociant les fruits qu'il lui demande, soit pour nourrir les étrangers qui viennent de toutes parts se jeter dans son sein. Un empire ainsi fortifié dans l'agriculture et dans le commerce devient imposant, même par son repos. Ses voisins craignent sa puissance; et, au lieu de l'attaquer dans une guerre, trop inégale pour eux, ils cherchent à le ménager, en établissant avec lui des relations nouvelles. Ces besoins rapprochent les peuples, éteignent les haines nationales, inspirent des sentimens de concorde et d'union. Le prince n'a plus à s'occuper que du soin de prévenir les abus, et ils trouvent des secours dans l'accroissement naturel des lumières. La législation perfectionnée fait naître l'ordre et la justice. Ces principes passent des particuliers aux gouvernemens mêmes. La raison s'établit entre les empires. Les arts, les sciences et le commerce sont comme des ponts jetés de l'un à l'autre, sur lesquels la paix et l'abondance se promènent sans cesse pour veiller au bonheur des nations qu'elles ont réunies.

CONSTANTIN.

Mais s'il n'y a plus de guerre, les soldats sont inutiles, et me voilà déjà réformé.

M. DE FAVIÈRES.

Non, mon fils; un État sans défense serait trop exposé, par sa richesse même, aux attaques de ses voisins. Il doit former des troupes dans la paix, s'il veut n'en avoir pas besoin pour la guerre. Mais au lieu de les voir s'énerver dans le libertinage et l'oisiveté, il leur assignera des travaux capables de les occuper utilement, et d'entretenir leur vigueur. Elles remplaceront, dans les corvées publiques, le laboureur, qui n'abandonnera point sa charrue. Un lien de plus les unira à leurs pays par l'attachement qu'on a pour l'ouvrage de ses mains, et le noble orgueil qu'on sentirait à le défendre. L'officier chargé de conduire leurs bras ne verrait plus, à la vérité, son nom dans les relations passagères, pour des exploits subordonnés que l'histoire néglige de recueillir; mais il le graverait sur une colonne, au pied de la montagne qu'il aurait aplanie, sur le bord d'un canal ou d'un port qu'il aurait creusé, à l'ouverture d'un pont qu'il aurait construit. Le voyageur viendrait du fond de l'Europe contempler la hardiesse et la magnificence de ses travaux; ses concitoyens en béniraient les avantages, et la postérité la plus reculée en admirerait la solidité. Son habit ne réveillerait plus des idées de meurtre; il exciterait la reconnaissance qu'on doit à ses bienfaiteurs, et le respect commandé par le génie. Les momens de son loisir seraient employés à étendre les sciences qu'il aurait cultivées, à éclairer le gouvernement par ses observations sur l'état des différentes provinces qu'il aurait parcourues, l'homme enfin, par l'étude qu'il en aurait faite, en vivant au milieu de toutes les conditions. Retiré dans ses terres pour y jouir de l'honneur et du souvenir d'une vie utile, son activité se ranimerait encore pour la culture. J'ose me proposer pour exemple. Je puis avoir rendu quelques services à mon prince par ma valeur; mais je suis bien plus fier du bien que je crois avoir fait à ma patrie, en cultivant l'héritage de mes pères, et en vous donnant une bonne éducation. Je tâcherai d'expier le mal involontaire que j'ai fait à l'humanité, en soulageant mes vasseaux dans leurs peines ; et je ne mourrai pas sans avoir rempli, jusqu'au tombeau, les devoirs d'un bon citoyen.

CONSTANTIN.

Mais, mon papa, ce que vous dites est si sensible ; pourquoi tous les hommes n'en sont-ils pas frappés comme vous?

M. DE FAVIÈRES.

C'est qu'ils ont été malheureusement élevés dans les préventions contraires, et qu'ils n'ont pas eu le courage de se désabuser. Les philosophes n'ont jusqu'ici parlé qu'à des esprits trop obscurcis de préjugés pour entrevoir la vérité de ces principes. On n'en peut rien espérer qu'en les imprimant à des âmes neuves, capables de les recevoir dans toute leur pureté. C'est dans l'enfance qu'il faut préparer l'homme à ce qu'il doit être un jour. C'est en lui inspirant de bonne heure des sentimens de droiture, de bienfaisance et de générosité, qu'on lui donnera le goût et l'habitude de les exercer dans l'âge de sa vigueur, et qu'on lui fera trouver sa gloire à contribuer de tout son pouvoir à la révolution générale qui paraît se faire vers le bien. Un jeune prince, pénétré de ces nobles idées, instruit que la génération naissante en est pénétrée comme lui, pourrait, avec un caractère de justice, d'ordre et de fermeté, former un peuple nouveau, qui deviendrait le modèle de tous les peuples. Félicitez-vous, mes enfans, d'être nés en ces jours heureux, où vous êtes, dans l'Europe entière, les premiers objets des veilles du philosophe; ou des femmes, malgré nos misérables préjugés qui condamnent leur esprit, aussi juste que pénétrant, aux ténèbres, et leurs voix persuasives au silence, ont assez profité des lumières de leur siècle, de leurs réflexions et de leurs talens, pour travailler à former vos cœurs dans les ouvrages dignes d'être couronnés au nom de la nation. C'est peut-être à vous et à vos jeunes contemporains qu'est réservé le bonheur de voir s'effacer de la terre jusqu'aux dernières traces de l'injustice et de la barbarie. Heureux moi-même si, en répandant de plus en plus les premières notions de cette morale universelle, si simple et si sublime, je puis contribuer en quelque chose à préparer son règne fortuné!

FIN DU TOME TROISIÈME.

TABLE

ET

MORALITÉS

DU TROISIÈME VOLUME.

~~~~~~~~~~~~~~~~~~~~~~~~~~~~~~~~~~

LA PHYSIONOMIE.............. *Page* 5

Une physionomie gracieuse est un don du Ciel, qui engage la personne qui en est douée à ne jamais trahir le symbole de bienveillance qu'il indique. Trouver un cœur faux, ou un caractère insociable, sous un joli visage, c'est rencontrer une vipère parmi l'émail des fleurs. La laideur est de beaucoup préférable à la beauté; mais lorsque, sous des traits peu avenans, on vient à découvrir des qualités heureuses, on éprouve le plaisir que ressent un voyageur, qui, à travers des ronces hérissées, ou sur le flanc aride des rochers, aperçoit les nuances et respire le baume de quelques bouquets de verdure et de fleurs.

LE SERVICE INTÉRESSÉ............. 19

Obliger dans l'espoir de retour, c'est agioter sur le cœur, c'est prêter à usure. Le nombre des ingrats ne paraîtrait pas si grand, si les bienfaiteurs étaient moins rares. Rendons service, rendons-le vite; c'est le doubler. Faisons des ingrats, et, s'il est possible, ne le soyons jamais.

LE DÉSORDRE ET LA MALPROPRETÉ. 25

Un des pernicieux effets que produisent ces défauts, c'est d'y accoutumer l'âme, après avoir dégradé les sens. Souvent le désordre qui règne dans la chambre d'un homme est l'image de celui de ses idées; et il est rare que des sentimens généreux soient conçus par une tête qu'environne la malpropreté. En s'habituant à la méthode, on diminue son travail; à l'élégance, on le rend grâcieux. Il nous charme plus qu'il ne nous occupe, et nous en voyons la fin avec regret.

LE BOUQUET QUI NE SE FLÉTRIT JAMAIS. 31

La belle fleur qu'une conduite irréprochable! mais si le souffle impur des passions l'a fanée, elle peut renaître encore sous l'influence du repentir. Qu'il soit sincère, elle ne se flétrira plus, et l'estime des hommes effacera jusqu'au dernier vestige du mépris.

NARCISSE ET HYPPOLITE. 35

L'ÉCOLE MILITAIRE, drame. 47

SUIT DE L'ÉCOLE MILITAIRE. 75

LE BON FILS. 101

Ils est de louables actions auxquelles le mystère qui les environne donne une apparence douteuse. Mais lorsque, du sein de l'ombre, on voit briller l'héroïsme et la générosité, ils élèvent, ils échauffent l'âme, de la même manière que le soleil échauffe et réjouit nos sens au sortir d'un sombre nuage.

LE VIEUX CHAMPAGNE. 103

DENISE ET ANTONIN. 114

LA PETITE FILLE GROGNON. 116

LE CONTRE-TEMPS UTILE. 120

LE PAGE, drame. 123

L'orgueil humain ne pardonne la grandeur que quand elle est accompagnée de modestie ; l'envie n'excuse la richesse que lorsqu'elle est suivie de la bienfaisance.

LE LUTH DE LA MONTAGNE. 165

Après de longs voyages, de grandes infortunes, ou des erreurs funestes, qu'il est doux de reposer sa tête sur le sein d'une épouse chérie ! Une petite ferme animée par ses soins, des enfans heureux par sa tendresse, la verte pelousse d'une montagne, d'où l'œil s'égare sur un paysage agreste, avec la tranquillité de la conscience et le repos des sens : voilà les vrais biens.

GEORGE ET CÉCILE. 179

LA PETITE FILLE A MOUSTACHE. 186

LA CICATRICE. 188

L'INCENDIE, drame. 193

> Le bien qu'on fait aux malheureux
> Porte avec soi sa récompense.

(Romance de la Caverne de Strozzi ; roman de Renauld-Warin.)

LE SERIN. 220

La négligence touche quelquefois à l'inhumanité, et produit les mêmes résultats. C'est ainsi qu'un léger défaut est, en quelques manières, le premier anneau d'une chaîne qui se termine par le crime.

LES ENFANS QUI VEULENT SE GOUVERNER. 228

Emblème instructif et juste du délire, qui, à quelques

époques, et surtout récemment, s'est emparé des peuples, nous avons vu le maçon quitter la truelle pour prendre la plume, le cordonnier abandonner son *tranchet* pour revêtir l'écharpe, le marchand déserter sa boutique pour courir dans un *club*. Toute la société désorganisée fut en proie à l'anarchie : les premiers momens donnés à l'enthousiasme étaient excusables ; la folie prolongée devint ridicule ; on finit par se jeter dans le crime, et l'on se précipita dans le malheur. Un bras puissant a remonté la machine politique. Les enfans ne se gouverneront plus, et les peuples, heureux sous l'œil d'un Dieu et sous la main d'un gouvernement, abjureront, détesteront une doctrine et des nouveautés qu'ils ont payées par tant de sang, de forfaits et de revers.

LES BUISSONS. . . . . 239.

N'appelons pas mal ce qui n'est mal qu'à nos faibles yeux ; notre ignorance accuse sans cesse la divinité de ce que nous ne la comprenons pas. Mortel, qui ne pourrait expliquer comment s'est formé ce grain de sable, où se meut ce scarabée, tu prétends juger Dieu ! Prosternes-toi ; et adore en silence.

JOSEPH 245

LA PERRUQUE, LE GIGOT, LA LANTERNE ET
 LES ÉCHASSES. 247

Avant de prononcer sur un objet, il ne faut pas se laisser abuser par l'apparence. Examinons pour juger, et jugeons moins sur les privations de nos sens, que sur le témoignage de notre raison.

LE TRICTRAC. 261

Un jeu frivole fournit quelquefois des remarques sérieuses; et, pour l'observateur attentif, il n'est rien, dans le spectacle de la nature, ou dans le mécanisme des arts, qui n'offre des règles de conduite ou des points de comparaisons utiles au commerce de la vie.

LE SAGE COLONEL................ 269

Le doux langage d'une amitié éclairée ramène au devoir des cœurs qu'en auraient plus écartés les leçons sévères de l'autorité.

LA CUPIDITÉ DOUBLEMENT PUNIE........... 273

LE MENTEUR.................. 274

Tel est l'avilissement dans lequel tombe le menteur, que la vérité même prend, dans sa bouche, le caractère de l'imposture.

LE SECRET DU PLAISIR............. 278

L'homme, esclave de l'habitude, chérit cependant l'inconstance; pour lui plaire, il faut les mélanger avec tant de dextérité, qu'elles se succèdent mutuellement et se remplacent sans cesse. Le secret du plaisir est donc le travail. La nature, qui fait succéder la lumière à l'obscurité, les fleurs aux frimas, nous montre, de cette vérité, un continuel exemple.

LES TULIPES.................. 281

Admirons la marche de la nature et la bonté de son auteur. Il cache des trésors sous des voiles quelquefois rebutans. L'ognon bossu, d'où s'épanouit la brillante tulipe, ajoute au plaisir qu'il nous fait, l'assaisonnement de la surprise.

LES FRAISES LES GROSEILLES............. 283

LES ÉGARDS ET LA COMPLAISANCE........... 285

Sans eux, point de société. Ils remplacent l'amitié quand elle n'existe pas; la rendent plus douce, alors qu'elle est établie. Les qualités de l'esprit ne peuvent les suppléer, et la beauté en leur absence, devient plus insipide que la laideur qu'ils accompagnent.

LES JARRETIÈRES ET LES MANCHETTES. 290

Comme le plus simple don devient précieux quand il est offert par le cœur et embelli par la délicatesse!

ABEL 294

LE RETOUR DE CROISIÈRE, drame. 301

Aux pères tendres le ciel donne des enfans reconnaissans! C'est une belle et respectable famille, que celle qui augmente la force des liens du sang en les resserrant par ceux de l'amitié.

LA GUERRE ET LA PAIX. 342

(Voyez la note ci-dessus.)

FIN DE LA TABLE DU TROISIÈME VOLUME.

www.ingramcontent.com/pod-product-compliance
Lightning Source LLC
Chambersburg PA
CBHW070853170426
43202CB00012B/2057